是非隋唐

飘雪楼主 著

百花洲文艺出版社

目　录

楔　子　英雄出生本无奇……………………………… 1

第一章　北魏王朝的前世今生……………………… 9

第二章　深藏不露…………………………… 20

第三章　杨坚的发迹史……………………… 37

第四章　王者归来…………………… 60

第五章　一统江山…………………………… 69

第六章　一朝天子一朝臣……………………… 88

第七章　对角戏……………………………… 103

第八章　我本卿王…………………………… 121

第九章　杨广的"大业"…………………… 129

第十章　东　征…………………………… 141

第十一章　有多少碎梦可以重来……………… 157

第十二章　自掘坟墓·······················172

第十三章　革　命·························183

第十四章　逆境扬帆·······················200

第十五章　枪杆子里面出政权·················213

第十六章　蚕　食·························234

第十七章　英雄无泪·······················251

第十八章　怒剑狂花·······················264

第十九章　四海臣服·······················279

第二十章　绝代双骄大PK···················292

第二十一章　太子之争·····················305

第二十二章　李世民的反击··················322

第二十三章　玄武门之变····················336

楔　子

英雄出生本无奇

（1）“渊”来于此

天。

忧郁的天。

忧郁的天空并不蓝，灰蒙蒙的像是汽车贴上了深色的窗膜。并不明媚的阳光时淡时暗，时隐时现，像一条游走的龙，飘忽不定。

北周都城长安城外的一个偏僻小山村里，一声嘹亮的啼哭声打破了这里原本的安谧和宁静。

早已候在门外多时的李昞闻声心中一颤，随之一种叫惊喜交加的东西涌上心头，他不再迟疑，破门而入，那架势胜似十万火急。

“恭喜老爷，贺喜老爷，夫人生了个胖儿子。”接生婆擦着额头的汗，笑逐颜开地道。

李昞一把接过婴儿，左看右看，上看下看，前看后看，看着看着，脸上的笑容突然僵住了。

李昞的夫人独孤氏顺着李昞的眼神望向那婴儿，同样是惊愕万分，原来这个婴儿竟然长了三个乳头。

通常意义上，一般的纯爷们儿是一人两乳，多长一个就是畸形。（"高祖生长安，紫气冲庭，神光照室，体有三乳，左腋下有紫志如龙。"《太平御览》）

矫矫庄王，渊渟岳峙。就是这个畸形的婴儿，日后却成了大唐的开国皇帝，让我们记住他的名字吧——李渊。

这一天是北周天和元年（公元566年）十二月初六。

（2）我的爷爷是个"鬼"

李渊的出生在当时产生的效应是轰动性的，除了神灵附体（三个乳头）这个原因外，更重要的一个原因就是他拥有非一般的家势。

李家很有钱，用富可敌国来形容也毫不为过。

更重要的是，他家不但有钱，而且有权，用权倾朝野来形容也毫不夸张。

李渊往前推23位祖先，名字我们太熟悉了，李广，"飞将军"！

有钱能使鬼推磨，有权能使磨推鬼。李渊的爷爷李虎就是名副其实的"鬼"，他的发迹史得益于他独特的慧眼。北魏末年，国家一分为二地变成了东魏和西魏。首先是鲜卑化汉人高欢拥立北魏孝文帝年仅十一岁的曾孙元善见为孝静帝，在邺城（今河北临漳）建立了东魏。接着，李虎追随当时的"绩优股"宇文泰立北魏孝文帝的孙子为帝，在长安建立了西魏。

这样，宇文泰便成了"摄政王"，而李虎也因为"开国功臣"做上了太尉这个职务，也许有人对太尉这两个字陌生，但如果我告诉你这两个字相当于今天的总参谋长，你就知道分量了。

接下来的进程很简单了，李虎因为手中牢牢握有"开国功臣"这把"尚方宝剑"，仕途平步青云，很快，他又多了个爵位——陇西郡公。古代的爵位有"公侯伯子男"之分，由此可见李虎的权势之大了。非但如此，他随后又更上一层楼，成了"八柱国家"中的成员之一。

柱，楹也。——《说文》

剪屏柱楣。——《仪礼·丧服》。

东至于底柱。——《书·禹贡》

散木也……以为柱则蠹。——《庄子·人间世》

再说得简单点，何谓柱国，就是指国家的顶梁柱。当时的八柱国，宇文泰是理所当然的"大哥大"，除了宇文泰和李虎外，其他六人分别是：元欣、李弼、于谨、独孤信、赵贵、侯莫陈崇。

这里，要把北周官制简单介绍一下，因为书中会反复提到。

宇文泰采用鲜卑族旧的八部制，立八柱国，就是八个军事统帅。宇文泰自己和广陵王元欣占了两个指标，另六位柱国大将军每人各领一军。每军下设两个大将军，每个大将军下设两个开府，每个开府下设两个仪同，每个仪同领兵千人，约相当于现代军队的一个加强营长，每个开府领兵两千，约相当于现代军队的团长，每个大将军领兵四千，约相当于现代军队的旅长，每个柱国大将军领兵八千，约相当于现代军队的师长。这就是府兵制，其实就是二二制的军队建制。

您不要觉得堂堂柱国大将军才相当于今天的一个师长，不过大校军衔，了不起少将军衔，可您要知道，北周时期的全国人口也不过千万人左右，每个柱国大将军拥有的兵员数占全国人口的千分之一。这个比例如果换算在今天十三亿人口的中国，你再粗粗算一下，脑袋大了吗？

这几个都不是一般的人物，其中李弼是李密的曾祖父，独孤信是隋朝开国皇帝杨坚的岳父。后面这几位重量级人物都会闪亮登场，这里先按下不表。

如果说李渊的爷爷李虎是"鬼"，那么李渊的父亲李昞就是"魅"了。

李昞长得不帅气，才气也很平庸，说白了是草包一个，但因为是一个豪华级"官二代"，他的仕途驶上了"快车道"。

李虎在达到权力的顶峰后，挥一挥衣袖就"走"了，不曾带走一片云彩，却留给李昞花不完的钱，用不完的美女，还有他打拼下来的一切，包括李虎的官职爵位：御史大夫、安州总管、柱国大将军，唐国公——又是个公爵。

李昞属于平庸的"官二代"，但他娶的老婆独孤氏可不平庸。

独孤氏属于典型的"白富美"，她和李昞一样，同样拥有一个非一般的父亲，她的父亲不叫独孤求败，而叫独孤信。大家看着这个名字眼熟吧，没错，就是八柱国成员之一。独孤信不但打仗的水平高，政治水平也是一流。眼看八个儿子都遗留了"富二代"的通病，属于扶不起的阿斗类型的败家子，自己辛辛苦苦打拼的硕大家业大有后继无人迹象，于是乎，他另辟蹊径，从七个如花似玉的女儿身上寻求突破口。

他对女儿们灌输的思想是："嫁人就嫁普京这样的人，嫁人就嫁灰太狼……"在他有方的教导下，大女儿首先不负他的厚望，嫁给了北周"普京"——周明帝，因此凤凰飞上枝头，成了明敬皇后。

七女儿独孤伽罗见大姐变成凤凰后，也不甘落后，以十四岁"芳龄"嫁给了"灰太狼"——杨坚。事实证明，杨坚正是主宰天下的大王，他建立了隋朝后，她便成了文献皇后，并且生下了隋炀帝杨广。

搞定朝中最大的两大"绩优股"后，独孤信开始寻找朝中的"潜力股"，结果平庸的李昞被独孤信相中，他把第四个女儿嫁给了这头"灰太狼"。事实证明，独孤信的眼光是独特的，是犀利的，是高瞻远瞩的。四女儿生下的儿子李渊后来建立了一个盛世王朝——唐朝，而她也被追封为元贞太后。

"三朝国丈"独孤信用自己的成功告诉我们这样一个道理：只要用心去做，一切皆有可能。

综上所说，也正是因为身为"官二代"和"富二代"的李昞生了一个"奇特"的儿子，引起了轩然大波，达官显贵纷纷前来"略表心意"，名人骚客纷纷前来"略献贺词"，阿谀奉承之辈纷纷前来"略尽孝道"，总之一句话：自从李渊出生之后，道喜之人络绎不绝，踏破门槛。

（3）人生的三道记忆

> "天将降大任于斯人也，必先苦其心志，劳其筋骨，饿其体肤，空乏其身，行拂乱其所为，所以动心忍性，增益其所不能……"
>
> ——《孟子·告子下》

李渊在成长过程中，童年、少年、青年的处境大不相同，留下了三道不可磨灭的记忆。

李渊童年的第一道记忆：明亮。

李渊从一出生就集万千宠爱于一身，过着无忧无虑的童年生活，不明亮都不行。

然而，这个世界上没有一帆风顺。七岁这年，李渊原本蔚蓝灿烂的天空突然塌陷了一半。

原因是他的父亲李昞死了。

李渊少年的第二道记忆：灰暗。

从头披孝白那天起，李渊突然像是变了一个人，变得异常坚定。因为悲痛欲绝的母亲对他说了一句话、一句石破天惊的话："从此，这个家就靠你来支撑了。"

就为这句话，李渊忍住了悲痛的泪水，忍住了伤悲，面无表情地坐上了父亲那把交椅——八柱国兼唐国公。

多年以后他仍然会发出这样的感叹：当悲伤来临时，躲是躲不掉的，既然如此，何不正面面对一切，相信，一切艰难困苦都会过去、过去，成为永远。

李渊青年的第三道记忆：温暖。

这时，李渊遇到了一个贵人——姨父杨坚。

杨坚给了"苦难"中的李渊很多无私的支持和帮助，让他找到了失去父爱后久

楔子 英雄出生本无奇

违的温暖记忆。

李渊遇到的第二个贵人是一个女人。

拨云见日，李渊的人生转机便出现在这个女人身上。

她就是定州（今河北定州）总管窦毅的女儿窦氏。窦毅是前朝驸马，娶的是北周皇帝宇文泰的女儿襄阳公主。

窦氏从小伶俐可爱，聪颖过人。

有一次窦氏见舅舅宇文邕愁眉苦脸，就问他是不是有什么心事。

宇文邕点了点头。

窦氏又问是不是为了一个女人。

宇文邕先是一惊，然后点了点头。

窦氏再问是不是为了那位突厥公主。

宇文邕再惊，然后用诧异的眼光看着她。

窦氏于是说了这样一番话："舅舅，现在国家还没有彻底安定下来，还需要突厥的支持和帮助，尽管你心里不是很喜欢那位嫁过来联姻的突厥公主，但你表面上还是不能露出来，为了国家大计，你只能委屈和牺牲自己了。"

这一席话惊得宇文邕云里雾里，嘴里直呼：天才啊天才。

原来皇位几经轮转，到了宇文邕这里，权力都在"摄政王"宇文护手里，不甘"堕落"的宇文邕想借助外力来充实自己的力量，为了争取突厥的支持，他娶了一位突厥公主为皇后。因为裙带关系，跟突厥的关系一日比一日好，实力明显壮大。然而，宇文邕却始终放不下心中的一个结：他并不爱这位风俗习性都不同的妻子。

小小年纪的窦氏竟然如洞若观火，把他的心思看得清清楚楚，明明白白。

就是这一次对白，宇文邕对这位外甥女格外看重，于是倾力将她打造成一位集智慧和美貌于一身、"人见人爱，花见花开"的绝代佳人。

而窦毅对自己女儿刮目相看却是在宇文政权倒台后，杨坚篡位而且不计前嫌地分封他为定州总管，别人都道贺时，窦氏却道"忧"。她当着父亲的面说了这样一句话："恨我不是男儿身，不能解救舅家的祸乱。"

唬得窦毅赶紧用手捂住她的嘴："小孩子不要乱说话，说这样的话可是要灭九族的。"

嘴上是这样说,但窦毅从此对这个女儿也是刮目相看了。于是他决定给这个丫头的将来定下这样一条规则:要嫁就嫁英雄。

可是天下之大,英雄又藏身何处呢?窦毅思来想去,终于想出一个自认为聪明绝顶的好办法——比武招亲。

(4)指"屏"为婚

一条征婚启事的出现,举国上下引起了沸腾。征文的大致内容如下:小女十八,美貌如花,谁想摘花,比武招亲。

落款自然是窦毅了。

美貌与智慧并存,金钱与地位齐重。娶了窦氏无疑等于得到一个女神外加一个亮晶晶的金饭碗。

窦氏这样的豪华级"白富美"自然是人人神往了,这样的征婚广告产生轰动效应也就在情理之中了。

应聘者络绎不绝,但都是尽兴而来扫兴而归。每个应聘者都发出这样的感慨:求亲难,难于上青天。

对此,窦氏深有同感:嫁人难,难于上青天。

后知后觉的李渊终于知道了比武招亲的事,他原本面无表情的脸上露出了久违的欣喜之色:你们之所以抱不回美人,是因为你们不是英雄。

行过千层山,跨过万道水。李渊终于来到窦府门前,一看比试的题目,他脸上的笑意更浓了。

原来窦毅在自家府门前设了一个"闭门羹":门口的屏门上让女儿窦氏画了两只孔雀。

比武道具:一张弓和两支箭。

比武方式:百步之外,两箭射中孔雀的两只眼睛,便可以抱得美人归。

李渊之前，应征者大抵都是来拿窦家屏风撒气，射完两箭回家，骂两句"挖坑坑你爷爷"后睡觉，再醒来已是南柯一梦。

"来迟了"的李渊却显得气贯长虹，他不疾不徐地拿起了弓和箭，围观的人群发出了叹息声，纷纷劝道："小伙子，回去吧。这是窦老爷逗你们玩的，他忽悠了咱们一回，你不能再给他忽悠了，这也太侮辱人了，太伤自尊了……"

李渊没有理会那些"善意"的声音，一脸的冷漠与坚毅。

屏息，拉弓，只听见"嗖"的两声，众人定睛再看时，孔雀的两只眼睛正中间插着两只白花花的箭羽。

"百步穿杨。"

"李广再世。"

"神射手。"

李渊在众人的惊叹声中，朝窦府走去，他的步伐轻盈而沉稳，他知道他一脚跨过去，将是另一片新天地。

窦毅果然没有食言，李渊来时带着一颗红心两袖清风，去时香车美人，当真是挣得钵满盆满。

本来就属于"皇亲"的他，马上多了一道新的光环——"国戚"。

李渊，就从这里开始发迹。

各位看官，唐朝开山祖师的事迹在此先行打住。以下，我们来说说隋朝的演变史。

第一章

北魏王朝的前世今生

（1）后宫潜规则

北魏是中国历史上一个很重要的国家，由鲜卑族建立，特别是必须提两个人。

第一个人是开国皇帝太武帝拓跋焘。他的杰出贡献是结束了自三国、西晋之后四分五裂的十六国战火纷飞的年代，他以大鱼吃小鱼之势成功地化解了到处占地为王的群豪并列时代。

第二个人是孝文帝。他借鉴和继承了汉朝刘邦对待边关问题上的"联姻政策"。他清楚鲜卑族这样的少数民族能长久稳定，和汉人联姻是最好的民族大团结的方式。非但如此，还把汉人的习性学来了，语言、穿着、打扮、生活方式等等。

只有和汉族融为一体了，我的未来才不是梦。孝文帝这样做的效果是显而易见的。然而，良好的局面随着孝文帝的"英年早逝"而停止。

继位的宣武帝明显能力不够，实力不够，魄力不够，是个扶不起的阿斗。结果导致手下文武百官不是贪官就是庸官，不是庸官就是昏官。

层层剥削，官官相护，尔虞我诈，最后遭殃的是百姓。

哪里有压迫，哪里就有反抗，刚刚进入团结和融合状态的百姓很快怨声载道，只等有一个英雄人物站出来振臂高呼，便誓死追随了。

其实在每个人的心底，都有当英雄的渴望，当然，英雄不是人人都能当的。

一般看来，能干"英雄"职业的大抵是以下几种人：

1.敢为人之所不敢为，敢当人之所不敢当。

2.能挽狂澜于既倒，扶大厦于将倾。

3.坚强刚毅，屡败屡战。

所以想成为英雄，一个字：难。两个字：很难。三个字：非常难。四个字：行易知难。五个字：难于上青天。

正是因为难，所以大家都选择了等，却一直没有人站出来当英雄玩。

直到孝明帝时，才慢悠悠地折腾出一个人来，一个女人，一个让所有人闻之色变的女人——胡太后。

胡太后出生在一个书香之家，才华横溢，琴棋书画无所不通。

公元528年，手无缚鸡之力的胡太后只用了一包毒药，就轻轻松松地结束了孝明帝光明而短暂的一生。

胡太后之所以敢冒天下之大不韪，得益于她惯有的胆大。而她的胆大是被北魏的后宫"潜规则"所逼迫的：宫女只要为皇帝生了一个儿子，就会被处死。

这样的潜规则很难让人理解，按理说宫女为皇帝生儿子，是为了传宗接代的需要啊，应该更加得到皇帝的亲昵和宠爱才对，为什么反而要被诛杀呢？

原来，北魏皇帝一直担心后戚专政，儿子就意味着有登基的可能性，虽然这种可能性有大有小，大到99.9%，小到0.01%。但为了防患于未然，北魏便定下了这样荒唐而可笑的后宫潜规则。

公不公平不重要，重要的是执行者的力度。事实证明，北魏皇帝的执行力度是持之以恒的，这条潜规则就这样"流水不腐"地流传下来了。

到了胡太后时，后宫出现了这样的怪现象，所有的宫女都怕被皇帝临幸。本来，作为宫女被临幸是梦寐以求的事，然而，北魏的被临幸就是一个巨大的坑，意味着噩梦的开始。因为被临幸了就意味着可能怀孕，而怀孕，就有50%的中奖率，而一旦中奖，就意味着人头不保。

就在几乎所有的宫女都在研究怎么使用避孕套、服用避孕药时，胡太后却依然我行我素，她说：我们现在还远没到计划生育的时候，你们不敢生，我生。

够拽吧，连脑袋都不在乎。

功夫不负有心人，公元510年，"拽人"胡太后生了一个白白胖胖的儿子——元诩（拓跋氏为了更接近汉人习俗，改姓"元"）。因为是独苗，元诩五岁时就被立为太子。

根据后宫潜规则，元诩被立为太子之日，也就是胡太后的祭日。然而，这一次胡太后凭借一人之力打破了这个潜规则。

胡太后没有死。原因很简单，宣武帝没有杀她。宣武帝之所以没有杀她，是因为不能杀。不能杀的原因只是胡太后的一句话：皇上如果杀了我，将来太子元诩继承了你的位置，会恨你一辈子的。

听了这句话，宣武帝很震惊。恨，代表着什么意味着什么，可想而知。尽管谁都知道，按照"老的不去，新的不来"这个皇帝定论，等元诩上任，宣武帝早已"死去元知万事空"了，大可不必为"恨"添烦恼。

然而，如果一个人被别人仇恨终生，而且这个人是自己至亲的人，就算是阴阳两隔，那也是一件很悲哀的事。

胡太后不愧是察言观色的高手，她太了解宣武帝了，这一句话就足够了，这一句话就像一把利剑，直刺进宣武帝的心脏，让他做不出任何可做的动作。说短点，为自己，说长点，为自己身后的名誉，宣武帝有他的苦衷和难言之隐。

接下来的事就很简单了，胡太后不但活下来了，而且活得很精彩。

公元516年，也就是在元诩立为太子后的第二年，宣武帝挥一挥衣袖，到阎王那里报到去了，年仅六岁的元诩理所当然地坐上了皇帝的宝座，这便是孝明帝。胡太后也理所当然地以皇帝他妈的独特优势，玩起了"垂帘听政"。

事实证明，妇女能顶半边天，这句话一点不假，胡太后以她的强悍很快就将朝中大权牢牢掌握在自己手中。

权力这半边天拿下后，男人那半边天，极富野心的她同样不放过。例来皇帝都是三宫六院七十二嫔妃，胡太后掌权后，反其道而行之，弄了个三宫六院七十二帅哥。据说只要长得帅的，她的口号是"一个也不能放过"，什么叫淫乱？让胡太后告诉你吧。

从胡太后所作的一些诗歌就可以看出些许端倪，这首《杨白华》宣扬的是爱情，而她实际上写的是情爱：

阳春二三月，杨柳齐作花。

春风一夜入闺闼，杨花飘落南家。

含情出户脚无力，拾得杨花泪沾臆。

秋去春还双燕飞，原衔杨花入窠里。

而对那些敢于对她不满的人，胡太后同样是"一个也不能放过"，这样，在她的铁腕下，朝中众臣除了敢怒谁还敢言。

当然，朝中还有一个人能对她敢怒敢言，这个人就是她的儿子孝明帝元诩。元诩刚开始对胡太后百依百顺，然而，十二年光阴弹指一挥间，元诩也渐渐长大成人了，对胡太后的不满也在与日俱增。

原因有三：

1.胡太后夺了他的权。

2.和他稍有亲近的人都会受到一种叫"砍头"的特殊优待，让他一直深深体会到什么叫"孤家寡人"。

3.自己的妈妈私生活不检点，宫中淫乱之风盛行。

胡太后也在注视着孝明帝的一举一动，看着儿子眼中仇恨的火光一天高过一天，她心里的震撼也是一天强过一天，恍惚间，她想起当年对宣武帝说的那句话，原来被人仇恨的滋味是这般难受。

既然不能做到最豁达的"相逢一笑泯恩仇"，那就只能用最古老最原始的方式来解决仇恨。

事实证明，这是一场不公平的决斗，因为胡太后根本就没有给儿子出手的机会，直接就下了毒手。

元诩死了，少了羁绊的胡太后开始了她更加享乐、穷奢极欲的生活。俗话说：上梁不正下梁歪。在她的影响下，北魏各王公大臣纷纷效仿，生活糜烂奢侈，甚至互相攀比，国政大坏，本来就逐渐衰落的国势更是一落千丈。也正是因为这样，眼看世风不对的胡太后开始求佛，乞求以这种方式来帮她解决一大堆子难题。

于是乎，各地寺庙如雨后春笋般耸立出来。

寺庙，作为神圣而神秘的一方净土，它的意义与价值在民众心目中是神圣而恒久的：自远古至今，它以巨大的神话思维将无处不在的偶然性纳入神秘的必然性框架之中；它总体上维护着人生价值的意义感和恒久性；它以别有天地的思维模式解读着人生与历史，在很大程度上消解着个体生命在深邃历史与无限宇宙映衬下内心深处的永恒困惑；它的道德标尺永远是惩恶扬善；它作为具有信仰意味的文化空间，成为民众逢年过节祈福的意象造型：丰收之际，是感恩天地的诉说对象，灾难困苦时，是宣泄悚惧、净化心灵的有效途径……

看来，胡太后选择求佛建寺是明智之举。

当然，建寺庙不是一件容易的事，要花费大量的人力、物力、财力，总之一句话：劳民伤财。《南史·郭祖深传》载："时帝大弘释典，将以易俗，故祖深尤言其事，条以为都下佛寺五百余所，穷极宏丽，僧尼十余万，资产丰沃，所在郡县，不可胜言。"

对此，唐代著名诗人杜牧写了一首讽刺诗《江南春》，既写出了江南春景的丰富多彩，也写出了佛教寺庙在这个时期的兴盛。诗云：

千里莺啼绿映红，水村山郭酒旗风。

南朝四百八十寺，多少楼台烟雨中。

（2）因果轮回

人在江湖飘，迟早要挨刀，这一刀来得早还是来得迟就要看造化了。

当年拓跋珪乘前秦和后燕国内动荡不安时异军突起，以雷霆之势完成霸业，建立国家。同样的道理，现如今，北魏朝廷的不稳定，给了长期被欺压的其余部族的胡人翻身的机会，他们没有再选择沉默，打出了"王侯将相，宁有种乎"的旗帜，自立造反。其中，鲜卑人葛荣的起义最是凶猛，他率领起义军长驱直入，所向披靡，大有一捣"黄龙"洛阳之势。

眼看战火就要烧到国都来了，风雨飘扬的北魏王朝如同惊弓之鸟，达官显贵纷纷回家收拾行囊，大有脚底抹油、溜之大吉之势。都说时势造英雄，就在洛阳陷入慌乱之时，出现了一个乱世枭雄——尔朱荣。

尔朱荣不但人长得英俊潇洒、风流倜傥，更重要的是肚子里有货。他的"根据地"在山西，闲时没事时，玩一个很特殊的爱好——练兵。日复一日，年复一年，结果在他的魔鬼训练营中，成功打造出了一支精锐骑兵，至于这支精兵的威力如何，马上将为你揭晓。

胡太后拉着尔朱荣的手，就像抓住了一根救命稻草，二话不说就命他为"剿匪大将军"。并且说了一句很深情的话：国家生死存亡之际，就全靠将军您了。

事实证明，尔朱荣是天生的军事家。他虽然初出茅庐，却显得老练异常，用诱敌之计以少胜多，大败葛荣的数十万大军，致使葛荣本人落得个"尸骨露于野"的悲惨下场。

力挽狂澜于既倒，一战成名的尔朱荣自然成了"草根英雄"。回来时受到了胡太后的亲自接见。

有尔朱荣在，胡太后放心了，她继续着自己纸醉金迷的生活。

如果你认为尔朱荣满脑子只是为国尽忠，那你就大错特错了，他的心大得很，不单单只想当"草根英雄"，他更想趁天下动乱不安时浑水摸鱼，分到一杯羹。

尔朱荣开始招揽各方势力，密切注视着朝廷里的一举一动。待羽翼丰满后，尔朱荣开始了他的"追梦之旅"，他打着为孝明帝报仇的幌子，突然发动政变，带领精锐铁骑，以迅雷不及掩耳之势攻占了洛阳，诛杀了正在床上和男宠"颠鸾倒凤"的胡太后。

"十恶不赦"的胡太后死得并不孤独，因为和她陪葬的还有二百余位大臣。

公元528年，"清君侧"成功的尔朱荣立彭城王元勰（北魏孝文帝拓跋宏的弟弟）的第三子元子攸为皇帝，便是孝庄帝。

接着尔朱荣又来了个"三步走"。

第一步是安内。采取的措施是：联姻。尔朱荣将自己的女儿尔朱英娥嫁给元子攸为皇后，自己当了正宗"国舅爷"，既稳住了元子攸，又给自己控制政权添加了双保险。

第二步是攘外。采取的措施是：枪杆子下出政权。尔朱荣不愧是军事天才家，此后接连平定邢杲，屠灭元颢，擒拿万俟丑奴，使本已无力回天的北魏王朝又枯木逢春，重新屹立在北方大地。

第三步是掌权。采取的措施是：挟天子以令诸侯。安内和攘外后，尔朱荣一手遮天，要风得风，要雨得雨，有滋有味。很快，他不安于现状，对帝位虎视眈眈起来。

然而，他不会知道，他立的这位借以避人耳目的"傀儡"孝庄帝并没有选择"坐以待毙"，而是选择了"奋力一搏"。

公元530年农历八月，那是一个风和日丽的好日子，却成了尔朱荣的祭日。孝庄帝叫尔朱荣去朝中"商量"国事。尔朱荣哪有提防，从驻地晋阳出发，大摇大摆就去了洛阳，结果早已布下"局"的孝庄帝没有让机会白白溜走，那些埋伏的刀斧手把尔朱荣砍成了肉酱。

大意失荆州，诚如斯言。

（3）一锅粥

尔朱荣死了，这一刀痛快是痛快了，但孝庄帝高兴不起来，尔朱荣虽罪该万死，可他是维护北魏安稳的定海神针。只要他在，谁都不敢放肆。现在他死得如此突然，潘多拉的盒子又再次打开了，刚刚安稳的北魏王朝又将陷入群魔乱舞的疯狂之中。

腐败的政权，残缺的国情，让他这个"愣头青"来收拾残局，真是有点赶鸭子上架的味道。

既然是残局，那就注定充满无数变数，就在孝庄帝感到手足无措时，给他"收官"的人却出现了。

百足之虫，死而不僵。尔朱荣的侄儿尔朱兆眼看叔父惨死，他也不是吃素的主儿，收集叔父的残留兵力，打着报仇雪恨的旗帜，又来了一次血洗京城，结果孝庄帝理所当然地成了"血债血还"的牺牲品。

经此巨变，朝廷再度削弱，已成乌烟瘴气弱不禁风之势。

山雨欲来风满楼，该来的终究会来，压垮大魏王朝的最后一根稻草已经呼之欲出。

尔朱兆复仇成功，依然借鉴叔父的做法，重新又立了个元家后代中很小的元恭为皇帝，这就是节闵帝。

青出于蓝胜于蓝，事实证明，尔朱兆的眼光果然比叔父高些，立的这个节闵帝，正如他的名字一样，老老实实做他的"打工皇帝"。他知道做"打工皇帝"有"打工皇帝"的潜规则，规规矩矩，安安分分，只图自己能在皇帝这个职位上长久地打工下去。

事实上，对于节闵帝的听话，尔朱兆也感到很满意，他甚至都想好了，就这样让节闵帝一直为他打工下去。然而，螳螂捕蝉，黄雀在后，尔朱兆一厢情愿的想法很快就破灭了。

拿破仑说过，不想当将军的士兵不是好士兵。尔朱荣死后，他的两位得力干将高欢和宇文泰坐不住了，他们和主子一样远大的志向一天天膨胀起来。

首先打破僵局的是高欢。这位仁兄趁着动乱，去了一趟河北，那里是他庞大的家族势力所在地，在他的糖衣炮弹诱惑下，很快就组织了一支强大的军队。然后，又是老掉牙的故伎重演，以"清君侧"为由，率军攻入京城，在把尔朱兆一剑穿心的同时，连尔朱氏的九族也没有放过，丝毫不念旧主子的恩情，完全学会了厚黑学中快准狠的精髓。

与此同时，"打工皇帝"节闵帝神秘失踪，原因"你懂的呀。"。随后，高欢立元子攸的族侄元修为新的"打工皇帝"——孝武帝，而自己则在潼关以东关起门来做他的"土皇帝"。

王侯将相，宁有种乎。眼看高欢冒天下之大不韪，弹指一灰间成就了自己的"霸业"，宇文泰不服气了。他非但不服气，而且很震怒。他和高欢来了个道不同不相为谋——远走长安。长安是个好地方，宇文泰决定在这里安居乐业，奋发图强。就在他决定学高欢找个"打工皇帝"来过把瘾时，想当"打工皇帝"的人却主动前来应聘了。

应聘者的身份和地位果然非同一般，竟是被高欢拥立的孝武帝。

原来，乖顺的孝武帝当了几年"打工皇帝"后，对这种压抑的生活感到了极端的厌倦，更重要的是心里害怕。虽然他万般含辱隐忍，一点风吹草动都不敢有，只为能波澜不惊地过完一生。然而，他对生命却看得很重。他也不是傻子，知道自己的剩余价值一旦被掏空，那么剩下的唯一出路就是淘汰。

对于皇帝来说，淘汰就意味着生命的终结，找不到第二条出路。

于是乎，当了两年"打工皇帝"的孝武帝终于在一个月黑风高的夜里，踏上了追寻梦想和追求的征程。

路漫漫其修远兮，吾将上下而求索。他行遍千层山踏过万重水，来到了美丽富饶的长安。

由洛阳西通长安的官道上，商贩走卒们怎么也不会想到，当今皇帝会混在他们一堆，气喘吁吁地赶路吧？

孝武帝选择宇文泰，想换一个新主子，改善一下"打工生涯"。然而，事实证明，这只是他一厢情愿的想法。

正急于寻找"托儿"的宇文泰自然接受了他的应聘，随后孝武帝满心期待宇文泰能"厚待"自己，结果等来的是宇文泰对他的无视，不但无视，简直不闻不问。

早知道这样，还不如当初在高欢手下打工呢，高欢除了对权力"吝啬"外，其他的好歹还会尽量满足，丰衣足食，日子虽然无聊，却也逍遥自在。而如今到了长安，吃的是粗茶淡饭，穿的是简衣粗布，以至于孝武帝发出这样的感慨：皇位呀皇位，那么多人辛苦争你，却换不来一顿好饭吗？。

不满与日俱增，被"冷藏"的孝武帝没有安安分分地躲进皇宫成一统，而是开始了他的小动作。当然，他的小动作离"造反"两个字还是相差十万八千里，他是想以"捅娄子"的方式来表达对宇文泰的极度不满和强烈抗议，从而引起宇文泰的重视，最终目的也很简单：改善自己的环境和待遇。

孝武帝的努力没有白费，他的那些造谣生事之类的不安分的小动作，很快就引起了宇文泰的重视。就在宇文泰观望期间，孝武帝越发来了精神，非但没有松手，反而有变本加厉之势。于是乎，宇文泰得出了这样一个结论：孝武帝有造反之心，这样的人不能留。

本着他留我走的原则，宇文泰这回没有丝毫心慈手软，"刷刷"就给了孝武帝两剑。

就这样，宇文泰踏着孝武帝的尸骨，建立了西魏（公元535年），并且仍立乖顺的孝文帝孙子元宝炬为皇帝，是为西魏文帝。

与此同时，"弃皇"高欢另立一位亲王之子、十一岁的元善见为皇帝，是为闵帝，同时迁都于邺（今河南安阳），建立了东魏。

至此，盛行一时的北魏彻底分裂，历史翻开新的篇章，有诗为证：

权去生道促，忧来死路长。

怀恨出国门，含悲入鬼乡。

隧门一时闭，幽庭岂复光。

思鸟吟青松，哀风吹白杨。

昔来闻死苦，何言自身当。

备注：

各位看官，仅仅这第一章，我们可以来数一数死了多少皇帝，多少牛人。

第一个皇帝：北魏孝文帝，死因：被亲生母亲毒死。

第二个皇帝：北魏孝庄帝，死因：被尔朱兆造反杀死。

第三个皇帝：北魏节闵帝，死因：被高欢造反杀死。

第四个皇帝：北魏孝武帝，死因：被宇文泰杀死。

第一个牛人：胡太后，死因：被尔朱荣造反杀死。

第二个牛人：尔朱荣，死因：被孝庄帝设计杀死。

第三个牛人：尔朱兆，死因：被高欢杀死。

短短七年，死了四个皇帝，三大牛人，看来，这当皇帝和当牛人的，干的是世界上风险最高的职业。

其实，整本《隋是唐非》，写的都是这种动荡之下的政局，天下大乱，更显出和平的珍贵。至于全书中一共死了多少皇帝和牛人，我们不再一一列出，您若有兴趣，可以自己慢慢数。

第二章

深藏不露

（1）宇文护的野心

两个朝廷的对立，对于同样野心勃勃的宇文泰和高欢来说都是不能容忍的，两虎相斗是必然的结果。

然而，宇文泰野心虽然大，命却不大。

公元556年，宇文泰到边境去举行军事演习，结果这一去便再也没有回来。染了风寒的他令他最为器重的侄子宇文护代他进行完军事演习，随后再交给他一个艰巨的任务——托孤大臣。任务是让他辅助自己的儿子宇文觉完成统一大愿。

王师北定中原日，家祭无忘告乃翁。也许，这是宇文泰说的最后一句话。他相信自己侄子的能力，一定会完成他的心愿。

事实上，宇文泰果然没有看错人，宇文护的才能的确高人一等。西魏在他的治理下呈欣欣向荣之势。

事实上，宇文泰还是看错人了，他只看中了宇文护的才能，却没有看到宇文护的野心。

宇文护首先让宇文觉当上了西魏的"大师"，随后升为"周公"，当升到不能再升时，宇文护不再像宇文泰那么"规矩"了，公元557年，他直接把北魏皇帝

"请"下了皇帝的宝座，然后让宇文觉登基，定国号周，史称北周。

退位的北魏皇帝非但没有任何利用价值，反而成了"危险炸弹"，本着斩草除根的原则，宇文护用一杯毒酒了结了他的一生。傀儡皇帝终于可以解脱了，到另一个无忧无虑的极乐世界去了。

而宇文觉，又成了可怜的替罪羔羊。宇文护先是自封为"大冢宰"，极力架空宇文觉，把朝中大权揽于自己手上，很快就打造了至高无上的地位。

宇文护的越轨行为，严重触犯了宇文觉幼小而敏感的心灵，他以直觉隐隐觉得，如果一直这样下去，他的下场将会和北魏皇帝一样。

与其日后受其荼毒，不如先下手为强，宇文觉开始培养和拉拢自己的人，组织和训练自己的军队，目标只有一个：诛杀宇文护。

就在宇文觉磨刀霍霍时，宇文护以敏锐的嗅觉查出了些许不祥的气氛，本着"敌不动，己不动，敌一动，己先动"的原则，他在宇文觉还没有出手前，已先出手。结果还是故伎重演，以一杯毒酒直接赐宇文觉去了黄泉路。

宇文觉死了，宇文护却犯了难，自己如果直接当皇帝，不但名不正言不顺，还会引来宇文家族力量的强烈反对，那样的话，他便会成为落水的狗，遭到人人痛打。思来想去，宇文护决定还是将"挟天子以令诸侯"的老路进行到底。

于是乎，新天子马上出炉了，他就是宇文泰的另一个儿子，也就是宇文觉的弟弟宇文毓，宇文毓拥有一个很响亮的名号——周明帝。

宇文护之所以把宇文毓扶上皇帝的宝座，原因只有一个，宇文毓看上去很温顺。

从表面上看，宇文毓表现得的确很温顺，自从当上皇帝后，他不热衷于执政，反而钟情于文学，整天关在书房里诗史经乐春秋，然后写诗歌，写散文，甚至还打算编长篇丛书。

宇文护对这样的"作家皇帝"自然很满意，认为可以高枕无忧了。然而，他高兴得太早了。

"作家皇帝"虽然整天坐在书房里，却并不妨碍他对时局的把握和掌控，他首先赦免了西魏皇室的"罪人"，又为一些掠夺过来的奴隶降刑，为自己赢得了民心。

然后，以"公开招聘"形式选拔一些大家族的年轻俊杰为柱国将军。杨坚的父亲杨忠就是从这里发迹的。

双管齐下，效果看得见，宇文毓的身份和地位明显大有改观。

宇文护看在眼里急在心里，他不知道这个看似文弱的作家皇帝葫芦里到底卖的是什么药，于是决定对他来个投石问路。

"皇上啊，您已经长大成人了，我看还是由您来亲自执政吧。"宇文护问。

事实证明宇文毓还是嫩了点，他竟然对宇文护以退为进的策略毫无察觉。他天真地认为宇文护无力控制他了，是真心想把权力交给他，于是，他笑着答道："如此甚好。"

祸患就此埋下。既然你不甘心做傀儡，结果只能有一个：死。

公元560年，宇文毓在饮食过程中突然"食物中毒"，后来经御医极力抢救无效，七窍流血而死。

"狗血"到不能再"狗血"的剧情！

（2）一块美玉引发的血案

宇文毓死了，宇文护高兴不起来，他又面临一个头痛的问题：谁来当下一个"打工皇帝"？

宇文泰的两个儿子都不是好东西，按吃一堑长一智的原则，这次宇文护总该把宇文泰的儿子排除在候选名单之外吧。

然而，出人意料的是，宇文护还是非宇文泰的儿子不选。

原因很简单，只有立宇文泰的儿子为皇帝，才能信服天下。

于是乎，宇文泰的第四子宇文邕站上了历史的舞台。宇文邕从小聪明伶俐，文武皆通，据说当年宇文泰最喜欢的儿子就是他。他常对别人说，从宇文邕身上可以看到自己的影子。

宇文护立他的原因一是宇文邕年纪小（17岁），比哥哥宇文毓小九岁，便于管理和掌控。另一个原因是他乖巧，看起来比宇文毓更加温顺。

这不，接到宇文护的聘用通知书，宇文邕二话不说直接就拒绝了，理由是：我无才无德，不配当这个皇帝。

宇文邕玩的虚招打了宇文护一个措手不及，但通过这个谦让事件，更坚定了宇文护的决心：你不想当皇帝，我偏生就要你当。

他没有像常人苦口婆心地去劝进，说一大堆好听的话，什么拯救天下黎民百姓啦之类，而是马上想到了个聪明绝顶的好办法——弄出个假遗书。

他拿着假遗书，对宇文邕说，你看看，白纸黑字，这是你哥哥宇文毓临死前写的遗书，你是他指定的唯一继承人。

宇文邕拿着遗书，左看右看，上看下看，看来看去，没有看出一丝真的迹象，却看见了两位哥哥污血遍体满面含冤的影子。

此仇不报，不共戴天。宇文邕知道遗书是伪造的，他虽然早已决定赶这一趟浑水，却还是装模作样地推辞着。直到推无可推，才勉为其难地答应了。

作秀表演完毕后，少年老成的宇文邕马上上演真人秀。他首先把朝中所有文武官员一律连升四级，一时间朝野上下对他赞声不绝于耳。然后封宇文护为全国兵马大元帅大都督，让他统率三军。国家的军队让自己掌握，宇文护心里踏实多了。

兵权在握，宇文护的心终于放下，他认为宇文邕才是一个真正听话的"打工皇帝"。于是决定去完成宇文泰交给自己的托孤心愿：完成统一祖国的千秋大业。

他军事行动的首选目标是北齐。

大家看到这里可能会有点疑问了，这个北齐是谁？

前面已经说了，宇文泰建立西魏的同时，高欢建立了东魏，两国为了各自利益，进行了你死我活的争斗，结果在战争中耗尽了高欢的精力和体力。公元547年，高欢和宇文泰一样，在出征的途中"壮志未酬身先死"。

他的儿子高澄继承了官位。

本是同根生，相煎何太急。高澄不会料到，他的屁股还没坐稳，弟弟高洋就开始打哥哥的主意了，并且很快给了他"温柔一刀"。

　　据说高洋长得很丑，别人丑却很温柔，他却不但丑，而且一点也不温柔。他先是迫不及待他利用他人之手除去了高澄，然后废掉傀儡皇帝孝静帝，建立了齐国，这就是历史上的北齐。

　　这个北齐，自然是宇文护的北周的眼中钉，肉中刺。

　　宇文护成为兵马大元帅大都督后，决定放开手脚来拔刺了。他认为只有先吞并死对头齐国，然后再统一全国。应该说，他的想法是好的，但事实证明，他根本就不是一块打仗的料，很快就体会到了什么叫现实与理想之间的距离。

　　对北齐的三次军事行动都以失败告终，每一次都败得灰头土脸。秦时明月汉时关，万里长征人未还，这句话用在他的军队上最适合不过。

　　当然，宇文护以倾国之兵拿不下北齐，原因是北齐有一个"救世主"斛律光。至于这个斛律光是何许牛人，后面将会讲到。

　　宇文邕封宇文护为全国兵马大元帅大都督，就是想让宇文护分散精力去"攘外"，这让"安内"的宇文邕有了韬光养晦的机会。

　　宇文护惨败而归，宇文邕表现得却很大度，不但口头上不断地安慰，而且还以实际行动表示：封他为元辅。宇文护的母亲在攻打北齐时被擒，后来才被保释出来，宇文邕马上以"国母"相待，那毕恭毕敬的态度，跌破了许多人的眼镜。八柱国之一的侯莫陈崇私下说过宇文护的坏话，宇文邕马上公开发表言论，表示强烈谴责。随后，宇文护带兵团团包围侯府，最终逼使侯莫陈崇自杀。

　　宇文邕的所作所为，只是"手段"，目的只为"忽悠"宇文护。就这样，弹指一挥间，十二个年头过去了。十二年，在漫长的岁月长河中也许并不算长，然而，在人生短短几十年的光阴中却不算短，由此可见宇文邕的隐忍。

　　沉默啊沉默，不在沉默中爆发，就在沉默中灭亡。公元572年，在皇帝的位置上打了十二年工的大忽悠宇文邕终于等到了熬成婆的机会。

　　当时正值宇文护从外面"公差"归来，宇文邕很是热情地为他安排了接风宴，令宇文护感到意外的是，这一次的接风宴满桌都是美味佳肴，唯一缺少的就是酒。宇文护是个嗜酒的人，见状脸色自然很难看了。

"喝酒有害身体健康。"大忽悠皇帝说。

"你是叫我戒酒？"宇文护问。

"非也，非也。"大忽悠的头摇得像拨浪鼓，隔了半晌才喃喃道："我妈喜欢喝酒，但喝酒有害身体健康。我劝了她好多次都是无用功。还希望你能帮帮我。"

"你要我怎么帮你？"宇文护一脸惘然地问。

"你只需在拜见我妈时，帮我把这封劝酒令念给她听就行了。"大忽悠随即掏出一封信状的东西来。宇文护还想说什么，大忽悠却道："这件事就有劳元辅了。"

按惯例，宇文护随即去拜见太后。寒暄过后，他便直奔主题，用字正腔圆、抑扬顿挫的声音诵读这首戒酒诗。也不知是不是戒酒诗写得太过华丽太过动人的缘故，他的声音越来越洪亮。

就在他的声音穿透宫殿直透云霄之际，突然戛然而止。与此同时，宇文护以手护住鲜血直流的头部，缓缓转过身来，怔怔地望着手中兀自拿着一块又大又圆的美玉的宇文邕，美玉上血迹斑斑。

"你……好……好阴毒，把美玉当利剑，千古未闻……"这是宇文护倒地前说的一句话，也是他一生中的最后一句话。这一倒下去就再也没有站起来。

大忽悠周武帝宇文邕用实际行动告诉了我们这样一句话：不在烈火中重生，就在烈火中灭亡。

（3）谁动了我的奶酪

我们还能不能再见面

我在佛前苦苦求了几千年

愿意用几世换我们一世情缘

希望可以感动上天

我们还能不能能不能再见面

我在佛前苦苦求了几千年

当我在踏过这条奈何桥之前

让我再吻一吻你的脸……

——《求佛》

摆脱政治上的羁绊，"转正"后的周武帝宇文邕开始放手大干事业了。

他做的第一件大实事就是：灭佛。自从胡太后极力提倡佛教事业后，各地的寺庙遍地开花，活佛也是司空见惯。为了躲开纷乱的局势，百姓纷纷入寺加入和尚和宗教的队伍。

眼看长此下去，全国除了和尚尼姑，没有几个留头发的了，宇文邕看在眼里急在心里。公元573年，也就是杀死宇文护的第二年，他召开了一次灭佛动员大会，随后付诸行动，包括以下四个方面的内容：

1.摧毁所有的寺庙。

2.砸毁所有的佛像

3.烧毁所有的经书。

4.遣返所有的道士。

在他的强腕措施下，很快就灭佛成功，国力也随之大大增强。也正是因为这样，周武帝宇文邕马上就做了第二件大事：伐齐。

当年还是"打工皇帝"时，宇文邕心里一直希望宇文护在伐齐中不要成功。他知道如果齐国灭了，他的世界末日也就到了。事实上，宇文护并没有让他提心吊胆，几次大规模的攻齐，最后均以失败告终。在灭佛成功、国力提升、民力增强后，宇文邕决定伐齐，以完成父亲宇文泰统一的愿望。

此时的北齐正经历着大的变革。原来高欢死后，高澄的弟弟高洋夺取了政权，事实证明他果然是欲望很大的人，继位后、厉兵秣马，进行南征北战，取得了一些不俗的战绩，据说光战利品都够他吃上好几年的。

饱暖思淫欲，高洋随即迷恋上了女色，于是乎大批大批美貌年轻女子被选进宫，一栋一栋宫殿拔地而起。

人的欲望是无尽的，精力却是有限的，夜夜笙歌，花天酒地，没过几年就把身子掏空了，刚刚过了而立之年的高洋便到阎王那里报到去了。高洋死前恋恋不舍的，除了那些花花绿绿的宫女外，还有儿子高殷。

高殷才十五岁，按继位的年龄来算也属于大龄青年了，但自己儿子是块什么料，作为父亲的高洋最清楚不过。为了能让儿子坐稳皇帝的位置，高洋只好把自己的弟弟高演请出山，弄了个"托孤大臣"的位置给他当。

高洋满以为无私的举动定会让弟弟感动，一心一意辅佐自己的儿子。事实上，高演也很想这样做，但这个世界上，利益面前，翻脸当真比翻书还快。辅助侄子才两三天的高演就走上"叛逆"道路，成功地一脚踢开高殷，自己坐上了皇帝的宝座。

也许是善有善报，恶有恶报。高演当上皇帝的第二年（公元561年）。他生病了，这病不但来得突然，而且甚是凶猛，灵丹妙药用尽也是徒劳。骨瘦如柴的他知道自己来日无多，担心起了自己的儿子高百年。

高演当年给自己的儿子取名百年，就是希望儿子能长生不老，百年不死。但此时自己已无力保护儿子的将来。他担心自己死后，儿子的命运和高殷一样。

如果儿子不当皇帝能保"百年"不死，那何不退而求次地活着呢，像自己辛辛苦苦夺来的江山，那又如何，还不是如过眼云烟一样消散开去。

也许是出于对生死的释然，也许是出于临死前的感悟，总之，他死前决定立弟弟高湛为皇帝。对弟弟高湛唯一的要求是：只求你能留我儿子一条活路。

面对天上掉馅饼般的好事，高湛头点得像鸡啄米，答应不迭：本是同根生，血浓于水啊，我怎么会做那样缺德的事呢？哥哥，你放心，我一定会照顾好侄儿的。

听完弟弟的承诺，高演含笑闭上了双眼。然而，他不会知道，真正笑的人在后面，高演刚闭上眼，高湛就上演了"相煎太急"的一幕，高百年连多活一天也算是奢侈，更别提一百年。

高湛不但学来了高洋"快准狠"的厚黑学精髓，而且爱好方面也一样，他同样也是一个欲望很高的人，对美女情有独钟。

过了五年，也就是公元565年，厌倦了皇帝生涯的高湛，干脆直接把皇位传给了自己的儿子高纬，他一心一意陪后宫的美女们研究人体结构学去了。

有其父必有其子，这话用在高纬身上最适当不过了。如果说父亲是典型的色魔（连皇帝都可以不做），儿子就是"色盲"，盲到何种程度了，不但对女人美丑不分，更要命的是连性别也不分了。

他最喜欢的人名字叫和士开。

和士开名如其人，是个不折不扣的纯爷们，只不过长得唇红齿白，貌比潘安。高纬对这位美男子着了迷，无论工作，还是吃饭睡觉都要他来陪，到了形影不离的地步。

高纬不光是著名的皇帝"基佬"，还是伟大的建筑家。别人搞建筑都是想如何建好房子，在造房时尽量考虑风水和五行八卦等问题，总之，能做到好看实用就行了。而我们可爱的高纬同志却反其道而行之，别人喜欢建房，他却喜欢拆房。他果然不愧是人体解剖学的继承人，对房子的解剖到了变态的地步，于是先皇们几代积累的建筑群在"拆迁办主任"高纬同志举手投足之间夷为平地。

那个时候没有先进的爆破技术，工程量都靠人工来完成，拆房的难度之大可想而知。工人拼了老命好不容易完成了摧毁工程，满以为大功告成可以领着工钱回家了，却很快体会到了什么叫一厢情愿。高纬这个时候发话了，把拆了的建筑按原来的方式重新建好。

工人们傻眼了，拆了再建，这不是吃饱了撑的吗？然而，君令如山，他们敢怒不敢言。工程如期建好，工人们以为这下总可以解脱了吧。然而，高纬再度下达的"拆房令"让他们目瞪口呆了。他们终于明白：这个皇帝不但昏庸，而且昏庸到了变态。不但变态，而且变态到了极点。

一些正直的大臣看在眼里急在心里，他们决定除掉和士开，消除高纬变态的根源。

很快，一封联名奏折写成了，奏折里陈述了和士开十大罪状，并且给出了这样的处理意见：斩首。

高纬是个典型的神龙不见首尾的皇帝，平日里只知吃喝玩乐，上朝是偶尔的事。这日，终于等来他的上朝之日，这封联名奏折便成了堆积如山的奏章中的一份。高纬哪里有心思去看这些奏章，拿起朱红大笔，玉手一挥，批上了清一色的"准奏"。结果可想而知，和士开的生命便也在高纬龙飞凤舞的随笔一画中画上了一个圆满的句号。

事后，震怒之极的高纬质问大臣们："谁动了我的奶酪？"

众臣拿出奏章，默不作声，一脸的无辜状。

高纬见上面自己亲批的"准奏"，气得有一种找块豆腐撞死的冲动。

（4）射雕英雄传

应该说老天对高纬还是公平的，身边少了一个误国殃民的奸臣，马上又多了一个为国为民的忠臣。

这个大忠臣的名字叫斛律光，称得上是纷乱的南北朝时的超级牛人。

斛律光出道很早，十七岁就当了都督，据说有一次陪北齐武帝高欢去打猎，当时天空中正飞着两只雕，一雌一雄两只雕相依相伴极尽缠绵。皇帝叹道："雌雕我所求也，雄雕亦我所求也，两者不可兼得也。"

斛律光闻言二话不说，拔出身上所佩的弓箭，上箭拉弓一气呵成，只听见"刷"的一声，那离弦之箭如流星般划过天空，待众人回过神来时，那支箭已掉落在地，众人定眼再看，但见那箭上兀自插着两只雕。

一箭双雕，绝古铄金，众人都忍不住喝彩起来，连皇帝也赞不绝口，射雕英雄的美名就落在他身上了。

公元564年，宇文护率兵攻打北齐，一路势如破竹，直扑洛阳，把洛阳围了个水泄不通。为了到外面去求助援兵，斛律光主动请缨，带领五百敢死队，于一个月黑风高之夜进行突围，结果打了宇文护一个措手不及。

斛律光的突围给洛阳带来了希望——增援部队，对于速战速决的宇文护来说，闻风而来的援军让他很吃不消，不得已只好撤军。

正如一首网络通俗歌曲《爱情买卖》中所唱的"爱情不是你想买，想买就能买"一样，眼看宇文护想溜之大吉，斛律光发话了：北齐不是你想来，想来就能来。

斛律光的执著让宇文护大为光火，于是派出手下最为得力最为勇猛的大将王维去断后，顺便教训这个不识好歹的"射雕英雄"。

两边都是最为勇猛的战将，话不投机半句多，一碰面就打起来，结果棋逢对手，将遇良才，斗了百来个回合，依然难分伯仲。眼看这样斗下去，结局将会是两败俱伤，斛律光情急之中，开始用计了，只见他突然掉转马头就走，这边王维急于立功，哪里能让他这么轻易逃走。于是乎，一个没命跑，一个拼命追。

斛律光跑着跑着，突然来了个"蓦然回首"，王维只觉得一道寒光扑面而来，想要躲闪哪里还来得及，中箭而倒。

斛律光利用"拖刀计"成功除去王维，接着乘胜追击宇文护，慌乱中北周军全线溃败，几乎落得全军覆灭的地步，宇文护也是充分发挥"不羞遁走"的本质特点，才逃之夭夭。

宇文护几乎输掉了内裤，斛律光却赢得钵满盆满，马上连升三级，坐到了太尉的职位上。

公元567年，宇文护品尝了三年的失利苦果，以复仇之师卷土重来，斛律光从容应战，结果让宇文护旧仇未报，又添新仇。

公元571年，宇文护本着"君子报仇，四年不晚"的原则，再次对北齐动武。充分的准备，精良的设备，唯一不足的就是缺少正确的指挥这一必备条件。

宇文护地毯式的进攻方式，很快就尝到苦果。斛律光诱敌深入，然后设伏，结果自然可想而知，宇文护雄心壮志而来，狼狈不堪而归。

宇文护三伐北齐，皆是败得惨不忍睹。斛律光仿佛就是北齐的一坐活佛，只要有他在，宇文护的铁骑就休想踏进北齐一步。宇文护还没来得及发出"既生护，何生光"的悲壮感言，周武帝宇文邕就把他的生命送到了终点站，终得个壮志未酬身先死的凄惨下场。

前面说过，周武帝宇文邕上任后，励精图治，首先把国内此起彼伏的"石佛"给灭了，国家的经济得到了很好的发展，军队实力也得到了很大的提升。这时，宇文邕不安于现状了，决定实现父亲宇文泰统一祖国的遗愿。

再伐北齐容易，战胜斛律光却难。宇文邕分析了宇文护当年三次征战三次惨败而归的教训，得出如下结论：要战胜斛律光岂止是难，简直难于上青天。如果再直接对北齐动武，结果只能是步宇文护的后尘。

宇文邕是个聪明人，既然硬的不行，就来软的，他头脑一转，想出了一个绝妙的计谋——反间计。

看过《三国演义》的人都知道曹操在平叛西凉马超时，眼看力战很难打败对手，便用反间计使马超和他的叔父韩遂反目，最后不费吹灰之力坐收渔翁之利。

周武帝显然看过这个故事，因此，他的反间计一经出炉便也是环环相扣，大有炉火纯青之势。他首先找到丐帮，花钱雇用了一群叫花子，然后叫他们到长安去推广这样一句广告词：百升飞上天，明月照长安。

这两句话是什么意思呢？这里的升是计量单位，一百"升"就是一斛，而斛又恰好是斛律光的姓；明月则是斛律光的字。这样一来，我们就很容易理解了：斛律光一旦得到机会就会飞上天，成为长安新天子。

应该说这句话和"龙岂池中物，乘雷欲上天"有异曲同工之妙，傻子也能听出个中含义。

高纬非但不傻，而且很聪明，这话传到他耳里，他先是一惊，然后一震，最后一笑，说了这样一句话：斛律光只不过是我手下的一员猛将，有这么夸张么，肯定是有人在背后造谣。

如果高纬一直坚持自己的这个最原始最纯真的想法，那么他和北齐将会平稳下去。然而，眼看高纬对铺天盖地的谣言无动于衷，手下那些奸臣们开始发力了，他们联名上书，陈述当前严峻的局势：斛律光手握兵权，一旦有谋反之心，后果不堪设想。

高纬一听，也觉得事态严重，忙问该怎么办？

奸臣们齐心协力教会了他这样一个关键词：杀无赦。

"这样不太好吧！"高纬还是需要斛律光为他打仗的。

"当断不断，必受其害啊，皇上啊，莫要等祸上眉头再后悔，那样将悔之晚矣。"众人劝道。

"那……哎……可现在找不到一个杀他的理由啊。"高纬无奈地耸耸肩。

"如果真的需要什么理由，一万个够不够？"众奸臣齐道。

高纬无言以对，众口铄金，积毁销骨，他终于决定斩杀斛律光。

事实证明，高纬不但聪明，而且绝顶。他找的理由不是"莫须有"，而是"确实有"。

公元572年，那是一个莺飞草长的浓春时节，高纬约斛律光一起去打猎。斛律光不知是计，欣然应允。第二天天刚一亮就去宫中等候皇帝。然而，他不会知道，这一去便再也回不来了。

刀斧手，那些早就恭候多时的刀斧手，让斛律光体会到了一种叫冰凉透心的感觉。

斛律光死了，高纬还不解恨，把他九族都给诛杀了，接下来就是抄家这样的细工慢活了。原本以为斛律光家产万贯，抄起来得费不少精力，然而，这一次失算了，斛律光家徒四壁，除了刀剑盔甲等上战场必备的东西外，几乎一无所有。

见过寒酸的，没见过这样寒酸的，唯有室中央那"精忠报国"四个字刺痛了所有人的眼睛。

高纬后悔了，但已于事无补了，唯独剩下北周那边在独自偷着乐。

冰火两重天，此消彼长，周武帝宇文邕不愧灭佛高手，略失小计就把北齐斛律光这尊活佛给搬掉了，留给他的将是一马平川的星光大道。

北周灭北齐已毫无悬念可言，只是时间问题。

公元577年，也就是斛律光为国"殉职"后的第五个年头，蕴势已久的周武帝下达了总攻令，周军就像是一头睡醒了的猛狮，威不可挡，一路顺风又顺水，以摧枯拉朽之势直捣北齐都城邺城。

此时，邺城连象征性的抵抗都没有，直接以"邺城欢迎你"的口号把北齐军迎进了城。

宇文邕进城后所做的第一件事，不是去追查高纬的下落，而是下了一道诏令，追封凤敌斛律光为上国柱、崇国公。

在众人疑惑不解时，宇文邕感叹道："敢使射雕英雄在，我等岂能入邺城。"

宇文邕既把斛律光当作最强劲的对手，也是最敬佩的朋友，如此胸襟如此气魄果然卓然不凡。这正是：

> "这一生为谁刻下伤痕
>
> 千年的武功
>
> 豪情划破长空
>
> 梦不断
>
> 英雄侠义柔肠
>
> 伊人终相伴
>
> 对酒笑谈江山……"

（5）虎父有犬子

周武帝宇文邕消灭了北齐，统一了北方，把目光又瞄准了西边的突厥，如果能把强悍的突厥拿下，那么，他将完成父亲宇文泰的遗愿。

公元578年6月，兵马粮草都准备充足的宇文邕下达了进军突厥的总攻令。然而，天有不测风云，就在他下达总攻令的同时，却病了。

如果是偶染风寒倒也罢了，这一病却再也没有起来，好不容易熬到了七月，已是病入膏肓。死神已一步步靠近，才三十五岁的宇文邕在感叹"去日苦多"中结束了自己光辉而短暂的一生，同样留下了"壮志未酬"的遗憾。

或许，他的雄才大略只有靠儿子宇文赟来完成了，宇文赟能帮他实现统一的愿望吗？

宇文赟不可能完成他的心愿，其实宇文邕是知道的。周武帝知道自己儿子的能力，让他当皇帝可以，要让他有所作为却比登天还难。

首先这个儿子一点都不像自己，兴趣和爱好背道而驰，用周武帝的专业术语来说就是：不类己。

比如说自己喜欢打仗，儿子却喜欢打猎，本来道不同不相为谋，但宇文赟见周武帝对自己一天一天地疏远，心里急了。有一次他打完猎回来，他的经纪人郑译出主意了，把打猎的战利品——两只白鹿献给周武帝，就说这是祥瑞的象征。

周武帝接到礼物，哭笑不得，在把战利品退回的同时，还留有这样一句话：不要迷恋祥瑞，祥瑞只是个传说。

宇文邕爱江山，宇文赟却爱美人；周武帝爱百姓，宇文赟却爱动物。总之，这样的人当了皇帝能把国家治理好，除非太阳从西边出来。

而朝中的一些奸臣，如郑译、王瑞、刘昉之辈天天围在他身边，极尽讨好之能事，他们明白，现在讨好了太子，将来荣华富贵享之不尽。

长此以往，朝中一些正直的大臣看不下去了，王轨和宇文孝伯等人纷纷上奏章，请求周武帝以江山社稷为重，重立太子。

废立之心，周武帝早就有了。应该说此时众人的提议正合他意。然而，自古废长立幼乃取乱之道。周武帝其他儿子不但年纪都小，而且都很平庸。

就这样，宇文赟暂时保住了太子的位置。接下来周武帝整天忙着征战，伐北齐攻突厥，他想在有生之年完成父亲没能完成的遗愿，然后让宇文赟来当太平盛世的皇帝。

然而，人算不如天算，周武帝顺利拿下北齐后，准备一鼓作气拿下突厥，完成祖国的统一时，他却驾崩了。一切来得太突然，一切又来得太偶然，一切终归寂然后，宇文赟以太子的身份在缺少鲜花和掌声的情况下黯然地上任了，也许是沉静了多年，一上任后，他不再默然，对周武帝的悼词居然是：你怎么不早死啊。

念天地之悠悠，这般不孝实属罕见。

更为罕见的还在后面，在痛骂周武帝的同时，他不顾还在服丧期间，把老爹所有的嫔妃宫女叫到自己的宫中，让她们轮流侍寝。

父皇妻不可欺，如此乱伦实属罕见。

接下来，他对朝政开始变革了，马上提拔了几个当年的铁杆玩伴为重臣：郑译被封为沛国公，刘昉成了大都督。

两人得到重用后，也不是吃素的，马上打压朝中其他大臣，以便打造至高无上的权力和地位。

当年提废立之事的王轨和宇文孝伯成了两人的眼中钉，肉中刺。就在两人苦思如何拔刺时，机会如期降临。这天，宇文赟也不知是心血来潮，还是太过无聊，问郑译道："我脚上怎么有这么多杖痕啊？"

"都是王轨和宇文孝伯惹的祸啊。"

只为郑译一句话，王轨和宇文孝伯两人人头就搬了家。

宇文赟处死了不听话的大臣，极力培养自己的亲信，除了郑译和刘昉外，一个叫杨坚的人也浮出了水面。他被封为上柱国，全国的兵权归他掌管。至于杨坚是何许人也，这就是本书主人公之一，隋朝第一牛人。

人生得意须尽欢，宇文赟也是个很实际的人，是个及时享乐的人，什么皇帝不皇帝，老子拥有至高无上的权力，那就整天吃喝玩乐，不说别的，光是皇后就封了四个，分别是杨丽华、朱满月、陈月仪、元乐尚。

然而，这样他还不满足，一次在家宴上，看到自己的堂侄宇文温的老婆尉迟炽长得"羞花闭月，沉鱼落雁"，竟然强行纳入后宫，封为第五任皇后。结果弄得宇文温以造反来表示强烈的抗议，虽然最后没有掀起什么风浪，但警钟已拉响。

但宇文赟依然我行我素，大有舍我其谁的英雄气概。

眼看长此下去，国将不国。一些良知未泯的忠臣良将看在眼里急在心里。京兆丞乐运甚至冒天下之大不韪，命人抬了一口黑漆漆的棺材，到朝堂来了个以死进谏。他义正词严地直述了周宣帝的八大罪状，归纳起来如下：

1. 独断专行。解析：皇上视宰辅大臣于无物，视朝臣百官如草芥，凡事根本就没有商量的余地，太过武断。

2. 花天酒地。解析：一皇五后，前无古人，后无来者。

3. 宦官为害。解析：皇上常常在后宫一呆就十天半月不出，朝中大事全凭宦官处理，长此以往，祸害不浅。

4.刑法无度。解析：皇上上任后，就说周武帝颁发的刑罚太严，下诏书实行宽刑。然而，不到半年，刑罚又改为比周武帝时更严酷的刑法。

5.奢侈浪费。解析：先皇们都躬行俭朴，以天下苍生为己任，皇上却过于奢侈浪费，会引起社会恶性循环。

6.苛捐纳税。解析：各种赋税和徭役太多，百姓生活负担太重。

7.焚书坑儒。解析：书上一旦发现有错字，就要焚书并且治罪，这是杜绝言路，自挖坟墓啊。

8.杞人忧天。解析：宇文温造反，和上天已出现的种种不祥之兆，都在警示皇上应善治国道，施行德政。

应该说乐运的文采还是很好的，分析得条条入理，丝丝入扣，不愧是文学界的天才。一针见血地把周宣帝的各大罪状说了个清清楚楚明明白白。

忠言逆耳利于行，良药苦口利于病。乐运满以为自己苦心的劝谏，定会唤醒周宣帝的良知。然而，事实证明，乐运没有劝谏前，周宣帝还是过着半梦半醒的游戏生活，乐运这一谏，他彻底"醒"了。

"我要杀了你。"周宣帝几乎在咆哮。

"乐运以死直谏，勇气可嘉，精神却肮脏。他无非是想通过这种方式博得个忠臣良将的美名，以便流芳百世，陛下不必计较，先发点慰劳费给他，然后叫他回家种红薯，如此可以显出陛下海阔胸襟宽宏大量啊。"眼看乐运就要霉运当头了，内史中大夫元岩赶紧来了个机智的上书。

找到台阶下的周宣帝赐乐运金银宝器，然后打发他回家养老去了。从此直谏这条路算是彻底封死了。

也许是经过这么一折腾，周宣帝对当皇帝的兴趣顿减，为了可以安稳过他的骄奢淫逸的生活，他一不做二不休，只当了一年多皇帝后，于公元579年，把皇位传给了只有七岁的儿子宇文阐，然后大赦天下，改年号为"大象"，自称为"天元皇帝"。

于是乎，中国历史上最年轻的太上皇诞生了，二十一岁的宇文赟一生没有什么功绩，这条却成了吉尼斯纪录。

第三章

杨坚的发迹史

（1）否极泰来

周宣帝在当上太上皇之前，唯一放心不下的人不是儿子宇文阐，而是他的岳丈杨坚同志。

公元541年6月的一天，超级牛人杨坚同志诞生了。公元573年，32岁的杨坚将13岁的女儿杨丽华嫁给皇太子宇文赟为妃，希冀借她踏入权力核心。如果按时间顺序来排，在宇文赟的五位皇后里面，杨丽华应该算是"大姐大"。

然而，这位大姐大在宇文赟眼里什么都不是，只是陪他睡觉玩乐的工具之一，因为，在他的潜意识里，五位皇后排名不分先后。

有一天，宇文赟也不知是哪根筋不对路了，突然对着杨丽华说了一句石破天惊的话："我要杀了你。"

杨丽华不明所以，被吓得半天都不敢吭声。原来宇文赟这句话是冲着她爹杨坚来的。因为杨坚毕竟是他的老丈人，宇文赟在打造自己的接班人时，本来打算也把他提成亲信之一。但宇文赟在各方面的所作所为，使得杨坚忍无可忍，终于有一天，他也对宇文赟的刑罚无度表达了自己的不满。

看在老丈人的面子上，周宣帝这次很意外地没有发怒，但不发怒并不代表就没有怒气。相反他的怒气很大，大到从此以后对杨坚冷漠疏远。此时朝中一些别有用心的人又不断对周宣帝吹耳边风，无非是说杨坚脑后长有反骨，心怀鬼胎等。

周宣帝再想到先祖周明帝对杨坚的"此非平常人"的评价，以及父亲周武帝对杨坚处处提防的作法，对杨坚越来越感到不安。于是，他决定来个杀鸡儆猴。他要杀的"鸡"就是头牌皇后杨丽华。欲加之罪，何患无辞。有一天，周宣帝随随便便找了件芝麻大的事为理由，就要对杨丽华下毒手。

杨丽华一脸的无辜，只有磕头求饶，直磕得额头上鲜血直流，周宣帝的心终于软了，这才饶了她一命。

鸡没杀成，周宣帝决定不再牺牲无辜，直接杀"猴"。于是召杨坚入宫，对埋伏好的刀斧手这样吩咐：若色动，即杀之。意思是说你们如果看到杨坚的脸色有变，就立即杀死他。

杨坚是何等人物，周宣帝无缘无故要处死女儿的事已让他嗅出了危险的气息，此时突然接到皇上的召见令，自然知道去无好去，早已做好了应对各种危险的心理准备。

结果，"单刀赴会"的他显示了良好的心理素质，在这样的生死攸关中，他神情自若，从容不迫，端庄而又不失稳重。

周宣帝找不到杀他的理由，最后只好让他回去了。从鬼门关走了一遭，更让杨坚觉得生命诚可贵，不能拿它当儿戏。可是思来想去，觉得只要待在宫中，难免会成为周宣帝的眼中钉，肉中刺。

大隐隐于朝，中隐隐于市，小隐隐于野。目标太大的他隐于朝已是痴人说梦了，小隐于野那是世外桃源的人做的事，适合那些安度晚年的人，对于他这种有着远大理想和抱负的人来说是不现实的。首尾并弃，取其中，他决定中隐隐于市。

脱离周宣帝眼皮底下的长安，到其他的市镇去为官，一方面韬光养晦，另一方面又可以时刻观察朝中动向，岂不一举两得？

有了这样的想法后，他很快就为脱离苦海进行努力了。周宣帝身边最宠信最红的人无疑是郑译和刘昉两个人。只要搞定了这对"双子星座"也就等于搞定了周宣帝。

杨坚开始出手了。他首先把目标瞄准了郑译，郑译和杨坚是少年时代的同窗好友，有了这层关系，要搞定他并不难。于是他提着厚礼，找到郑译开始叙旧："在很久很久以前，你拥有我，我拥有你……"

郑译不明所以，连连摇头表示听不懂。杨坚也不再卖关子了，直截了当地说出了自己心中的想法："我是个闲不住的人，在京城为官并不适合我，我想到外面去寻梦。希望老同学能帮帮忙，帮我找个调出去的机会。"

郑译是何等人物，他之所以能成为皇帝身边的大红人，就是因为善于察言观色。他见杨坚非等闲之辈，又加上老同学这层关系，而且自己也想在朝廷上找一些靠山，为将来着想，于是，拍着胸脯道："这是小事一碟嘛，一有机会，我就会在皇帝面前为你提这件事的。"

果然，不久，周宣帝想要攻打陈国，郑译便乘机提出德高望重的杨坚是当仁不让的最佳主帅人选。

周宣帝对此提议毫无异议，于是任杨坚为扬州（今江苏扬州）总管，令他伐陈。

杨坚接到的虽然是一项苦差，但好歹是一个可以离开京城的绝好机会，在他眼里，战场再凶险，也不及朝廷凶险；战场再无情，也不及朝廷无情；战场即便死，也比苟活在朝廷强。

一切都准备好了，第二天就要出发了，杨坚甚至都在幻想自己在战场上是怎样的叱咤风云，然而，就在这个节骨眼上，宫里传来一个爆炸性的消息："太上皇病了。"

病了，怎么早不病晚不病，偏偏这个时候病了？杨坚很纳闷，但很快就清楚了，据完全可靠的小道消息（消息来源杨丽华），太上皇不但病了，而且病得还不轻。

纵情声色、花天酒地这些是可以和早死画上等号的。听到这样一个大消息，杨坚很快做出了决定：拒不出征。他为自己找的理由是：脚上突然得了暴疾，暂时不能出行。

对于嗅觉一向敏锐的他来说，机遇与机会并存，对于杨坚，他觉得千载难逢的机会就在眼前——太上皇病重，皇上又还小，先皇钦点的忠臣宇文宪、王轨及宇文孝伯等人都早已成了"刀下鬼"，留在宫中静观其变才是最明智的选择。

事实证明，杨坚的分析果然很有道理，很快消息就传来，周宣帝宣杨坚进宫。

也不知此去是凶是险，是祸是福，是命运的终点，还是生命的重新绽放，一切都是未知，一切的一切只有去了才会见分晓，杨坚的心如十五个水桶，七上八下，个中忐忑可想而知。正如《红楼梦》林黛玉"抛父进京都"时"步步留心，时时在意，不肯轻易多说一句话，多行一步路……"一样，此时杨坚伐每走一步都如千斤重。

离皇帝的寝宫越来越近了，一步二步三步，当杨坚终于跨过那道金碧辉煌的门槛，见到周宣帝时，他悬着的一颗心终于放下。

此时的周宣帝已奄奄一息，他最信任的"双子星座"郑译和刘昉泪水盈盈地分别握住他的两只手，周宣帝嘴里嚅动着，却说不出一句话来，最后使劲抬起手用力指了指郑译，然后又指了指刘昉，突然，头一歪，一代昏君就这样永远地"昏睡"过去了。

杨坚本来还在猜想周宣帝是不是想说"左手牵右手"之类的感言，却不料变故来得这么突然，周宣帝没有留给他一句托孤之言，甚至无视他的存在就走了，这不由让他失望至极，难不成是叫他来收尸的？

"先皇驾崩，静帝尚小，请国丈摄政。"还在沉思中的杨坚蓦然一惊，回过神来，却发现两只手已分别被郑译和刘昉两人握住。

"尔等欲陷我于不仁不义么？"杨坚本能地推托。

"朝廷属你最为德高望重，摄政王的位置你不坐，还有谁敢坐呢？"两人接着劝阻。

"不可，不可，万万不可。"杨坚头摇得像拨浪鼓。

"事已至此，国丈如果想做，就请立即上任，然后大家各就各位，各司其职；如果您实在不想做，也不必勉强，我刘昉大不了当一回出头鸟，我来做好了。"刘昉使的是以进为退的"激将法"。

本来以"双子星座"的野心，定然不会这么好心专门把杨坚请来，让他当"首辅"。他们之所以团结一心地"助人为乐"，原因有三：

一、打铁还需自身硬。他们低微的出身成了当"带头大哥"的桎梏，他们没有强大的家族集团做后盾，只是凭着善于阿谀奉承混迹于官场，因为溜须拍马而被周宣帝重用。然而，不管怎么样，他们的名声还是不太好，如果他们当"首辅"，不能服众。

二、一朝天子一朝臣。他们跟周静帝没什么交情，周静帝还小，肯定会依靠宇文家族这棵参天大树做庇护，而他们一旦当出头鸟，很可能会成为宇文家族第一个打击和铲除的对象。

三、找个首席当爹地。杨坚和他们两个的关系都不错，如果把威望高德行重的杨坚扶起来，既可以把杨坚当成"挡箭牌"，又可以当"靠山"，完全可以组成密不可分的"铁三角"，一举两得，何乐而不为。

也正因这样，他们才会苦苦哀求杨坚就范，刘昉甚至在杨坚作秀般的三番五次的推托后，以威胁的方式进行逼供。

眼看再闹下去，就会落得个鸡飞蛋打的结局。杨坚只好装作很无奈地表态：为了天下苍生，我就豁出去了，这个"首辅"的位置就是刀山火海我也坐了。

这就对了嘛。接下来轮到郑译和刘昉的表演了。他们可能是借鉴了当年赵高对秦始皇的做法：首先封锁周宣帝的死讯，密不发丧；然后，矫造遗诏，以遗诏之名把杨坚扶到"北周内外兵马事"的职位上。

一切看似天衣无缝，一切看似无懈可击，一切又看似那么水到渠成。然而，事情不可能这么一帆风顺。御正中大夫颜之仪看了遗诏后，义正词严地指出遗诏是假冒的，并且以拒不签字的方式表示了强烈的抗议。末了，他还不忘加一句：死也不签。

面对这样一个不要命的犟老头，郑译和刘昉也没办法，皇帝新丧，逼出人命来对谁都不好。于是他们两个一合计，索性想出了一个好主意：你不签是吧？好，不要你签，我来帮你签好了。刷刷两笔之后，悬念终于尘埃落定。

（2）过河拆桥

郑泽和刘昉终于长长舒了一口气，一切都朝着他们希望和理想的目标前进。二人的想法是：让杨坚出任"大冢宰"，郑译出任"大司马"，刘昉出任"小冢宰"。朝中大权一分为三，三足鼎立，相互依靠相互制约。最坏的打算是，如果"出头鸟"杨坚胆敢不听话或者有异动，他们两人就联手来个"扮猪吃老虎"。

应该说他们的想法是很好的，至少看上去很美，然而，很快，他们就发出了这样的感慨：计划赶不上变化。

弄出变数的人自然是杨坚。遗诏一出，他马上就来了个"三步走"。

第一步，把禁卫军的帅印拿在自己手中，掌握了禁卫军就等于掌握了朝中的话语权。

第二步，以"千金公主将要嫁往突厥"为由，征召赵王、陈王、越王、代王、滕王五大藩王进京朝见，目的是未雨绸缪，防止外地的诸侯藩王叛乱。五王不知是计，到京城后就被软禁起来，兵符和玉玺也被扣留。

第三步，打造自己的亲信。被杨坚相中可以"合作"的对象是御正下大夫李德林。

李德林，字公卿，博陵（今河北安平）人，是个天才般的人物，以文著称于世，周武帝对他十分器重，直言他是不可多得的人才，有"文圣"之称。杨坚早就瞄上这位人才，因此两人平素交情就不浅。在这样重要的关头，杨坚自然不会忘了李德林，于是马上派人对李德林来了个投石问路。

"现在正值国家多事之秋，希望你能和国公共同担负治理国家的重任。""说客"邗国公杨惠开门见山地向李德林转达了杨坚的意思。

"肝脑涂地，不惜一死，朝夕与共，侍奉国公。"李德林出口成章。

OK，只一问一答，说服工作就宣告圆满结束，接下来没杨惠什么事了。该轮到杨坚和李德林面对面了。

"现在这种局面，什么样的职务才适合我啊？"杨坚直问。

"国公适合作大丞相、假黄钺、都督中外诸军事，以掌握朝廷内外的军政大权。如此方能服众。"李德林以直对直。

OK，同样只一问一答，面谈工作就宣告圆满结束。接下来在李德林的支持和帮助下，杨坚谢绝了郑刘两人的好意，自封为"大丞相"，并且对两人也只是表示意思：封郑译为丞相府长史，封刘昉为丞相府司马。按隶属关系，两人完全是大丞相不折不扣的下属。

两人对杨坚的"叛逆"行动自然很是不满，但此时木已成舟，杨坚现在已实权在握，除了选择跟他一条道黑到底外，别无他法。特别是刘昉为了使杨坚对自己回心转意，极力进行讨好。

此时的周静帝俨然成了傀儡，每到上朝议事时，汉王宇文赞（周静帝的叔叔）就会以尊长的身份坐在他身边，使得杨坚做事说话有点畏首畏尾，总达不到随心所欲的地步。长此以往，杨坚居然得了非典型性上朝恐惧症。

刘昉看在眼里，急在心里，决定帮杨坚治治病。于是，他千方百计弄来一个绝世美女，再经过一系列的包装，这美女当真是如同天仙般美艳动人，然后请宇文赞来他家喝茶，中途让美女出场，结果可想而知，宇文赞对这位美女如痴如醉。刘昉乘机把美女免费相送，宇文赞很是高兴地笑纳了。

在宇文赞带走美女之前，刘昉说了这样一番话：大王是先皇的弟弟，无论德行和威望都在朝中有举足轻重的作用。皇帝还太小，不能担当国家大事。现在先帝刚刚去世，人心还没有安定下来，大王暂时回自己的王府，待形势平静和稳定下来了，再入宫当太子，这样才是万全之策啊。

宇文赞毕竟年轻了点，才能和智商都可以和平庸画等号，听了刘昉的话，不但相信了，而且还深信不疑。于是乐颠颠地搂着美女回自己的府邸"练功"去了，只等有人来叫他当皇帝。

当然，他这一潜伏便再也没有出山的机会了，他等啊等，日也等夜也等，好消息却一直没有等来，最后等来的是杨坚篡位的坏消息。只是，那时一切都已成定局，一切都已无法再改变。

直到这时，宇文赞才明白这样一句话：这个世界上没有免费的午餐，永远不要走捷径。

对于刘昉妙手拔刺，杨坚很是高兴，立即提升他为"黄国公"。而与此同时，杨坚又一手打造了自己的双子星座：李德林和高颎。

高颎是渤海人，也是有名的才子，熟读兵法，极富谋略。杨坚对他也是格外看重，为了拉拢这位人才，他同样派杨惠去高颎那里"投石问路"。

哪知高颎早就对杨坚有意，两人当真是一个"干柴"，一个"烈火"，一点就着，一拉就拢。为了表达自己的忠心，高颎甚至也说出了"虽肝脑涂地，在所不辞"的豪言壮语。

于是，高颎被任命为丞相府司录（总录丞相府一府之事，具有极大的一票否决权，权力不可小视），和被任命为丞相府属的李德林一同成为杨坚最信任的双子星座。

杨坚在培养自己亲信的同时，在国家政策上做了如下两点调整：

1.废除汉宣帝的苛政。本着以人为本的原则，对旧律删繁就简，公开向全国发表自己的处女作——《刑书要制》。

2.躬行勤俭。杨坚虽然实权在握，但为人做事依然保持一贯的低调作风，给人一种平易近人的姿态，而且吃喝穿用方面极为勤俭节约，极力倡导"节约光荣，浪费可耻"。

这"双管齐下"，取得的效果是显而易见的，杨坚的人气指数直线上升，大有直耸云霄之势。

（3）丞相，你妈喊你回家吃饭

人气指数越高，杨坚却越是感到如芒在背，坐立不安。他没有被短暂的成就冲昏头脑，相反，冷静的他知道自己已不知不觉上了一条贼船，走上了一条不归路。

周静帝虽然只有八岁，不足为虑，但隐藏在周静帝背后的是极为强大的宇文家族势力。这个可以轻而易举从别人手里夺得江山的大家族势力盘根错杂，他们会容忍北齐的大权一直被自己掌控吗？

人无远虑，必有近忧。为此，杨坚连夜召见太史中大夫庾季才，以敞开心怀的方式对他提出了自己心中的疑惑："我以平庸的才能和虚弱的地位，接受顾命嘱托，根据现在的天时地利人和来看，我应该怎么办才好呢？"

眼看杨坚把自己视为心腹来问话，庾季才在感动之余，马上就为他进行了解惑："天道精诚微妙，不可以用个人的意志来体察。世事难料，人命天定。如果天意如此，你应该不会像尧舜时期的许由那样，辞让天下而不受，逃往箕山并洗耳于颍水吧？"

杨坚无言以对。他的夫人独孤氏给他的忠告也是：骑虎难下，好自为之。

被庾季才和独孤夫人连将两"军"，杨坚终于下定决心：与其将来遭到宇文家族的迫害，不如"一黑到底"，铲除宇文家族势力，夺取皇位。

杨坚VS宇文家族。

这是一场强强对话，这是一场不是你死就是我活的对话，本着先下手为强的原则，宇文家族率先出招了。

宇文家族第一个登场的是毕刺王宇文贤。他使出的招数是暗杀。过程很简单，就是花大量真金白银请刺客去暗杀杨坚。这无疑是最方便实用的招数了。

但对于戒备森严的杨坚来说，如果这个方式也能成功，那他就当不上超级牛人了。

结果毫无悬念，刺客刺杀失败，通过严刑逼供，宇文贤这个幕后指使浮出水面。最终宇文贤和他三个儿子都成了这次刺杀的"牺牲品"。

宇文家族小试牛刀，结果损兵折将。他们不灰心不气馁，接下来轮到家族里重量级人物赵王宇文招登场了。

话说宇文家族的五位亲王虽然被变相软禁，但每个人都至少还有自由权。赵王宇文招自然不甘心宇文家族的权势就这样被外人夺去，眼看宇文贤"暗招"不管用，他干脆放手一搏，出人意料地来了个明招。

他的招数普通实用：主动找到杨坚，表示自己想请他吃顿饭。

宴无好宴，宇文招摆下的是鸿门宴。

从当年项羽和刘邦上演的那场鸿门宴，我们可以得出这样的结论：鸿门宴的过程虽然一波三折，惊心动魄，但结局没有什么悬念，一般是请客方不但浪费了精力，还赔了酒水钱。

那么，宇文招这次精心设计的鸿门宴结局又会怎样呢？

首先，宴请的客人要来赴宴。这个很容易理解，如果想请的人都不来，一切都是白搭，干脆一桌好菜好酒自己吃完，洗洗睡了。杨坚接到宇文招的邀请函，很爽快地赴约了，甚至丝毫没有怀疑宇文招请客的目的。

其次，陪同人员很关键很重要。陪同人员，说白了就是保镖。当年刘邦是带了张良和樊哙一文一武两员大将，才在项羽的大本营潇洒走了一回。此时，杨坚带的陪同人员只有一个——元胄。

元胄是北魏贵族元欣的儿子，从小就练就一身好本领。齐王宇文宪对他喜爱有加，让他做了贴身保镖。后来宇文宪无辜被杀，元胄成了无根的野草。就在他落魄的时候接到了杨坚抛来的橄榄枝，元胄感动之余选择了择杨坚这根"良木而栖"。杨坚掌权后，更是把他提升为贴身保镖。

因此，对于宇文招的请客，没有提防之心的杨坚谁也没有带，只带了个元胄这个最为贴身最为信任的保镖。

事实证明，杨坚这次看走了眼，却带对了人。元胄以自己的机智和勇猛，成为这次鸿门宴不可或缺的主角之一。

杨坚不设防，并不代表元胄也不设防，一到宇文招家，元胄就知道他们这趟来得太匆忙太唐突了，因为他发现气氛不太对劲。

宇文招只请杨坚入内，而元胄被挡在客厅之外。

内室有四位重量级人物：除了宇文招，还有宇文招的两个儿子宇文员和宇文贯，以及宇文招妃子的弟弟鲁封，清一色的宇文家族人物。元胄看在眼里急在心里，杨坚却仿佛一点也没有察觉，从容就座。

此时杨坚越从容，宇文招越高兴，至少说明他还没有察觉潜在的危险。他拿起早就准备好的哈密瓜，切了一块大的给他吃，并且说这是来自西域的哈密瓜，色美味甜，滋养补身，胜过脑白金。

杨坚被他说得眼睛直发亮，也不客气，接过瓜就要大快朵颐。元胄凭直觉知道死神已离杨坚越来越近，只一步之遥了，当下也顾不得那么多，来了个怒闯内府。

"丞相，你妈喊你回家吃饭。"元胄急了，急中生智地喊道。

"丞相在我这里吃，你回去转告相母吧。"宇文招想乘杨坚吃瓜分散精力之际，痛下杀手，哪容元胄来捣乱，当下连呼带喝，要把元胄撵出去。

元胄却像是吃了铁砣一样，非但不走，而且还对杨坚怒目而示。宇文招也不好再用强，端一杯酒递给杨坚，说道："略备薄酒，粗茶淡饭，不成敬意，请丞相来只为一聚，别无他意啊。"

"人生难得几回醉，今日不醉不归，来，喝。"杨坚看样子是真"醉"了。

两人都一干而尽，一杯酒下肚，宇文招就捂住肚子呕吐起来，然后称要上一趟洗手间。原来宇文招眼看元胄在身边，下不了手，想借故离开，然后叫埋伏好的刀斧手直接痛下杀手。

元胄早已心知肚明，哪容他乘机开溜，假装一个趔趄扶住宇文招，说道："客人都还在，主人怎么能中途离席呢？"

宇文招被元胄有力的双手钳住动弹不了，只好苦笑点头连称是。

"我口渴啊。将军能帮我倒杯水么？"宇文招一计不成，马上又生一计。

"我是客人，不方便耶。"元胄直接拒绝了。

"那我自己去倒。"宇文招极力想脱身。

"你的下人都到哪里去了？"元胄淡淡地道。

就在两人纠缠不休时，一直身在云里雾里、对室内剑拔弩张的气氛毫无察觉的杨坚突然站起身来朝门口奔去。

"滕王来此，有失远迎。"杨坚还是发挥一贯的谦逊风格。

原来是宇文家族的另一位重量级成员滕王宇文迥到来，宇文迥见了杨坚，满脸堆笑："丞相折杀下官了，在下来迟，恕罪恕罪。"

宇文招以东道主的身份把宇文迴引入坐席，元胄也不好再用强，他心里很是急啊，知道如果再在这里多停留，就永远也走不出这扇门了。

"丞相，你妈喊你回家吃饭。"元胄再次大喊，借机走近杨坚跟前，轻声道："形势不妙，请丞相速速离开。"

"他们手上现在没有兵权了，不敢轻举妄动的。"杨坚大有将糊涂进行到底的英雄气概。

"先发制人，后发制于人。再过片刻，你我皆要死无葬身之地了。"元胄急得眼泪都要掉出来了。

杨坚没有再跟他浪费口舌，拿起酒杯又对饮起来。

元胄急得像热锅上的蚂蚁，又听到室外有披甲衣动兵器的细碎声响，知道宇文招马上就要下毒手了。事不宜迟，元胄也顾不了这么多了，说了句："丞相，你妈妈叫你回府处理紧急公务。"也不管杨坚答应不答应，一把拉起杨坚的手就往外飞跑。宇文招怎么能让煮熟的鸭子飞了呢，急忙起身想要强行留客。

"不劳大人远送了。"元胄用身体挡住门口，不让宇文招出去。

杨坚终于"醒"了，以百米冲刺的速度奔向府门。直到杨坚脱离了危险区，元胄这才放开人质宇文招，迅速撤退。

最终，宇文招只能眼睁睁地看着元胄护着杨坚扬长而去，只能发出一声悲壮的感叹："曾经有一次好机会摆在我面前，我没有好好珍惜，等到失去的时候才追悔莫及，人生最痛苦的事莫过于此。如果上天再给我一次机会，我一定会……"

其实宇文招知道他没有如果了，他的一生只有这么一次可以杀死杨坚的机会，却没能把握住，现在攻守逆转，轮到杨坚反击了。

果然，没过几天，杨坚的索命帖就到了，赵王宇文招被捕处死，罪名是谋反。

什么叫偷鸡不成蚀把米，让天上的宇文招告诉你吧。

隋是唐非

（4）造反没商量

宇文家族的势力被杨坚以铁腕政策打压得几乎一夜之间灰飞烟灭，杨坚还没来得及舒一口气，地方上的叛乱又让他高度警惕起来。

这时，反对他的地方势力主要有三股。

1.尉迟迥。

尉迟迥，鲜卑人，宇文泰时期被封为蜀地的"宁国公"。后来升为相州（今河北临漳县邺镇东）总管。杨坚以"骗"的方式把宇文家族五王骗到京城后，先软禁，然后逼五王造反，最后借机一一处死。五王之后，杨坚最放心不下的就是占据险要地理位置而且富可敌国的尉迟迥。

也许是除去五王太过顺利，杨坚觉得一个小小的尉迟迥不足为虑，便直接任命自己的亲信上柱国韦孝宽为相州总管，即日启程上任。原相州总管尉迟迥被革职，请他到京城另有他用。

理由看上去很美，却也很牵强。尉迟迥不是三岁小孩，不是杨坚想骗就能骗的，因此，他直接拒绝了杨坚的美意，公然打出了造反的旗帜。

本来想拿"新科状元"韦孝宽来祭旗，结果具有先知先觉本领的韦孝宽察觉到了尉迟迥的反意，连夜出逃才捡回一命。而被杨坚派去卧底的侯正破六韩袤（人名）和长史晋昶就没那么幸运了，他们很荣幸地成为了尉迟迥祭旗的工具。

接下来，尉迟迥开始大肆宣传革命口号：杨坚是靠皇太后才发迹的，他现在居丞相位，挟天子以令诸侯，谋反之心已昭然若揭。我身为国舅（宇文泰）的外甥，先帝把相州交给我镇守，让我担任至关重要的职务，是想让我维护朝廷的安全和稳定。如今国难当头，我们应该齐心协力，力挽狂澜，扶大厦之将倾才对，大家以为如何？

顿时，支持的声音响彻云霄。更令尉迟迥惊喜的是他的侄子尉迟勤放下青州（今山东青州）总管这个人人羡慕的铁饭碗，来支持他造反。两人同心，其力断金，叔侄齐心，其力更惊，很快，参加这场革命的人就突破了十万。

荣州（今河南汜水）刺史邵公胄、申州（今河南信阳）刺史李惠、东楚州（今江苏宿迁县南）刺史费也利进、潼州（今安徽泗县）刺史曹孝远也不甘寂寞，纷纷身先士卒地带头参加了这场革命。

有了侄子和四大刺史的支持，再加上十多万人的支持，尉迟迥的信心更足了，胆子更大了，计划也更详细了。制定了北联突厥南合陈国的战略构想，具体操作如下：派人给突厥送上大量金帛珠宝，并且承诺事成之后定当重谢；把自己的儿子送到陈国当人质，请求陈国发兵相助，并且承诺事成之后割地为谢。

拉住了突厥和陈国，接下来该动真格了。尉迟迥的革命军捷报频传，好消息不断传来：大将军石逊攻下建州（今山西晋城东北），韩长业攻破潞州（今山西长治市北），纥豆陵惠攻克钜鹿（今河北邢台市东南）和恒州（今河北石家庄市东北），上大将军宇文威攻破汴州（今山东临沂西），大将军檀让攻占曹州（今山东曹县西北）和亳州（今安徽亳县），席毗罗攻占昌虑（今山东滕县东南）和下邑（今安徽砀山县），李惠攻下永州（今河南信阳北）。

一时间祖国江山一片红，风景这边独好。正是在他的感应下，第二位扯大旗开始革命的人产生了。

2.王谦。

作为益州（今四川成都市）总管的王谦早就不满大丞相杨坚的窃国行为，此前更是传来风声说杨坚要用梁睿来对他取而代之，这让这个原本老实巴交的人坐立不安了，眼看尉迟迥在相州那边率领一帮人干得热火朝天，他也不甘寂寞，决定放开膀子大干一场。

他要出兵，他的部下立马给他献了一个三选一的计策。

上策：直攻散关，如果成功，就可以以最快的速度和杨坚直接面对面。

中策：出兵梁汉。步步为营，步步推进，靠实力去打天下。

下策：坐守剑南。这里进可攻退可守，就算得不了天下，也可以自立为一地之王。

王谦的选择是穿新鞋走老路，选择了中策。理由老掉牙齿：上策过于冒险，过于急，不成功便成仁；下策过于保守，过于缓，不思进取等于自取灭亡。只有中策稳扎稳打，徐徐推进，不急也不缓。

3.司马难消。

第三位起来革命的是勋州（今山西稷山县南）总管司马难消。司马难消和杨坚父亲杨忠是莫逆之交，他因为是河内（今河南汲县）人，本来在高洋手下打工，但无奈高洋这个老板为人太苛刻，司马难消便主动炒了他的鱿鱼，准备选择北周再就业，他原本以为"跳槽"到老板的死对头那里，"面试"这一关一定很难通过。但因为有杨忠的极力推荐，他不仅成功"转型"，而且还得到了北周皇帝的重用。更令他惊喜的是，他的女儿司马令姬成了北周"老板"周静帝的皇后。

杨坚是先皇的国丈，司马难消是新皇的国丈，同样是国丈，眼看杨坚正一步一步剥夺他的权力，眼看他这个国丈大有成为"国站"之势，心里极度不平衡的他决定抛开友情（杨忠的知遇之恩），选择亲情（支持女婿）。

想通了的司马难消，也不是省油的灯，随即宣布他管辖的九州八镇独立，不再与北周有任何瓜葛。

为了寻找一个强大的庇护伞作保护，他借鉴尉迟迥舍不得孩子套不住狼的方式，把自己的儿子司马永作为人质送到陈国，换取"赞助商"陈国的出兵。

三位革命的先锋，相辅相成，目标直指"国贼"杨坚。

而杨坚也不是省油的灯，兵来将挡，水来土掩，一场精彩对抗的好戏马上就要上演了。

（5）智与勇的较量

看似焦头烂额的杨坚，其实很冷静，他在思考着这样一个问题：我的对手究竟是谁？

其实这个问题并不难，鉴于王谦和司马难消两人的个人才华和实力都有限，这三位革命者中，只有尉迟迥才是真正的对手。尉迟迥来势汹汹，来者不善，是心腹之患啊。

杨坚在确定尉迟迥为主攻的对象后，马上重心下移，和他进行了一场激烈的外围赛——人才争夺战。

争夺的焦点人物叫李穆。

李穆，字显庆，陇西成纪（今甘肃秦安县北）人，大左辅、并州（今山西太原市西南）刺史。他和宇文泰是属于"一起同过窗，一起扛过枪，一起嫖过娼，一起分过赃"的那种铁哥们关系。后来因为对宇文泰还有过救命之恩，两人关系更是铁上加铁，享有宇文泰亲手颁发的"免死金牌"。

尉迟迥举事后，知道李穆是个"绩优股"，势力不可小视，于是马上派使者对他进行了说服。尉迟迥的想法是，李穆既然和宇文家族有着剪不断理还乱的特殊关系，那么现在自然不能容忍杨坚的擅权，使者一到，他定然会和自己一起参加革命。

然而，事实证明这只是他一厢情愿的想法，因为使者一到并州，就被李穆捆了个"活桩"，接着他按古训"两军交战，不斩来使"的原则，直接派人快马加鞭把说客送到杨坚那里去了。他的做法显然连傻子也清楚，坚决和尉迟迥划清阶级界线，坚决支持和拥护杨坚。

李穆的做法很出人意料，甚至连他的儿子李士荣和侄子李崇也表示不能理解。李士荣认为并州城厚粮足，是天下精兵的用武之地，跟着尉迟迥一起闹革命才是明智之举。为此，李穆进行了解释："北周气数已尽，我们再参与北周保卫战，就是逆天而行，与其做这样徒劳的无用功，不如顺应天意，放下屠刀，立地成佛。"

他的侄儿李崇则认为李氏家族数十人都在朝廷做官，这都是宇文家族的恩惠，如果现在支持杨坚就是背叛宇文家族，这样以后他们李家还怎么做人呢？

李穆对此没有解释，而是回了这样一句略带禅语的话：抬头做人，低头做事。人生沉浮，随波逐流。

李崇心里虽然还是想支持尉迟迥，但最终还是服从了李穆归顺杨坚。

人才争夺战，就此告一段落。本来以为毫无悬念，李穆肯定会支持尉迟迥，结果却跌碎所有人的眼镜，李穆选择了支持杨坚。宇文泰如果泉下有知，会不会气得从地底下爬出来？

李穆的归顺，无疑给处于风口浪尖的杨坚打了一针"强心剂"，随后，杨坚常常这样说：你们看看，你们看看，连享有免死金牌的李穆也来支持我，说明我这个人的人品还是不错。宇文家族就快要彻底倒了，你们选择跟着我没错的。

果然，大量还处在观望状态的人，或以实际行动或以心相许，纷纷倒向了杨坚。

古人云，天时、地利、人和。如果说尉迟迥此时拥有天时和地利，那么杨坚就拥有了人和。按天时不如地利，地利不如人和来看，杨坚似乎一夜之间已可以立于不败之地了。

外围赛结束，该是上演接触战的时候了，兵戈相见，废话少说，两个字：开打。

尉迟迥那边是以革命的姿态，亲自挂帅，然后指挥将士指东打西，指南打北，指着杨坚抡圆了打狗棒。

杨坚这边的情况可不一样，他不能随便离开洛阳，洛阳才是他的根本，再加上这里还潜伏着宇文家族和各反对派的残余势力，他一旦离开，后果不堪设想，老窝极有可能被别人给端了。因此，他现在只有一个选择：派亲信挂帅出征。

派谁去，这是个难题。杨坚首先想到了郑译和刘昉两人，虽然这两人已从昔日周宣帝的"双子星座"变成了"落拓二人组"，但因为在杨坚夺权的道路上全靠两人的帮助，因此，杨坚对他们的态度是若即若离，既不疏远，也不亲近。现在这个重要关头，杨坚派他们两人去战场，可见对他们还有所期待。

然而，事情出乎杨坚意料。面对这样戴罪立功和扬名立万的绝好机会，两人表现得并不感冒。

"我是个大老粗，从来没有带兵上过战场，怕误了丞相的大事啊。"刘昉推脱道。

"我家八旬老母亲病倒在床，我得回老家照顾她，实在是分身乏术啊。"郑译也阐明自己不去的理由。

养兵千日，用兵一时。听了他们两人的"忽悠"之词，杨坚很生气，后果很严重。从此，彻底对郑刘两人疏远了。日后郑刘两人体会到"没有最疏远，只有更疏远"这样凄凉的下场时，心里是否会后悔还不如冒死去挂帅呢？

一连几天，杨坚都独自叹息，暗自歔歔：何以解忧，何以解忧？就在眉头都快愁成了一条缝时，一个人悄然无声地出现在他跟前，说道：何以解忧，唯有高颎。

主动请缨的人便是杨坚上任后一手打造的新双子星座中的高颎。

杨坚又惊又喜，问道："战场凶险万分，你真的愿意去？"

高颎点了点头，答道："战死沙场又何妨，不平叛乱誓不还。"

杨坚感动得差点泪水吧吧直流："你去了，谁来帮我镇守京都出谋划策？"

高颎深远的目光透过雕龙画凤的木窗格望向遥远的天空，喃喃地道："有李德林在，丞相万事无忧矣。"

杨坚叹道："民间有云：内事不决问德林，外事不决问高颎，德林高颎得一能安天下。我现在却同时将两人收入麾下，看样子这天下是跑不掉了。"

（6）对症下药

杨坚任命高颎为元帅，其实只是督军一职，负责前线总调度。而平叛尉迟迥的先头部队早已在先锋行军大元帅韦孝宽的带领下出发了。韦孝宽带领先头部队到达永桥城边时，尉迟迥的军队近在咫尺了。

将士们都憋了一口气，等着韦孝宽下达总攻令，哪知韦孝宽下达的却是"绕道令"，大军绕永桥城而行，行到武陟（今河南武陟县）时，他下达了"休整令"，叫将士们修筑壁垒，安营扎寨，大有在这里安家乐业以享天年之意。

面对韦孝宽的反常举动，一些将领很委婉地进行了提醒，大致意思是：兵贵神速。

韦孝宽道："永桥城小而坚固，如果我们贸然去进攻，无论胜败，都对我们不利。要知道，就算我们攻克了永桥城，也必将损兵折将，花这么大的代价换来小小的城池得不偿失啊。"

就在韦孝宽休整时，尉迟迥派儿子魏安公尉迟惇率十万大军出武德（今河南沁阳东），驻扎在沁水（今山西省东南部黄河支流），与对岸韦孝宽的军队隔水相望。双方由此进入了相持期。

都说最坚强的壁垒最易从内部攻破，因此筑牢壁垒内部的防线才是第一要务。就在这个节骨眼上，韦孝宽得到了这样一条小道消息：部将梁士彦、宇文忻、崔弘度有谋反的迹象。理由：他们接受了尉迟迥的金帛贿赂。

对此，韦孝宽采取的措施是：置之不理。这根本就是无中生有的事，在没有找到确切证据前，是不能轻举妄动的。

韦孝宽不急，长史李询却急了。于是，他秘密向杨坚打了一个小报告。接到报告后，杨坚先惊后怒，最后发飙了，叫人立即替换梁士彦等人的职务。

正在这个紧要的关头，李德林出场了，他直接说了两个关键词：

1.疑人不用，用人不疑。丞相您现在的地位虽然高高在上，但您和韦元帅都是北周的大臣，只是尊贵有别而已，没有上下服从的关系。你现在只是凭借挟天子以令诸侯这张王牌才来控制和领导他们。如果你怀疑先前派遣的将领怀有二心，又怎么知道后面派出的人就不会怀有二心呢？

2.前事不忘，后事之师。三将接受馈赠黄金一事，以一面之词难辨真假，现在在没有调查出事情的真相之前，就撤换了他们，势必引起前方将士人人自危。这样做和当年燕以骑劫替换乐毅、赵以赵括替换廉颇因而败亡的结果将会是一样的。

李德林分析得条理清晰，*丝丝入扣*，杨坚听后冷汗如流，心里直呼"冲动是魔鬼"，眼睛却一动不动地盯着对方，显然是在期待李德林的解决方案。

"丞相派一智勇双全的心腹之人作为'钦差大臣'去前线监军，一来可以探听军情的真伪，二来即使将领心怀二心，也不敢轻举妄动。再退一万步来说，就算他们真有异常之举，也容易制服他们。"

"听君一席话，胜读十年书。"杨坚有感而发。

于是乎，于仲文登场了，他作为钦差大臣到了前线后，发现事实并非想象中那么严重，也没有想象中那么乐观。梁士彦等几位将领虽然没有接受尉迟迥的贿赂，但他们心里都有千千结。一是先锋元帅韦孝宽对尉迟迥总是高挂免战牌，对急于求胜急于回家的将士来说，这样漫长的消耗战，无疑是不能接受之重。二是他们对"新主子"的人品还处在怀疑状态中。他们在战场上洒热血抛头颅，换来的结果会是怎样的呢？是无尽的荣华富贵，还是"狡兔死，走狗烹；飞鸟尽，良弓藏"的可悲下场呢？

了解到他们的"病症"根源所在，于仲文没有辜负杨坚的厚望，立马"对症下药"——召集大家坐在一起，上了一趟生动的政治课。

他首先就抛出了"杨坚是个好人"这个论点。随后对杨坚的人品进行了解读，归纳起来有三点：

1.重用归顺的叛贼。

2.宽待罪人，严禁以公报私。

3.体恤下臣，伤心的时候会流眼泪。

于仲文发自肺腑的表白，引来了将士的热烈掌声，这掌声发自肺腑，这掌声消除了每个人心中的疑惑和犹豫，这掌声经久不息，直透云霄。

（7）轻于去就

高颎的大军终于来到了最前线，他和韦孝宽会师后，终于迎来了决战时刻。

要想决战，渡沁水河是关键。要想渡河，船只是个大问题。因为时间和木料有限，造船过河显然不太现实。高颎果然不愧天才级人物，想出了造浮桥过河的想法，并且很快付诸行动。

这时，隔河相对的尉迟惇听说朝廷军想要过河，赶紧从沁水上游放火筏来烧毁浮桥。

高颎自然不是摸着石头过河的人，对于尉迟惇的小动作，他早有提防，他在水中每隔数米堆出一排前尖后阔的土堆，火筏都被土堆挡住了。因此，结果毫无悬念，高颎不久就带领大军呼啦啦地过了沁水河。

过了河之后，高颎立马模仿当年项羽申请了专利权的发明——破釜沉舟，下令烧毁浮桥，断绝了士兵们后退的归路。

结果可想而知，置之死地而后生的高颎带领将士们个个如同下山猛虎，个个勇往直前，打得尉迟惇的大军溃不成军。

单枪匹马的尉迟惇逃到邺城后，尉迟迥带领十三万人马也到了，随即，尉迟迥的弟弟尉迟勤也带领五万大军从青州到邺城会合，一时间邺城兵马攒动，人声鼎沸，大决战一触即发。

沁水一战，高颎大发神威，邺城大决战，该轮到韦孝宽出彩了。然而，韦孝宽很快就遭遇当头一棒，体会到了尉迟迥这块骨头难啃。到达邺城外，两军交战，结果韦孝宽的先头部队被打得大败，幸亏高颎的援军及时到来，才把尉迟迥的大军打回邺城去。

打了胜仗的尉迟迥随即高挂免战牌，大有躲进邺城成一统的架势。当然，他之所以这么做，是有原因的，那就是以时间来拖垮朝廷军。朝廷军远道而来，时间一久，粮草就会供应不足，到时候就会不攻自破。应该说这是他的如意算盘。但高颎显然不会让他的算盘这般如意，他决定孤注一掷，强攻邺城。

按理说邺城城厚兵多，想要短时间攻下来，无异于痴人说梦。然而，世上的事就是这样，任何事，哪怕只有0.1%的希望，你不去做就一点希望都没有，只要你去做或许就会创造99%的希望。

强攻邺城，连攻七天七夜，都以朝廷军的失败而告终，到了第八天，朝廷军的尸骨都堆积如山了，而邺城还是安然无恙。打红了眼的韦孝宽还要去进攻，然而，高颎却制止了他，并且下达了撤军令。

"我们花了这么大的代价，虽然伤亡惨重，但敌人也遭受到了巨大的损失，我们何不再坚持一下，坚持或者还有机会，撤退只怕就永远拿不下邺城了。"韦孝宽劝道。

"如果要用尸骨来填平邺城，那这邺城不攻也罢。"高颎挥了挥手，执意下达了撤军令。

按照常理，在战场上撤军，因为要考虑到敌人的乘机追袭，所以撤退也是大有学问。懂兵法的将帅撤军往往会选择两种方式。一是选择夜间以悄悄的方式撤军，天亮时敌军发现时，本军已消失得无影无踪了。这种方案成本低，但风险也大，敌军如果洞悉你们的意图，半夜阻击的话那后果还是蛮严重的。另一种是选择步步为营的方式撤军，从容不迫地每天把营寨往后挪一点，不知道你葫芦里卖的是什么药，让你追又不敢追，等本军完全撤离后，敌军才捶胸懊恼，原来你丫唱的是空城计。这种方式需要强大的胆识和超强的智慧，详情参见三国演义中诸葛亮六出祁山的撤军方式。

而高颎的撤军方式显然又有新突破。他不但选择白天撤军，而且还叫士兵把盘缠细软都带好，大有"生要带来，死要带去"的气概。更让人吃惊的是他们打出的撤军宣言也独树一帜：打仗不为民做主，不如回家种红薯。

朝廷军的异常退军方式，引得邺城一片骚乱。邺城的数十万百姓争先恐后来观看这样百年难遇的史上最牛的撤军方式，笑声中不时指指点点，气氛十分火爆。

正在这时，朝廷军突然纷纷解下身上带的干粮被褥，细软银两，接着，每个人手中神奇般地多了一把箭，一把足以致人于死命的箭。邺城的百姓还没明白是怎么回事，只听嗖嗖声响过后，箭雨就飞过来了。

百姓争相逃命，结果上演踩踏事件，顿时惊叫声惨叫声此起彼伏，场面颇为壮观。正在这时，高颎大呼："敌军败了，敌军败了，大伙攻城啊。"

士兵们一听，信心大增，勇气大增，顿时如潮水般向城边涌去，城内守军和百姓早已乱成一团，再也无力组织有效的抵抗，很快邺城就被朝廷军攻破了。

尉迟迥怎么也想不到坚如磐石的邺城会在弹指一挥间被攻破，尽管他拼命想挽回败局，尽管他连喝带砍，却无力阻挡手下士兵们的溃逃。当城门被破的那一刻，他都不敢相信这是事实，他怔怔地站在城头，怔怔地看着身边的士兵一个个都跑光，然后围满越来越多的士兵。

也不知道过了多久，士兵中突然让出一条路来，然后闪出一员气宇轩昂的将领——正是高颎。

"我终究还是败在杨坚的手上了。"尉迟迥收回悠长的目光，喃喃地道。

"是的。"高颎道。

"但真正打败我的人是你。"尉迟迥叹道。

"是的。"高颎道。

"我败在你手上也不算冤枉。"尉迟迥说着顿了顿，才又接着道，"因为你的确是一位不可多得的将才。"

"是的。"高颎道。

"我之所以败了，那是因为杨坚用对了人，而我却用错了人。"尉迟迥说着，突然高声叫道："崔达拏误我，崔达拏误我。"突然拔出身佩宝剑，一剑刺进了自己的心窝。

崔达拏是他起兵后重用的军师，结果这位庸才军师的瞎指挥使得军队延误了战机，一步一步走向了灭亡，在主帅尉迟迥进行最后的大决战时，他却和尉迟勤、尉迟惇和尉迟佑逃往青州。然而，途中却碰到了早已在那里恭候多时的郭衍，结果也没有逃出命运的轮回。

花开两朵，各表一枝。就在高颎大胜时，杨坚派出的大将梁睿率十多万步军在难于上青天的蜀地势如破竹，很快就在益州平原的大决战中，击败了三革命者中的第二号人物王谦，走投无路的王谦，最终选择了和尉迟迥一样的方式——自刎。

与此同时，革命大军中的三号人物司马难消既无大才，也无谋略，更无强大的队伍做保障，眼看两路革命军都遭惨败，王谊率领的征讨大军又步步逼近，他连抵抗一下的勇气都没有，直接带领手下人马投降了陈国。

由此产生的轻于去就的成语是在嘲笑革命者的无知、无能，还是无用呢？

公元580年6月至10月，只有短短半年的叛乱，最终以尉迟迥和王谦的死亡以及司马难消的逃亡而宣告结束，时欤，命欤？

第四章

王者归来

（1）改朝换代

在尉迟迥等人的革命当中，无论胜败，都有一个担心害怕的孩子，他便是周静帝宇文阐，尉迟迥的革命成功了，他这个北周老皇帝的地位肯定不保，尉迟迥肯定会取而代之。尉迟迥的革命失败了，他这个北周的皇帝地位也不保，杨坚肯定会取而代之。

写到这里，想起了一个辛酸的笑话：二战时，德国和苏联瓜分了波兰。有记者问两国如何处置波兰境内的犹太人。德国说："我们一生气，就出去杀犹太人！"俄国人说："我们一高兴，就出去杀犹太人！"

反正，在当时那种局面和形势下，无论胜败，周静帝都将成为新一代"末代皇帝"。

再穷不能穷教育，再苦不能苦孩子。周静帝是不折不扣的"苦孩子"，受的教育却不少。因此，他马上就运用了书本上的一个关键词——禅让。

禅让，对于周静帝来说已是没办法的事，他明白身陷囹圄的自己要想活命，禅让是唯一的选择。当然，周静帝在禅让之前，还做了一件事，一件实事，一件试探杨坚野心的大实事。

公元580年12月，周静帝"任命"大丞相杨坚为相国，晋爵为随王，并且给他至高无上的权力：统辖百官，总理国家政事。为了让戏演得更真实些，他还"备设九锡之礼"来请杨坚上任。

这个时候，所有的"窃国者"都会选择以退为进的谦让。杨坚是位智者，自然也不例外，他以"不敢当"为由进行了婉拒，表示只能接受随王的爵位。杨坚谦让，周静帝就坚持，几个回合后，杨坚最后"不得已"才接受相国的封号。

周静帝是个聪明人，他当然知道杨坚的野心不单单是"相国"这么简单，终极目标是"皇帝"。他再不识趣去禅让，等待他的将是杨坚哪天冲冠一怒的"冲动的惩罚"。

公元581年2月，在一个风和日丽、艳阳高照的日子，周静帝发表公开演讲，表达了两层意思：

一是表示自己年纪小，不能胜任皇帝这项技术含量颇高的工作。

二是表示杨坚天生就是当皇帝的料。

出人意料的是，对于周静帝的言论，第一个站出来反对的人就是杨坚。他表示自己无才无德却最红已经是个奇迹了，让他来当皇帝，他实在没有这个能力。

周静帝当然又要做"思想工作"了，接下来两人再次上演推让作秀的好戏。最后，杨坚发表总结陈词，首先肯定和表扬了周静帝大公无私的禅让精神，然后表示皇帝自己坚决不能当，最后表示可以暂时当随国的王。

当然，他这个随国的王其实和北周的皇也差不了多少，吃喝拉撒和一切福利待遇都和皇帝是一样的。

杨坚一日不当皇帝，周静帝就一日不能安宁。他充分发挥不灰心不气馁的优良传统作风，马上进行了第二次公开演讲。虽然论点还是老调重弹，但演讲内容更深情更动人，结束语更是让人触目惊心：如果你（杨坚）不接受，我就死在你面前。

眼看这样闹下去就要闹出人命来了，杨坚总算来了个回心转意，含泪表示自己暂时代理皇帝一职，等找到合适人选再换贤人。

周静帝等的就是杨坚这句话，虽然打心眼里最痛恨的也是这句话，但在命运的面前，他别无选择。随后，他亲自提笔写了退位诏书，命太傅、杞公宇文椿奉着诏书，太宗伯赵炬奉玺绶，交给杨坚。

这一回杨坚没有再作秀，毫不客气地接过了诏书和玉玺。众人把早已准备好的黄袍披在他身上，一个新的皇帝，一个新的王朝，一个新的时代，一段新的历史诞生了。

这一年是公元581年，这个皇朝的名字叫隋朝，杨坚便是隋朝开国皇帝，年号开皇。

周静帝原本以为自己高风亮节的"禅让"定会感动杨坚，从而保全自己的性命，使自己能安安稳稳地度过下半辈子。然而，事实证明，这只是他一厢情愿的想法，他想得太美，却死得太惨。

二月禅让皇位，五月便不明不白地死了。据说死因很多，有的人说是无名肿毒而死，有的人说是暴病而死，有的人说是郁闷压抑而死，有的人说是看破红尘而死……总之，死得不明又不白，死得稀里又糊涂。

只有一个人对周静帝的死心知肚明，心中义愤填膺，却又无可奈何。她站在人生的十字路口，失落而又迷惘，孤独而又无助，竟然不知道何去何从。

这个人就是隋文帝杨坚的女儿杨丽华，也就是周宣帝的妻子杨皇后。父亲的篡位本来就让她难受，然后又如此残忍地毒杀周静帝更让她难受。

杨坚眼见女儿整天闷闷不乐，安慰道："改天爹帮你再找一个好的。"

"嫁鸡随鸡，嫁狗随狗，嫁个猴子满山跑。"杨皇后双目含泪，悲切地道，"好女不事二夫，我终身不会再嫁的。"

"你这又是何苦呢？"杨坚叹道。

"我生是宇文家的人，死是宇文家的鬼，周宣帝死了，我的心也死了，我现在只想去一个地方。"杨皇后喃喃地道。

"你千万别做傻事啊。"杨坚担心女儿想不开寻短见。

"好死不如赖活。我不会乱来的，这个爹你放心。"杨后长叹一声，接着道，"我想去寺庙当尼姑，我想以有生之年来偿还我们杨家犯下的罪孽。"

杨坚见杨后心意已决，知道强留也是徒劳，只好让她自由飞翔。只是心里发出这样的感叹：女大不中留，诚如斯哉。

就在周静帝惨死的同时，宇文家族遭到了杨坚的血洗，最后宇文家族所有的王侯都一个不剩地死于非命。眼看无辜的屠杀会没完没了，"双子星座"中的李德林实在看不下去了，于是进行了善意的提醒和劝告。

大致意思是"救人一命，胜造七级浮屠"、"得饶人处且饶人"之类，一介书生的酸腐之味。

"您是个书呆子，就不要再说这件事了。"杨坚怒道，随之还加上了"请勿复言"的批论。

李德林就因为逞一时口舌之快，得罪了杨坚，从而影响了他以后的仕途生涯。看来人在官场混，身不由己啊。

（2）强宗固本

消除了宇文家族的残余势力，斩草除根后的杨坚心里还是感到不踏实。他坐在龙椅上，细细琢磨着这样一个问题：不可一世的宇文家族为什么会走向灭亡的道路，最后得出如下结论：宇文家族没有做到强宗固本。

为了"强宗固本"，杨坚马上对杨氏家族进行了分封：封弟弟杨慧为滕王，杨爽为卫王；封长子杨勇为太子，次子杨广为晋王，三子杨俊为秦王，四子杨秀为越王，五子杨谅为汉王；封侄儿杨静为道王，侄儿杨智积为蔡王。当真做到了任人唯亲。

内部分封完毕，接下来轮到文武百官的分封了：

封柱国、相国司马、渤海郡公高颎为尚书仆射兼纳言；

封相国司录、沁源县公虞庆则为内史兼吏部尚书；

封相国内郎、咸安县男李德林为内史令；

封上开府、汉安县公韦世康为礼部尚书；

封上开府、义宁县公元晖为都官尚书；

封开府、民部尚书、昌国县公元岩为兵部尚书；

封上仪同、司宗长孙毗为工部尚书；

封上仪同、司会杨尚希为度支尚书；

封上柱国、雍州牧、邘国公杨惠为左卫大将军；

封大将军、金城郡公赵昶为尚书右仆射；

封上开府、济阳侯伊娄彦恭为左武侯大将军；

封上柱国、并州总管、申国公李穆为太师；

封上柱国、邓国公窦炽为太傅；

封上柱国、幽州总管、任国公于翼为太尉；

封观国公田仁恭为太子太师；

封武德郡公柳敏为太子太保；

封济南郡公孙恕为太子太傅；

封开府苏威为太子少保；

封上柱国元景山为安州总管；

封上开府、当亭县公贺若弼为楚州总管；

封和州刺史、新义县公韩擒虎为庐州总管；

封上柱国、神武郡公窦毅为定州总管；

分封到此暂告一段落，那么，肯定会有人提出疑问了，怎么杨坚的分封大名单里没有韦孝宽的名字啊。

韦孝宽作为讨伐"革命者"尉迟迥的先锋元帅，首先是采取"避其锋芒，击其堕归"的策略，避开革命军的锐气，然后在督军大元帅高颎的指挥和带领下，在邺城和尉迟迥进行了大决战，成为攻破邺城的大功臣。

应该说在平定叛乱中，他和高颎是功劳最大的两大功臣，然而，或许是这场艰苦的拉锯战耗尽了他的体力，或者纯属巧合，总之他很快就病逝了，实为可惜。

与韦孝宽的"悲"相反，平叛的另一位功臣高颎却是"喜"，他被封为尚书仆射兼纳言，一跃成为朝中的百官之首。

而杨坚一手打造的"双子星座"中的另一位大谋士李德林本来是有机会和高颎平起平坐的，但因为在杨坚屠杀宇文家族势力上进行了自认为最真诚最本质的劝解，结果惹怒了杨坚，导致分封时，他的地位由毫无悬念的"二号首长"变成了"三号首长"。

看来伴君如伴虎，这话一点都不假。

（3）富贵无常

最后要提的是郑译和刘昉两人。应该说杨坚所以能揽权，到最后摇身一变登上大位，郑译和刘昉是两位不可或缺的人物，如果两人不是认为自己的名声不太好，如果两人不是认为杨坚是个很好的依靠，如果两人不是认为杨坚上任后会对他们很好……

然而，他们的想法太过单纯，太过一厢情愿，他们只是想好好"利用"杨坚，不料这只"出头鸟"一旦获得了可以飞翔的翅膀，就会挣开束缚他的羁绊，来个自由飞翔。杨坚一手打造了李德林和高颎这对绝代双骄，从而把郑译和刘昉飞翔的梦想击碎。

而拒不出征，成了杨坚彻底翻脸的理由和借口，随后，他彻底把两人"雪藏"起来了。

沉默啊沉默，不在沉默中爆发，就在沉默中灭亡，眼看这样下去，永无出头之日，刘昉首先坐不住了，他平地一声雷，怒吼道：杨坚，你这样对我不公平。

他的叫声很快就得到了同样认为"不公平"的两个人的遥相呼应，这两个人便是随先锋元帅韦孝宽最早参与对付尉迟迥的两员将军：梁士彦和宇文忻。两人因为在中途一度传出叛变风波，后来经"钦差大臣"于仲文的攻心而消除了疑虑，安安心心地参与了与尉迟迥的最后大决战，并且两员骁将在战场上奋勇当先，起了很好的"模范带头"作用。因此，按理说他们两个也算是功臣了，但杨坚对这两人心存芥蒂，认为心术不正的人不适合在朝中当大官，因此，给了他们两个空有头衔却毫无实权的"虚官"。这样一来，两人肯定对杨坚不满了。

都说物以类聚，人以群分。三位"同病相怜"的人很快走到一起，组成了"愤青三人组"。

　　"愤青三人组"刚开始还是像愤怒的青年一样，停留在"愤青"层面，然而，随着"愤青"升级，他们很快就决定"爆发"——造反。甚至三人还达成如下共识：事成之后，梁士彦当皇帝，刘昉当丞相，宇文忻当将军。

　　应该说想法是很美好的，甚至连未来都规划好了。然而，摆在他们前面的问题是，梁士彦和宇文忻的兵权早被杨坚收回，想要造反，军队从哪里来？不可能再去组织和招募军队吧。

　　既然"明"着干不行，那么，只有一条路可以走，那就是来"暗"的。派杀手把杨坚暗杀掉，这无疑是最隐秘最实惠的方式。然而，这个难度同样很大，不说杀手很难找，杨坚自从宇文招"鸿门宴"鬼门关走了一趟后，早已草木皆兵，防卫工作当真做到了"武装到了牙齿"的地步，因此，"愤青三人组"即使花重金请来绝世杀手，也突不破杨坚的"金钟罩"。

　　明的不行，暗的也不通，那该怎么办啊。"愤青三人组"坐在一起又开始愤青了：难不成要来邪的？

　　就在这时，三人的异常举动引起了一个人的注意。这个人便是"皇帝"梁士彦的外甥裴通。梁士彦一心想当皇帝，裴通很快就知道了，然而，他却不这么认为，他左看右看上看下看，怎么看梁士彦都是草包一个，没有一点真龙天子的气象，因此，眼看梁士彦一天天沉沦下去，他心里急啊。他不是急梁士彦造反能不能成功，而是急城门失火，殃及鱼池，如果舅舅造反失败，他这个做外甥的脱不了干系，他的整个家族也脱不了干系。

　　情况危急，裴通不再犹豫，做出了大义灭亲的举动：走揭发的路，让舅舅去死吧，保全家人。

　　接下来的进程就毫无悬念了，"愤青三人组"很快就成了杨坚的"阶下囚"，然后便是斩首示众。

　　三人的临终宣言各有特色，倒是值得一提。

　　"将军"宇文忻在被斩的那一刻，还用乞求的目光望着高颎，磕头如捣蒜，声嘶力竭地叫道："元帅救我，元帅救我。"

"丞相"刘昉知道一切都无法挽回，很有骨气地道："宁可站着死，不可跪着生。"

"皇帝"梁士彦更是大显皇家风范，喃喃道："死了也要反，死了也要反。"

当然，三人的结果是一样的：死。

接下来轮到杨坚作秀表演了，他首先追封"愤青三人组"为"殉国三烈士"。然后下令"宽恕"和"优待"三位"烈士"家属。再然后，他亲自披麻戴孝为三人进行了厚葬，最后才是动真格的——对三人进行了抄家，没收来的家产全部充公。

杨坚这样做是典型的猫哭耗子假慈悲，目的不言而喻就是恩威并施，以儆效尤。

和刘昉不得善终的悲惨命运相比，"洁身自好"的郑译的待遇就好多了。郑译在被杨坚"雪藏"后，同样也很愤怒，但很遗憾，当时刘昉的"愤青三人组"成员已满，他没来得及赶上去凑热闹。但这并不妨碍他成为"愤青三人组"的编外人员。愤青三人组在研究明的和暗的方式来对付杨坚都行不通时，无师自通的郑译独自玩起了"邪的"——巫蛊。他不像"愤青三人组"总是爱停留在光说不做的愤青层面，而是马上就付诸行动。请来道士，郑府整天香火缭绕，好不热闹。

结果同样引起了个别"游手好闲"人士的关注，随后引起了别有用心人士的关注，最后引起了隋文帝杨坚的关注。

结果东窗事发了。

完了，到了这种地步，郑译似乎终于有了一种脱离苦海的释然，然而，杨坚这一次给他的判罚却让他大出意外，非但没有要他的命，而且还赏给他一本书，一本《孝经》。用杨坚的话来说就是，你之所以误入巫蛊这条邪道，就是平常看书看得太少的缘故。都说活到老学到老，我现在送你这本《孝经》，希望你能好好学习，天天向上，最终参悟个中玄机。

杨坚这次这么大度，原因有二，一是因为郑译立有功不可没的拥立之功；二是因为刘昉等"愤青三人组"已死，如果再杀郑译，杨坚怕背上"忘恩负义"的罪名。

　　事实证明，郑译果然从此大彻大悟，熟读《孝经》三百遍后，马上进行了乐律的进修，最终把自己与生俱来的音乐细胞发挥得淋漓尽致，创作出了《乐府声调》这样的绝世佳作。开皇十一年（公元591年），已是暮暮之年的他坐在窗前，望着西下的夕阳，感叹着"夕阳无限好，只是近黄昏"，走完了自己的一生。

第五章

一统江山

（1）千牛备身只为备天下

写了这么久隋朝的牛人，怎么唐朝的牛人还在哪里打电子游戏吗？来了——在杨坚登上皇位的同时，沉寂多时的李渊同志终于登场了。这个七岁继承父亲爵位的"豪华级官二代"，姨父杨坚每一步成长他都看在眼里，杨坚的坚强，杨坚的顽强，杨坚的执著，杨坚的隐忍，杨坚的百折不挠……杨坚的一切，李渊时刻用眼睛去看，用心去体会。当姨父用自己的奋斗终于成功了后，李渊又惊又羡，发出这样的感叹来：学习杨坚好榜样。

杨坚的成功是从最基层做起，李渊也是这样。杨坚当了皇帝，没有忘记这位从小很要好的外甥，把他调到自己的身边，给了这样一份职务：千牛备身。

千牛备身是个啥职位呢？这个名字来源于《庄子·养生主》里的千牛刀，据《庄子·养生主》记载，庖丁屠宰了几千头牛，但刀子还跟新的一样锋利。（"所解数千占矣，而刀刃若新发于硎"），后人便把锋利的吹毛可断的刀叫做"千牛刀"。而千牛备身便是执掌皇帝"千牛刀"的御前侍卫，用现代的话来说，就是保镖。

如果说留在皇帝身边出谋划策的叫"文秘"，那么贴身保护皇帝的则叫"武秘"。因此，李渊虽然只是个小小的保安，但因负责的是皇帝的安全，职务虽小但责任重大。

沾上了"皇家"就大不一样。所以，巩汉林的"皇家萝卜开会"敢卖80元一份。

因此，千牛备身不是说想当就能当的，首先对出身有限制，入选条件是以"贵族和高官"的子弟优先，也就是"太子党"的意思。这样做的目的只为便于管理，杜绝一些鱼龙混杂的人进入这个特殊的职业。其次对相貌有要求，眉清目秀、面如冠玉的帅哥优先，这样做的目的只为树立皇帝形象，对得起观众。最后，身强力壮和高大魁梧的人优先，打架时如果能以一敌百最好。

因此，李渊能入选千牛备身这个行业也挺不容易的。他第一天上班时，既高兴又兴奋，那种庄严的使命感让他感到骄傲和自豪。然而，他很快就明白了这样一个事实，入选千牛备身难，干千牛备身的工作更难。

比如说每天三班倒，一个班一站就是八个小时，中途不能休息，不能坐，甚至连最基本的温饱问题——吃饭也要等下班后才能解决。因此，上班前吃得再饱，到下班时早已饿得饥肠辘辘，全身像是散了架一样，个中艰苦只有当事人知道。

吃得苦中苦，方为人上人。李渊的努力没有白费，收获的不是物质，而是宝贵的人脉关系。他结交的人当中值得一提的是裴寂和夏侯端。其中裴寂在李渊日后的帝王创业事业上，起到了至关重要的作用。

而事实证明，李渊的千牛备身只是成长道路上的一块垫脚石，而杨坚也只是让他在这份职位上镀镀金。很快，杨坚就把这位气宇不凡的外甥重新安排了一个职务——谯州（今安徽亳州市）刺史。让他获得基层管理的经验。

那么，谯州刺史又是什么样的职务呢？这里就得提一下杨坚上任的一系列改革和新政。他的政策归纳起来有以下四点：

1.精简机构。

在魏晋南北朝时，国家最高权力机构分为尚书、中书、门下三省。尚书省直接由皇帝来管，是管理全国各种事务的最高行政机关，其长官为尚书令（相当于丞相）和仆射（相当于副丞相）。中书省主管出纳政令，其长官为中书监、中书令。因为中书省接近皇帝的机会很多，掌握着国家的机密，因此地位成"绩优股"趋势。门下省的职责是"掌侍从左右，摈相威仪，尽规献纳，纠正违阙，监尝药，封玺书。"设有侍中、散骑常侍、给事黄门郎、给事中等官职。因为掌握着国家的军政大权，地位之重要可想而知了。

然而，三省虽然体系庞大，机构枝繁叶茂，但各自为战，在权力职责的分配上常常不能统一，没有形成有效定型的三省辅政体制。隋文帝杨坚即位后，决定改变这种现状，于是建立了三省六部制。

2.整饬吏治。

"自秦并天下，罢侯置守。汉、魏及晋，邦邑屡改。窃见当今郡县，倍多于古，或地无百里，数县并置。或户不满千，二郡分领。且僚以从，资费日多，吏卒人倍，租调岁减。清干良才，百分无一，动须数万，如何可觅？所谓民少官多，十羊九牧。琴有更张之义，瑟无胶柱之理。今存要去闲，并小为大，国家则不亏粟帛，选举则易得贤才，敢陈管见，伏听裁处。"

只因河南道行台、兵部尚书杨尚希的这封以"天下州郡过多，行政机构冗赘"为中心思想的上书，杨坚赞赏之下，决定"罢天下诸郡"：废除郡一级的建制，合并州县，精减地方行政机构，只保留州、县两级地方政权的主要官员，让那些捧着铁饭碗不做事的官员"下岗"回家，并且对官吏的选任、考核、升降和赏罚都做了明文规定。表彰赏赐清官，严惩贪官污吏。

3.制定《开皇律》。

在刑法方面，杨坚首先废除北周宣帝制定的量刑不一的《刑经圣制》，然后"删略旧律"，作《刑书要制》。随后组织了强大的修订新律官员，一起完成了共十二卷的《开皇律》，刑法有如下五种：

一曰死刑二（绞、斩）；

二曰流刑三（一千里、一千五百里、两千里）；

三曰徒刑五（半年、一年、一年半、两年、两年半）；

四曰杖刑五（五十至一百）；

五曰笞刑五（十至五十）。

4.改革府兵制度

府兵的前身是由贺拔岳的武川军团、侯莫陈悦军团中的李弼军团以及随孝武帝入关的北魏宿卫禁旅三部分组成，这些军队都是鲜卑化的军队。宇文泰将魏晋汉族政权长期以来所实行的军民分籍制度与北魏早期实行的八部制度相结合，逐渐创出一种新的军事制度——府兵制度。

杨坚上任后，对府兵制度进行了改革，令府兵军士的"垦田籍账，一与民同"，使得府兵与农民同属于州县，最终从法律上变兵民分治为兵民结合，最终完成了兵农合一，使府兵制与均田制最终结合起来，创建了独特的均田府兵制度。

李渊正好是杨坚变革后的地方官员。谯州刺史相当于现在的亳州市委书记和市长的职务，这个官也算不小了，而且党政一把抓，没有羁绊，凡事说了算，可以得到极好的锻炼。事实证明，他的确适合当官，上任后处理好领导之间的关系，拉拢了群众，深受百姓爱戴。

也许是为了给他更多的锻炼机会，他又由谯州刺史变成了陇州（今陕西宝鸡）刺史，又由陇州刺史变成了岐州（今陕西凤翔）刺史。虽然按官的等级都是正厅级的"平调"，然而，陇州比谯州富裕，岐州又比陇州富强，因此，李渊的待遇和地位在平调中稳中有升。岐州的地理位置很特殊，是隋朝首都大兴（今陕西西安）的"南大门"，地理位置相当重要，可以说是地方官员梦寐以求的地方。

李渊到岐州后，便惊喜连连，窦夫人给他生了一个儿子，这是李渊的第二个儿子，但李渊却认为他是个"祥瑞"，因此，给这个儿子取了一个流芳百世的名字——李世民。

开皇十七年（公元597年），李世民出生，据说这天上演了"双龙戏珠"的科幻片，两条龙在他宅门前游玩嬉闹了整整三天三夜，才依依不舍地离开。

更为传奇的"据说"还在后面。据说，李世民四岁时，一位号称"江湖百晓生"的算命先生对李渊说了这样一番话："公贵人也，且有贵子。"

这句话意思就是说你不但是个大富大贵的人，而且还生了一个更加大富大贵的儿子。

那么我儿子大富大贵到什么程度了呢？李渊把李世民抱出来给算命先生看，算命先生一看脸色倏变，冷汗如雨，良久，才叹道："这个孩子生得龙凤之姿，天日之表，长大后，必能济世安民啊。"

据说，就为算命先生这句话，李渊高兴得一晚没有睡好觉。

（2）我是皇帝我做主

李渊在岐州"潜龙于野，潜龙在渊"，杨坚却坐不住了，把目光瞄准了陈国这块大蛋糕。

这里花点笔墨来说说陈国。

公元582年，陈国也经受了变迁居洗礼。陈宣帝病重期间，两个儿子为争夺皇位展开了激烈的争夺。太子陈叔宝本来是皇帝的合法继承人，但始兴王陈叔陵不这么认为，以"探病"为由来到京城，伺机篡位。

他到京城后就住下不走了，极尽孝敬之能事，常常衣不解带地亲自为陈宣帝送药。众人都对他的举动很是感动，说他孝顺。他却总是笑着说应该的，他时常对掌药官说的一句口头禅是："磨刀不误砍柴工。"

掌药官也不是傻子，自然明白他的意思，于是总是把切药刀磨得锋利之极。

不久，陈宣帝两脚一蹬就到阎王那里报到去了（陈叔陵在送药时动没劲手脚？请读者猜一猜）。先皇死了，继承皇位的自然是太子陈叔宝，因此，陈宣帝的死，对他来说悲喜交加。入殓这天，为了表达孝心，他哭得那个梨花带雨，哭得那个死去活来，正当他哭得天昏地暗时，一道耀眼的寒光劈向了他。

原来，陈叔陵乘太子"作秀表演"时，悄悄溜进切药房，拿起切药刀悄悄走到陈叔宝身后，然后，二话不说就是一刀。

这一刀惊天动地，这一刀快如闪电，这一刀下去顿时血光四射。

陈叔陵也想不到他的"刺杀"计划会这么顺利，眼看一刀就把太子砍翻了，他嘴里冷笑数声，再度举起刀，准备把太子砍成肉酱时，突然闪出一道人影护在太子身前。陈叔陵定睛细看，舍身保护太子的人不是别人，正是太子的生母柳皇后，他怒不可遏地叫道："顺我者生，逆我者死。"然后挥刀砍向柳皇后，柳皇后连中数刀，兀自护在太子身前不动摇。这时，太子的乳母吴氏急忙从后面抱住陈叔陵的胳膊，并且大声叫道："太子快走，太子快走。"

吴氏凄惨的悲叫声唤醒了昏迷中的太子，太子见形势危急，忍着伤痛，蹒跚地向外爬去。陈叔陵岂容仇敌开溜，奋起一脚踢开吴氏，抓起刀就要朝太子的头颅上掷去。这时，陈宣帝的第四子陈叔坚成了太子的第三位救命恩人，他奋起一脚踢飞了陈叔陵手中的刀，然后生擒了他。

应该说陈叔坚一系列动作都做得非常好，然而生擒陈叔陵后，却犯了一个严重的错误，那就是只用衣袖将他绑在柱子上。如果是守在他身边，等待禁卫军的到来倒也罢，关键是他选择了直接去保护太子，他认为太子身负重伤，亟须保护。

然而，世上的事就是这样极富变化，他走后，陈叔陵施展"缩骨功"，成功地挣脱出来，然后调来一千亲兵，想要进行最后一搏。而这时，右卫将军萧摩诃带领禁卫军终于赶到。双方进行了殊死搏斗，没有"后援"的陈叔陵最终还是没有上演奇迹，落得个尸骨露于野的悲惨下场。

看来发动宫廷政变的确是个冒险活，不成功便成仁，因此，在没有十足的把握下不要轻易尝试。"政变有风险，投资须谨慎。"

大难不死，必有后福。太子陈叔宝成了最终的胜者，世上才多了个著名的诗词大家陈叔宝。随后，他大封在平叛过程中的两位大功臣。封陈叔坚为骠骑将军、开府仪同三司（级别相当于宰相），封萧摩诃为车骑将军、南徐州刺史、绥远公。并且尊柳太后为皇太后。

陈叔宝养伤期间，把朝中政事都交给弟弟兼救命恩人陈叔坚来处理，也正是这样，陈叔坚顿时权倾朝野。等到陈叔宝伤愈复出想要执政时，才发现这个世界谁都不可靠，包括亲兄弟。从此，他踏上了漫漫夺权之路。当然，事情还没有严重到"此权无计可夺"的地步，因为，迷惘中的他马上得到了都官尚书孔范和中书舍人施文庆两人的支持。

　　孔范和施文庆很快就组织了一支类似于"狗仔队"的组织，目的只为跟踪和监视陈叔坚的一举一动，然后把他的把柄交给陈叔宝。最后，陈叔宝便借机把四弟调离出京城任江州（今江西九江）刺史。

　　陈叔坚虽然一百个一千个不情愿，但还是踏上了赴任的路。然而，他还在半路，还没到江州，陈叔宝的改任通知书又到了，让他回京城做司空。司空，顾名思义，陈叔宝就是想让他万事皆空。陈叔坚只得返回，到了京城后，他才发现这里已容不下他了。陈叔宝的改任通知再度下达，这次改任的内容更简单明了：当官不为民做主，不如回家种红薯。陈叔坚同志，你还是回家种红薯去吧。就这样，在蚕食陈叔坚的权力后，陈叔宝一脚把这位曾经的救命恩人踢回老家养老去了。

　　陈叔宝终于迎来了春光灿烂的"皇帝生涯"。和很多皇帝一样，陈叔宝上任后首先就大兴建筑行业。于是乎什么临春阁、结绮阁和望仙阁等楼阁马上拔地而起，大有"欲与天公试比高"的豪气。

　　一栋栋高楼大厦建成后，陈叔宝又请来一流的设计专家进行装修设计。很快，室外假山楼阁，清池玉亭，室内阁楼锦缎，奇珍异宝，豪华的装修不是单单用叹为观止可以形容的。看到这里，观众肯定会得出这样一个初步结论：陈叔宝又是一个贪图享受的昏君。

　　事实证明，陈叔宝不单单是一个昏君，而且是一个庸君。

　　楼阁建好了，也装修好了，接下来就是住了。陈叔宝一个人独占临春阁，而他的最爱张丽华张贵妃独霸结绮阁，其他嫔妃便是"蜗居"在望仙阁了。

　　大家看到这里就会有疑问了，这个张贵妃是谁？竟能和陈叔宝平起平坐，独霸一"阁"。

　　张丽华原是贵族龚贵嫔的侍女，献给陈叔宝后，陈叔宝一见惊为天人，封为贵妃。随后她便成了后宫的"掌舵人"。原因有三：

　　1.张贵妃长得不是美，而是相当的美。（这一点想必大家都能猜到）

　　2.张贵妃为人处世做得非常好。她善于察言观色，往往能明白陈叔宝的心思，凡事做到能让陈叔宝开心满意。

3.张贵妃通情达理，深明大义。她成为陈叔宝的宠人后，并没有像别人那样想独霸陈叔宝，而是很明智地在陈叔宝面前推荐其他宫女，这样一来，既让陈叔宝对其为人感到很满意，又让宫女们对她感恩戴德，感激涕零。

有了这三点，陈叔宝自然对张贵妃爱得死去活来了，到了什么程度呢？陈叔宝办公时都舍不得放开张贵妃，于是乎，出现了这样一个奇特的现象：陈叔宝经常躺在御榻上，把张贵妃搂在怀里办公，百官启奏政事都由宦官蔡脱儿、李善度代为呈上请示，一般的事陈叔宝批上"诺"或是"不诺"，重大的事他就会转头向怀中美人相询，张丽华就会毫无避讳地说这事该如何如何处理，总之，与其说陈叔宝是皇帝，还不如说张丽华是皇帝，陈叔宝是摆设。

陈叔宝不但好色，而且好文。他任命宫中有文学才华的袁大舍等人为女学士。每次宴会，陈叔宝就会让这些女学士和妃嫔们举行诗歌比赛，大概形式也就是我吟上句，你接下句，看谁对得最好最通顺最流利罢了。而裁判便是皇帝老儿了，如果你怀疑他没有当裁判的资格，那么我告诉你，你不该有任何怀疑的，在此摘录他写的流传千古的《玉树后庭花》为证：

丽宇芳林对高阁，新装艳质本倾城；

映户凝娇乍不进，出帷含态笑相迎。

妖姬脸似花含露，玉树流光照后庭；

花开花落不长久，落红满地归寂中！

（3）知己知彼，百战不殆

陈叔宝适合当建筑家、诗人、艺术家、文学家，偏偏不适合的就是当皇帝，可是皇帝的位置偏偏要这个文弱书生来当。因此，他想发挥自己的特长，把国家引向一个人人都搞艺术的崭新时代。然而，现实与理想总是有差距的，事实证明，陈叔宝这样艺术地治国，很快就把国家治上了歧路：官场钩心斗角，腐败不堪，卖官鬻爵，贿赂公行。与此同时，百姓生活在水深火热中，发出了"艺术啊艺术，这就是艺术人生么"的感叹来。

与陈叔宝的昏庸相比，隋文帝杨坚的表现却大相径庭，他励精图治，锐意改革，很快走向了富民强国的道路。他的目光一直盯在陈国身上，公元582年，杨坚终于对陈国亮出了手中的"屠龙刀"。然而，军队才行到半路，陈国却传来了一个天大的消息——陈宣帝病逝了。

这个时候去攻打人家，胜之不武。于是，杨坚立即下了撤军令，并且还派人到陈国去进行吊唁。

总之态度是相当诚恳，杨坚的目的只为显示自己的胸襟和气魄。然而，陈叔宝却是个小气之人，他非但不买杨坚的账，而且直接还来了个"对对碰"，很狂妄自大地玩起了文字游戏，派人送了封信给杨坚，信的内容只有十一个字：想彼统内如宜，此宇宙清泰。

意思是什么呢？就是说你建立隋国只是你们内部统一了，这是很轻松的事。只有我的国家像宇宙一样泰和平安。说得再直白点就是：你比我低一个档次。

面对这样赤裸裸的蔑视，杨坚自然很生气，但他并没有马上发作，而是选择了忍气吞声，这一忍就是六年。

君子报仇，十年不晚，因此六年绝对算早。当然，这六年杨坚没有虚度光阴，他对伐陈进行了积极的备战，为此，他召开了一次"军委扩大会议"，会议议题只有一个：攻打陈国。

会议开始后，"百官之王"尚书左仆射高颎很踊跃，他首先分析了隋国和陈国两国的"民情"：我们隋国气温偏寒，庄稼成熟得晚些，而南方的陈国气候偏暖，庄稼早熟些。正当众人不知他葫芦里卖的是什么药时，他话锋一转，提出了类似于西周时期"烽火戏诸侯"的方案。具体操作如下：待夏至末至时，我们先调兵遣将，做出佯攻陈国的姿态，他们必然屯聚兵马进行防御，他们一聚兵，我们就撤兵，目的就是使得他们耽误收割庄稼。

结论：这样周而复始地对他们进行骚扰，不但粮草问题会成为陈国的一大隐患，而且他们的战备很快就会被冲没了，待我们真正出兵时，他们就不再相信了，那时攻下陈国便易如反掌。

杨坚对他的方案大为赞赏。

随后上柱国、御史大夫杨素也不甘落后，他提出了"围魏救赵"的水上攻敌方案。他分析说，长江天险是陈国的天然屏障，只要拿下了长江天险，拿下陈国便指日可待。具体操作如下：长江的汉口（今湖北武汉市汉口）和峡口（今湖北宜昌市）是水路和陆路相交的咽喉之地，是兵家的必争之地。陈国肯定会在这两个"虎口"设下重兵。我们要做的就是调虎离山。我们可以选择在上游佯攻，如果敌人派精兵去增援，那么我们主力部队便可在下游强渡长江；如果敌人不派兵增援，我军便拿下上游敌人形同虚设的防守点，顺江而下向下游夹击敌军。

结论：这样一来，陈国就算恃九江、五湖之险，拥有三吴、百越之军，也不足为虑了。

同样，杨坚对杨素的提议大为赞赏。

通过这次军事会议，杨坚制订了两步走的计划，一是下令大造战船，打造出征的兵器；二是在做准备的同时，派一些老弱病残士兵以鼓声大雨点小的方式做出佯攻陈国的姿态。陈国顿时拉响紧急备战警报，全民皆兵，也顾不得收割庄稼了。然而，等庄稼在地里烂掉后，他们才悲哀地发现，敌人早已全兵皆民地回去收割晚熟的庄稼去了。

这样反复弄了几年，把陈国折腾得够呛。隋开皇八年（公元588年），杨坚终于要出兵了。为了师出有名，出征前，杨坚首先免费散发了30万份"讨伐陈国白皮书"，"白皮书"详细列举了陈国的罪状，归纳起来如下：

1.穷奢极欲。陈叔宝所管辖的地盘有限，贪欲却无限，致使百姓倾家荡产，流离失所。

2.重用小人。斩杀直方的志士，诛灭无罪的人家，致使君子潜逃，小人得志。

3.迷信神鬼。不信苍天信鬼神，天灾地孽，物怪人妖。

4.好色淫乱。后宫佳丽无数，甚至用美女来充任卫士，开创历史之先河。

其次，为了给士兵打气，他提出了三点出师必胜的理由：

1.以大吞小。物尽其责，适者生存，大鱼吃小鱼，这是亘古不变的道理。

2.以有道伐无道。得道多助，失道寡助，得正义者得天下。

3.捉拿隋朝叛臣萧岩。叛徒不除，何以立天下；此仇不报，何以平民愤。

最后，是对军队的总部署：

总指挥：高颎。（这个人选毫无悬念。）

参谋长：王韶。（一个好汉三个帮嘛，职责主要是替元帅高颎出谋划策，排忧解难。）

总兵力：50万。

按照既定的破军方案，分三路进军，三路兵马元帅分别是：

第一路，杨坚的第二子晋王杨广。负责攻打陈国长江军事要地两虎口中的峡口。

第二路，杨坚的第三子秦王杨俊。负责拔陈国长江军事要地的另一虎口——汉口。

第三路，上国柱、御史大夫杨素。考虑到他年纪大，经验足，给他游山玩水的机会，在长江上游做奇兵，敌人如果派兵支援，他便居险而守，与他们打长久拉锯战，为杨广和杨俊两路军赢得宝贵时间；敌人如果不派兵来援，他们便顺势消灭那里据守的敌军，然后顺着长江飞流直下，从水路到下游直接夹击敌人。

这个行军方案是杨素提的，现在派他去施行，也算是知人善用了。下面我们来看三路大军的进展吧。

首先来看第三路军杨素。

因为有杨广和杨俊两路大军的策应，陈军主力忙着应付都应接不暇，因此，对杨素在长江上游的"投石问路"，都心照不宣地采取了"三不政策"：不出兵，不支援，不闻不问。

杨素也不是吃素的，既然你们这么小看我，就给你们点颜色瞧瞧。很快他们冲破上游各个关卡的阻击，然后率军从上游直抵狼尾滩（今湖北东天溪一带）。

狼尾滩可攻可守，是个一夫当关万夫莫开的险滩。陈国派出的守将是骁将戚昕，他带领精兵强将数千，加上青龙战舰数百艘，立即把顺风顺水的杨素阻在了滩外。

杨素没有急着进攻。他知道盲目的强攻效果肯定不会好，而是亲自去调查，最后制定了攻击方案：兵分三路，晚上偷袭。

兵分三路容易理解，晚上偷袭就让人费解了。在陆地作战，晚上偷袭是不错的进军方式。而在水上作战，很少选择晚上，毕竟江河上月黑风高，存在风和浪等极为不确定的因素，智者往往不打这样没有把握的仗。

但是杨素选择了不按常规出牌，目的只是为了出奇制胜。是夜，他派出大将王长率领步兵袭击南岸敌人营寨，派大将刘仁恩直扑北岸的敌营白沙，自己亲率黄龙战舰顺流直下。结果陈军弄不清杨素军队的虚实，黑夜给了他们黑色的眼睛，他们却寻找不到光明，他们只是听到震耳欲聋的呐喊声和擂鼓声。

吓破了胆，四处逃命，兵败如山倒。戚昕眼看形势不妙，脚底抹油溜之大吉，脚慢的陈军，头上都多了一顶帽子——俘虏。

之后，杨素势如破竹，无人能掠其缨，陈军闻风而逃，并且送给他一个响当当的绰号——江神。

（4）南下，南下！

与第三路军杨素顺风又顺水相比，第二路行军主帅杨俊却坎坷得多。他在汉口遭遇陈军的顽强抵抗，随后进入了长久的僵持期，杨俊唯一的期待就是杨素的支援部队能早点到来。

而此时的杨素在岐亭（长江西陵峡口，今湖北宜昌市西北）也遭遇到了陈国守军的顽强抵抗。面对"江神"的到来，荆州（今湖北荆州）刺史陈慧纪急得团团转。看过三国的人都知道关羽大意失荆州的故事，也正是因为荆州的失去，蜀国逐渐走向了衰败灭亡。由此可见荆州地理位置的重要性。

同样，如果此时荆州被拿下，那么沿江便再也没险可倚、无关可守，杨素和杨俊会师江夏（今湖北武汉）便指日可待。

陈慧纪自然知道自己责任重大，国家兴亡，匹夫有责，他派得力干将、南康内史吕忠肃驻守荆州的"南大门"岐亭。

三国时，诸葛亮派马谡守街亭，街亭一失，将会把蜀军的退路给夺去，为此他还给马谡立下军令状。结果这个"言过其实"的纯书生只会照本宣科，把军队屯于孤山上，被司马懿采用切断水源的方法打败。最后诸葛亮只好上演"挥泪斩马谡"的悲情戏。

同样，陈慧纪派吕忠肃守岐亭，吕忠肃为了表达忠心，也立下军令状：亭在人在，亭破人亡。事实上吕忠肃果然很尽力，他到岐亭后，立马筑墙垒壁，加强军事防守；为了防止隋军偷渡，他还花大力气在江的两岸凿出石孔，弄了三条"护江铁链"，让我们更深刻地理解了"铁锁横江"这个成语。为了提高士兵们的积极性，他还不惜拿出自己所有的家产和积蓄来充当军费和奖励。

三管齐下，效果是看得见的，"江神"杨素的大军到达这里后，吕忠肃据险固守，再加上军民一心，结果很多隋军大兵都成了漂在大江上的"江尸"。

吕忠肃干得挺好呀？怎么和马谡相提并论呢？别急，您往下看。原来马将军败在水源上，吕将军却败在鼻子上。

事情是这样的，吕忠肃自掏腰包的奖励，有这样一条不成文的规定：以敌人的鼻子数作为奖励的标准。于是乎，士兵们争先恐后割取隋军士兵的鼻子，然后到吕忠肃那里去领赏，结果竟形成恶性循环，士兵们打仗只想割敌人的鼻子，全然不顾战术和阵形，战斗力大大下降。

与此同时，杨素做出如下规定：凡俘虏的陈军士兵一律释放。

此消彼长，隋军很快得到了民众拥护，最后大败吕忠肃。吕忠肃逃到荆州，陈慧纪没有上演挥泪斩吕忠肃的一幕，而是把吕忠肃当成自己的替死鬼——守荆州。他自己赶紧脚底抹油，带领家小妻妾逃往巴州（今湖南岳阳）。

陈军群龙无首后，"江神"杨素岂是浪得虚名，率军很快攻破荆州。

就在杨素冲破长江天险，南陈沿江防线全线告急时，陈叔宝并不知道前线的情况，还在过着花天酒地、醉生梦死的生活。

封锁陈叔宝与外界一切联系的是执掌朝政的当红"三剑客":孔范、施文庆和沈客卿。

孔范和施文庆,想必大家不陌生了,正是因为这对"双子星座"的支持和帮助,陈叔宝才得已从陈叔坚手上把皇权夺回来。有拥立之功,再加两人又懂得阿谀奉承,陈叔宝掌权后,对两人宠爱有加,用权倾朝野来形容一点也不为过。而沈客卿因为口才好,又善于拍马屁,在陈施两人的引荐下,同样得到了陈叔宝的重用。

陈叔宝不会知道,他一手打造的"三剑客"却成了他的掘墓人。"三剑客"对于敢于谏"忠言"的大臣,一律以"莫须有"的罪名排斥到朝廷之外去,剩下他们一手遮天。

都说时穷节乃见,眼看国家到了生死存亡的关键时刻了,"三剑客"还在以各种花招 糊弄陈叔宝。

朝中正义人士都义愤填膺,有一人甚至以一己之力冲破"三剑客"阻拦,直接冲到正搂着美女喝酒的陈叔宝面前,说了一句很解气的话:"隋军就要攻破长江天险了,皇上您再这样下去,就要成为亡国之君了。"然后向陈叔宝报告了前线的军事情况,并建议在京口(今江苏镇江市)和采石(今安徽当涂)派精锐部队和大型战舰进行重点防备。

这个人便是"护军将军"樊毅。

然而事实证明,忠言逆耳这句话一点都不假。昏庸的陈叔宝最终还是选择了继续"昏睡",个中原因不言而喻,樊毅的提议遭到了"三剑客"的阻拦,关键时刻陈叔宝不听从奸臣的误国之言,那他就不是亡国之君了。

隋军方面轮到了第一路行军元帅杨广的表演了,他派"总管"贺若弼从广陵(今江苏扬州市)率大军强渡大江,目标直指南岸的军事重镇京口。结果贺若弼不负厚望,他故伎重演,以"瞒天过海"之计,乘陈军放松警惕时,成功渡江,随后以迅雷不及掩耳之势拿下京口。与此同时,杨广的另一员大将韩擒虎从横江浦(今安徽和县东南)登陆成功,然后神不知鬼不觉地袭击采石,结果同样没有悬念,采石守军连抵抗一下的过程都免了,直接竖起白旗开门把隋军带进城去。

京口失守，采石失守，长江防线全线崩溃。尽管"三剑客"想全力封锁前线失利的消息，但纸终究是包不住火的，后知后觉的陈叔宝终于强硬了一回，他说了生平唯一一句像男子汉的话："隋军侵凌，进犯窃夺我南郊土地，犹如蜂螫毒虫侵入，应及时扫灭。朕当亲帅六师，肃清八方，京城内外一同戒严。"

翻译成白话就是：隋军竟然侵犯我们的边界之地，这就像带螫的蜜蜂和百毒之虫一样，如果不及时消灭，后果不堪设想。这次我不能坐视不管，我要亲自挂帅领兵出征，消灭侵犯我们的敌人。从现在开始，全国上下进入一级战备状态。

应该说从陈叔宝的话里，我们看到了这么两点，一是他意识到了情况的严重性。隋军这次来者不善，善者不来，如果不采取措施阻止的话，很可能会有亡国的危险。二是他想把这种严重性扼杀于"摇篮"中。亲自挂帅出征，对于陈叔宝来说，的确很需要胆量和勇气。

当然，说归说，做归做，要他挂帅出征那是逗你玩的，目的只是为了壮壮士气，他作为堂堂一国之君，岂能冒着生命危险去前线冲锋陷阵。当然，他不去，但还是来了个"五虎下天山"，派骠骑将军萧摩诃、护军将军樊毅、中领军鲁广达三个人去当统军都督，派司空司马难消和湘州（今湖南长沙）刺史施文庆去当大监军。

这统军都督三人都是良将，应该说陈叔宝的这个部署还是不昏的。而大监军就一半是海水一半是火焰，施文庆就不用说了，属于"海水"类，看不顺眼的基本上都会被他淹死。而司马难消这个名字想必大家也不陌生，他便是当初公然反对杨坚的"革命三人组"中的成员，后来他眼看风向不对，便投靠了陈国。他属于"火焰"类，跟着他可以轰轰烈烈地大干一场。此时陈叔宝任命他为监军，大有"以其人之道，还治其人之身"的用意。

与此同时，陈叔宝还提高了奖赏力度，鼓动全民皆兵参与到国家保卫战中来。

（5）亡国之君是这样炼成的

然而，陈叔宝的出兵令刚下，坏消息就一个又一个地传来。此时的第三路军杨素早已冲破陈慧纪的阻拦，到江夏和第二路军杨俊会合了，江夏已危在旦夕。

与此同时，杨广的两员大将突破陈国的长江防线后，贺若弼从北路，韩擒虎从南路，两路大军齐头并进，继续向陈国腹地深入。贺若弼很快攻克曲阿（今江苏丹阳），占据军事要地紫金山（今南京市区东）；韩擒虎也一路势如破竹很快打到新林（今江苏江宁西）。如果说紫金山是陈国首都建康（今南京市）的北大门，那么新林便是建康的南大门。

两路隋军齐头并进，占据要点，已对建康形成包围之势。

统军都督萧摩诃也不是吃素的，他决定给隋军一点颜色瞧瞧，于是向陈叔宝打了一个"偷袭"的请战报告。

"敌人连胜，士气正旺，怎么偷袭？"陈叔宝问。

"敌人虽然连胜，却犯了孤军深入的兵法大忌。乘他们现在立足未稳，我们派兵去偷袭，必定能大获全胜。"萧摩诃道。

"容我考虑考虑。"陈叔宝说完这句话就找他的"三剑客"商量去了。"三剑客"不怕火烧眉毛，就怕他人建功，自然反对，反对的理由是：朝中这些大将平常都不服从朝廷管理，现在这样的紧要关头，又怎么能完全相信他们呢？

是啊，害人之心不可有，防人之心不可无。因此，陈叔宝自然没有批准萧摩诃的建议。

眼看萧摩诃"偷袭"的建议没有被采用，朝中另一位忠臣良将任忠，本着国家兴亡匹夫有责的原则，冒着掉脑袋的危险站出来，再献良计，具体策划如下。

策略：固守京城。

前提：京城兵多（拥有十万精兵）粮足（可以供城中军民吃上好几年）。

兵法：客军贵在速战，主军贵在长久坚守。

方案：防守反击，以退为进。

步骤：先不与他们正面交战，派兵绕到敌兵后面，切断对方归路，使敌兵首尾不能相连。然后兵分两路，一路精兵出其不意去偷袭长江以北的隋国军事要地六合。这样必然会使敌人以为渡江的将士已全军覆灭，军心动摇，士气受挫。另一路军马到淮南地区联合那里的土著居民，做出杀往徐州（今江苏徐州市）断绝隋军归路的姿态，这样北方的各路隋军不攻自退。

结论：只要坚持和敌人打长久的拉锯战，待到来年春暖江水上涨，上游周罗睺等各路军队相继增援时，便是隋军退兵之日。

应当说任忠的计谋很深很高很全面，对得起他名字中的"任"和"忠"。

然而，关键时刻，陈叔宝还是继续发扬"昏"和"庸"的传统本色，找到"三剑客"商量后，态度很明确：任你忠心一片，我也拒不采纳。

战事瞬息万变，两个英明的战略方案被陈叔宝"枪毙"后，陈国已错失了防守反击的最佳时期，等待他们的只能是灭亡。

隋军越来越近，战火也越烧越近，陈叔宝终于醒悟过来，他停止了酒色这项体力要求很高的运动，爱上了流泪这项新式运动。

光流泪显然是不能解决问题的，于是他边流着眼泪边对统军都督萧摩诃下达了反攻令。

反攻令，早不下晚不下，偏偏这个时候下，急得萧摩诃有流着眼泪唱情歌的冲动。现在祖国江山一片"红"，都不能明哲保身了，还能指望反攻么？

好在任忠还是继续他的责任和忠诚，又立马进行了劝谏：坚守不是万能的，但不坚守是万万不能的。意思就是告诉陈叔宝，人为刀俎，我为鱼肉，现在只有坚守才是唯一出路啊。

关键时刻，如果"三剑客"不出现，那"三剑客"就不是"三剑客"了，孔范同样向陈叔宝打了一个小报告：出击不是万能的，但不出击是万万不能的。

任忠PK孔范，陈叔宝毫不犹豫以实际行动站在了孔范一边。

接下来就看隋军和陈军的最后大决战吧，事实上对阵的双方是萧摩诃PK贺若弼。决战地点：紫金山。

古人云，天时不如地利，地利不如人和。贺若弼早已在紫金山挖沟筑壕，就等着和陈军主力进行大决战，因此，这场大决战还没开打，就已经占据了"天时和地利"的优势。随后的进程告诉我们，贺若弼不但拥有天时地利，而且还拥有人和。

贺若弼率领的隋军一路纪律严明，秋毫无犯，拥有"人和"也在情理之中。

相反的是，由于陈叔宝不听从萧摩诃的偷袭方案，很快失去了天时和地利。尽管如此，萧摩诃并没有放弃心中的理想——力挽狂澜于既倒。然而，沉重的打击接连而至，陈叔宝很快把他"人和"的权力也剥夺了。

我们常开这样一句玩笑，朋友妻不可戏。事实证明，陈叔宝不信这一套，他不但戏，而且还明明白白大摇大摆地戏。萧摩诃带着大军开赴前线后，皇帝立马擦干眼泪，然后想啊想啊：萧将军这一去，定能旗开得胜，定能力挽狂澜，定能还我河山，定能……到时候我又能过上潇洒快乐的日子了，美酒，佳人……提到佳人，他突然想起了什么，嘴角露出了一丝微笑，然后突然发飙似的冲进萧府，直奔萧摩诃妻子的闺房里去了……再出来时，脸上光亮光亮的，如日月般灿烂无比。

本来就处在劣势死拼中的萧摩诃在决战前收到陈叔宝"寄来"的绿帽子，彻底懵了，彻底傻了，彻底崩溃了。因此，接下来的大决战已经没有悬念，无心恋战的萧摩诃哪里抵得住强悍的贺若弼，结果全线溃败，萧摩诃也成了阶下囚。

大决战这样毫无悬念地结束了。随后建康便如裸露的婴儿呈现在隋军面前，建康唯一的守将任忠这回没有再继续"愚忠"，对不厚道的陈叔宝来了个"不忠"，带着那些"效忠"于他的士兵打开了城门，把韩擒虎率领的隋军迎进了城里。

与其做无谓的抵抗，不如放军民一条生路，投降是最明智也是最无可奈何的选择。"光杆司令"陈叔宝并不寂寞，眼看已走投无路，却说了这样一句戏言："锋刃之下，未可交当，我自有办法。"

他的办法简单实用，带着最宠爱的张贵妃和孔贵妃躲进水井，但终究难逃被擒的命运。从此，正史野史对陈叔宝的称呼就成了"陈后主"。

与陈后主的懦弱相比，只有十五岁的太子陈深的表现却强悍得多，他静静地端坐在太子宫殿，目视前方，一动不动，仿佛一座雕像，亦如一尊石佛。而太子舍人孔伯鱼屹立在他身后，同样一动不动，仿佛遗世独立一般。

气势汹汹的隋军到了殿门口，被陈深的举动所震慑，他们齐刷刷地站定，没有再贸然往里面闯。寂静，死一般的寂静，良久，太子陈深嘴角嚅动，说道："各位一路辛苦了，请进，请进……"

隋军将士被他的气势所感染所折服，鱼贯而入后纷纷对他行礼致敬。此时此刻，依然挺拔如山的太子舍人孔伯鱼的眼中突然滚落出大颗大颗混浊的眼泪。

　　男儿有泪不轻弹，只是未到伤心处，又有什么比亡国之痛更令人痛心呢？

第六章

一朝天子一朝臣

（1）去留无意

隋开皇九年（公元589年）陈国首都建康告破，陈后主被擒，中游的陈慧纪和上游的周罗睺相继投降。随后，陈国全境30州100郡400县全被平定。

胜利来得如此之快，最高兴的人当然是隋文帝杨坚。一统天下，是他多年来梦寐以求的夙愿，此时离陈后主那句"想彼统内如宜，此宇宙清泰"虽然时隔了六年，但依然犹在耳畔。是啊，六年的等待，六年的隐忍，六年的心血，没有白费，换来了丰硕成果。

这个世界最终是要靠实力和能力来说话的，杨坚用实际行动告诉大家这样一个真理：说到不如做到，要做就做最好。

杨坚笑了，笑得灿烂无比，因为那个不可一世的陈后主便在他面前，而且姿势很优美很文雅，态度很诚恳很虔诚，只是他的眼睛只能看到杨坚的脚，一来他不敢看杨坚鹰隼般的双眸，二来他是跪着的。

"陈后主别来无恙？"杨坚问道。

"亡国之君，愧不敢当。"陈后主全身直打哆嗦。

"想彼统内如宜，此宇宙清泰啊！"杨坚冷笑道。

"言过其实，言过其实了。不是这样的，应该是，应该是……"陈后主头脑并没有想象的那么糊涂，颤声道："想彼宇宙清泰，此统内如宜。"

"想彼宇宙清泰，此统内如宜。说得好，说得好，哈哈哈……"杨坚大笑，笑得如此阳光，笑得如此灿烂，笑得连花儿也为之逊色，为了等陈后主说这句话，他等了六年的时间。此时从陈后主嘴里亲自说出来，你说他能不开心和快乐么？

陈后主的"奉承"没有白费，杨坚赦免了他，不但没有砍掉他的脑袋，反而优待了这位亡国之君，给予他三品公卿的待遇，并且明文规定，以后凡是有陈后主参加的酒席宴会，一律不奏吴地的音乐，不唱吴地的民歌民谣，以免勾起陈后主的思乡之情和痛苦回忆。

按理说作为一个亡国之君，陈后主应该很知足了，知足常乐，人生常乐。然而，事实证明陈后主并不知足，他常常发牢骚，就像那首著名的张学友的《牢骚歌》。渐渐就有人对他不满了。

"陈后主觉得自己没有官衔，不好参加朝廷的集会。"监守官打了一个小报告，请皇上给他赐一个官号。

"陈后主是个没心没肝没肺没脾没肾的人。"杨坚对陈后主的人品下结论了。

"陈后主经常喝醉酒，还在过着醉生梦死的生活。"监守官眼看第一个小报告取得的效果还不错，马上打了第二个小报告。

"这里不是他的陈国。"杨坚便要对陈后主下达"禁酒令"，但转而一想，又道："酒不醉人人自醉，色不迷人人自迷。还是让他饮吧，他以前是靠酒挥霍日子，现在不同了，他现在只是靠酒来麻醉自己，没了酒，他会死掉的。"

杨坚对陈后主可谓仁至义尽了。接下来的日子，陈后主每天饮酒吟诗，还有美女相伴，日子过得倒也充实。直到隋仁寿四年（公元604年），集酒鬼色鬼于一身的陈后主过完了他可悲可耻可叹可笑的一生。杨坚在他活着时尽量满足他及时行乐的要求，死后就不客气了，撕下了虚伪的面纱，把陈后主的谥号定为"炀"。

也许是陈后主死后太寂寞，杨坚没过多久也赴他的后尘，到阎王那里报到去了。三十年河东三十年河西，多年以后，大唐的开国皇帝李渊将杨坚的二儿子杨广的谥号也定为"炀"，是在讥笑两人同病相怜，还是纯属巧合？

随后，杨坚开始加封陈国的归将。具体分封如下：

任原陈尚书令江总为上开府仪同三司；

任原陈尚书仆射袁宪为开府仪同三司，昌州刺史；

任原骠骑将军萧摩诃为开府仪同三司。

任原领军任忠为开府仪同三司；

任原吏部尚书姚察为秘书丞；

任原陈国水师都督周罗睺为上仪同三司；

任原陈国散骑常侍韦鼎为上仪同三司。

韦鼎以前曾出访过北周，见过杨坚，说过这样一句石破天惊的话："十年之后，老夫将躬身于您。"回国后他便开始置卖田宅，用现在的话说就是"非法转移财产"。果然，"裸官"韦鼎一语成谶，十年后，陈国被灭，他因为有先见之明，被杨坚封为上仪同三司。可谓名利双收。

这里还得提提陈国的两员悍将。第一位是鲁广达，这位忠心耿耿的悍将在紫金山成功地牵制住了贺若弼的总攻，无奈陈军却没能抵住乘虚而入的韩擒虎，最终在任忠投降后，建康陷落。正在前线激战的鲁广达听到这个噩讯，堂堂七尺男儿，向来只流血不流泪，只跪爹娘不跪苍天，此时却向台城下跪，大颗大颗的眼泪从眼角滑落。最后对部下说了这样一句话："我仍有一口气在，却不能力救国家于将亡，罪孽深重啊。"说完这句话，为了给士兵们一条活路，他选择了投降。人归顺了，但心里却留了结，杨坚还没来得及对他分封，鲁广达便在伤感哀恨中含恨而逝，实为遗憾。

另外值得一提的是司马难消。这位当年参与反对杨坚"革命三人组"中的成员之一，在"无可奈何花落去"的局面下被擒。

感时花见泪，恨别鸟惊心。司马难消再度看到了他拜把子兄弟的儿子，也就是大隋的开国皇帝杨坚时，一切都已经改变了。杨坚高高在上，目光闪动，带着七分得意，三分伤感。司马难消不敢和杨坚的目光对视，低垂着头一言不发，似乎在等待杨坚的最后裁决。

杨坚用实际行动告诉了司马难消什么叫"相逢一笑泯恩仇"：免除死刑，发给薪贴，给你自由。杨坚对待司马难消就像对待陈后主一样，让你衣食无忧地过完下半辈子。

然而，司马难消不是陈后主，他用事实证明，他不受这样的"嗟来之食"，不久便绝食而死。

鲁广达和司马难消用"信仰"表达了对国家的忠贞，对亡国的痛楚，其情可嘉，其意可赞。

另外还有几个人值得一提。放到最后并不是他们名气不好地位不高官位不大，相反他们个个都是声名大振之人，因他们是反面人物的代表——"三剑客"。晋王杨广进入建康后，对这些恶贯满盈之徒没有客气，拔出剑就是一阵刷刷刷，剑光闪过，倒下的是陈国的五个佞臣：施文庆、沈客卿、阳慧朗、徐析、暨慧。"三剑客"的另一位主角孔范虽然暂时逃过一劫，但杨坚把他和散骑常侍王瑳、王仪、御史中丞沈瓘三个小人组成"四人帮"，发配到边疆充军服刑去了。死罪可免，活罪难逃，让你们痛苦地活着比痛快地死去更难受。

单从这一点来看，杨坚就是杨坚，做事果然快人一步，高人一等，胜人一筹。

（2）将PK进行到底

处理完陈国的旧臣后，接下来就轮到对自己内部大臣论功行赏了。因为此时隋国人才济济，这里且用两两PK的形势来说他们吧。

第一对PK对手：贺若弼VS韩擒虎。

这是一对难分伯仲的名将。攻克建康，贺若弼和韩擒虎两人南北夹击齐头并进，可谓功不可没。在紫金山大决战中，贺若弼大败萧摩诃，很好地牵制了陈军的主力。这给了韩擒虎乘虚而入的机会，他从新林一鼓作气直接拿下建康的外城壁垒——石子岗（今南京市雨花台）。一向"责任"和"忠诚"的任忠选择了"卸任"和"不忠"，投降了韩擒虎。

也正是因为这样，韩擒虎成了第一个进入建康的人，并且把陈国皇帝陈后主拿在自己手里，功劳自然比贺若弼大多了。

贺若弼拼死拼活好不容易才在紫金山摆脱陈军主力的纠缠，等他火急火燎赶到建康城里时，首功早已被韩擒虎夺去，他心里自然不服。

"老子拼死拼活才打败了陈军的主力，你小子倒好，在这里坐收渔翁之利，太不厚道了，快把陈后主交出来。"贺若弼道。

"要人没有，要命一条。"韩擒虎也不是省油的灯。

"老子要杀了你。"贺若弼蓦地拔出了宝刀。

"就看你有没有这个本事了。"韩擒虎拔出了宝剑。

一场内耗眼看就要上演，将士们赶紧出来做和事佬，硬生生把他们隔离开来。两人武力解决不了问题，只好让杨坚用"温柔的一刀"来定夺。

杨坚是何等人物，马上让两人来了个"自由陈述"。

"我在钟山和陈军进行决战，大败敌人的主力部队，并且擒获陈军骁将萧摩诃等人，彻底摧垮了敌人的士气，这样才得以平定了陈国。不像有的人缩头缩脑躲在后面，只会捡现成的便宜，这样欺世盗名之徒也配和我争首功么？"贺若弼道。

"本来行军元帅杨广下达的命令是等我和你的兵会合在一起才决战，但是他提前出兵，致使将士伤亡惨重。要不是我带领精锐骑兵另辟蹊径直取建康，降服任蛮奴（任忠），活捉陈后主，捣毁了敌人的老窝，贺将军只怕吃不了兜着走啊。你赎罪都来不及，能和我的功劳相比么？"韩擒虎道。

"两位大将军都是首功。"杨坚的一句话让两人面红耳赤，随后封贺若弼为上柱国，晋爵为宋公；封韩擒虎为上柱国。

一句话，贺若弼和韩擒虎的PK结果是皆大欢喜。

第二对PK对手：杨素VS杨俊。

作为第二路军和第三路军的行军元帅，杨素和杨俊在伐陈战役中功不可没。特别是杨素从上游的奉节，经过重重险关，打到江夏和杨俊会合，从而击溃了那里的强敌，成功地牵制住了陈军的主力水师，为第一路行军元帅杨广赢得了宝贵时间，最终成功拿下建康，从而导致了陈国的灭亡。

因此，这是一场毫无悬念的PK，杨坚先是封杨素为上柱国，然后加封他的爵位为越公，与此同时，还封杨素的大儿子杨玄感为仪同三司，二儿子杨玄奖为清河郡公。"一门三进士，父子皆侯爵"这样的官位当真是无与伦比。

当然，杨坚也没有忘记大功臣杨俊，封他为扬州总管。扬州总管管辖44州，地理位置大致相当于今天的苏中、苏南、皖南、浙江、上海、赣东一带，等于掌握了江南半边天的军事和行政大权，权力之大可想而知了。

此外，杨坚还额外奖励杨素和杨俊每人美女一名。这两美女不但美，而且大有来头，都是陈后主的亲妹妹。

总之一句话，杨素和杨俊的PK结果同样是皆大欢喜。

第三对PK对手：高颎VS李德林。

这是两位重量级选手的PK战。前面已经说过，杨坚一上任就打造了高颎和李德林这对双子星座，高颎和李德林也都没有令他失望，在平定尉迟迥、司马消难、王谦三人叛乱中，高颎主动请缨到前线征战，正是他的机智和谋略，才成功击破了尉迟迥的造反；而李德林虽然没有上前线，但运筹帷幄，决胜千里。正是他的献计，才让前线动摇的军士很快安定下来，并且都愿效忠于"篡国"的杨坚。因此，杨坚对高颎愈来愈器重。

因此，在攻陈的大决战中，高颎理所当然地成了"总指挥"，连杨坚的两个儿子杨广和杨俊及朝中的元老级人物杨素的三路大军都要听他统一调度，权力之大可想而知。在伐陈战中，隋军能最终胜利，离不开他的调度和指挥。

建康攻克，韩擒虎第一个进城，贺若弼第二个进城，第三个进城的便是高颎，第四个才是杨广。由此可见高颎的脚的确很长很快，离"凌波微步"的最高境界相差无几。

韩擒虎和贺若弼都得到了封赏，杨坚自然不会忘了高颎。除了上柱国，杨坚还把他的爵位晋升为齐公。

据说事后，杨坚问了高颎这样一个问题："你和贺若弼的功劳谁大些呢？"

高颎想都没有想就回答说贺若弼大，随后说出了理由："贺将军首献平陈的十大妙计，然后又在钟山大决战中获胜，我只是一介书生而已，怎么能和他的功劳相

提并论呢？"

杨坚对他竖起了大拇指，给了他一个最高的评价：谦谦君子，卑以自牧也。

至于李德林，虽然没有上前线，但他是这次伐陈的"总策划"和"总设计师"，杨广这次能担任攻陈的主力元帅，就是李德林的提议。结果证明李德林的眼光没错，杨广挑起了大任，取得了建设性的成功。因此杨坚认为他"功不可没"，封他为上柱国，爵位是郡公。

如果单看两人的官位和爵位，难分伯仲。但实际上两人的赏赐却有区别，高颎被杨坚赐布帛9000段，而李德林只有3000段，而且李德林这3000段还被杨坚"暂时保管"着，原因有二：

一是有人打小报告说如果对李德林赏赐过重，恐怕征战将领们不服。

二是因为以前李德林突然头脑发热，曾劝谏杨坚不要对宇文家族"赶尽杀绝"而触怒过杨坚。

总而言之，高颎和李德林这场PK结果是一家欢喜一家愁。

第四对PK对手：杨广VS高颎。

高颎不是刚刚和李德林PK过了吗，怎么又和杨广掐上了啊。

其实两人PK的不是官位。前面说过，高颎在杨坚登上皇位后，就已经是朝中名副其实的第一人了，现在又立大功，再加上谦逊的风格和厚道的为人，应该说以后可以稳坐甚至"霸占"第一人的位置了。平定陈国后，杨坚对高颎等人大封大赏时，唯独对杨广没有任何表示，而是让他回并州当总管。

朝中一把手怎么和诸侯王"一把手"（太子杨勇除外）对上了？原因只为一个人，一个女人，一个长得很漂亮的女人。

这个女人的名字叫张丽华，陈后主最宠爱的妃子。就是为了这个女人，陈后主最终沦为亡国之君。杨广虽然贵为晋王，后宫美女享之不尽，然而，他早就听说了张丽华的才貌，出征前就想好了，想来个"揽张贵妃于后宫兮，乐朝夕与之共"。高颎第一个入城后，杨广怕张贵妃死于非命，急忙写了封信给高颎，叫他高抬贵

手，手下留情，务必留张贵妃活口。

然而，杨广不会料到，高颎却没有给他一点面子。高颎本来还打算把张贵妃交给杨坚来处置，但接到杨广的书信后，立即叫人把张丽华推出去斩了。

张丽华死了，杨广不干了，男人好色天经地义，你竟敢公然和我作对，是吃饱了撑的吧。于是，杨广找高颎算账。

"古人云'红颜祸水'，当年姜太公蒙面斩商纣妲己，今日怎么可以留下张丽华这个祸水？"高颎解释道。

"古人云'无德不报'，我将来必定有办法报答您！"杨广根本不听他的大道理，来了个拂袖而去。

如果解释有用，还要警察干吗。从这之后，杨广便对高颎怀恨在心，时刻准备着伺机报复。这场充满悬念的PK太重要，因为牵涉到了太子之争以及整个大隋江山的命运。后面会讲到的，这里先按下不表。

（3）韬光养晦

虽然最后杨坚以"功过相抵"没有直接给杨广加官晋爵，但杨广通过伐陈，不但在朝中的地位明显成上升趋势，而且还在江南一带建立了良好的人脉关系。随后陈国境内因为不适应北方"习性"问题而发动了一些小叛乱，杨坚派杨广去镇压。

事实证明，杨广果然不是一般的人才，用句书面话来说就是"文武双全"，他指哪打哪，打哪平哪。都说一物降一物，杨广恩威并施，很快平定了这些小股平民的动乱。

暂时平定了叛乱，阴影却在杨坚心里留下了，江南人具有很强的地域情结，如果不派人加以感化，而只是盲目地镇压，只能是取得暂时的安定，镇压大军一走，难保他们不会再造反。不可能这样长年累月和他们捉迷藏啊，于是乎，杨坚决定派一人到江南去好好管治，收服民心，彻底平息叛乱。

杨广再次被杨坚起用。于是乎，扬州总管杨俊下岗了，杨广取代了他的位置。

其实杨坚当初任杨俊为扬州总管，就是想让三儿子在江南干出一番业绩来，然而，事实证明，杨俊毕竟年轻了些，还是嫩了点，没能达到杨坚的期望值。

而杨广对扬州总管这个位置渴望已久，因为他并不是一个安分守己的人。在灭陈战役中，那种指点江山的感觉让他很是受用，如果说在这之前，他还是老老实实地想当他的晋王，当当诸侯王，此生足矣。那么，在这之后，他就变了，野心变大了，欲望变大了，他想要君临天下。

老大杨勇是太子，也是将来帝位的合法继承人，他充其量只是一个"二号首长"。

"我并不比杨勇差，我的才华和才气甚至都比他强N倍，凭什么他天生就是当太子当皇帝的命，而我只能当亲王当配角。我不相信命运，我只相信实力。"

杨广是这么想的，也是这么做的。他想培养自己的实力和势力，江南是最好的地方，这里不但富裕，而且独在一方为王，正是韬光养晦、培养势力的绝佳机会啊。

杨坚为了伐陈，可以在兵马都准备好的情况下，再隐忍整整六年，从而最终取得成功。而大牛人杨广同志为了和杨勇争夺太子之位，却在江南隐忍了整整十年。

十年磨一剑，杨广更厉害，十年把天下磨到了手，这就是智者和庸者之间的区别。

在这期间，杨广在江南做了几件大事。

首先是在江南成功地实现了"一国两制"。

他根据江南人的实际情况和风俗民情，彻底放弃武力这个最原始最无奈的治国方针，采取了标本兼治的方法。他通过调查，了解到江南人之所以大闹不敢小乱连连，很重要的一个原因就是对陈国的留恋，以及对未来的迷惘，所有官员都是北方派来的，所有的政策都是隋国的，但是问题是南北有差异啊，你如果强行剥夺了他们的"政治权"和"自由权"，他们心里肯定不舒服，肯定会产生叛逆的思想。

怎样消除江南人的精神空虚，杨广想到一个绝妙的办法——宗教。北周和北齐时，宗教很是盛行，各地的寺庙都多如牛毛，大家都还记得那首千古名诗：南朝四百八十寺，多少楼台烟雨中。然而，随之而来的便是大规模的灭佛运动，杨坚上

任后，更是视宗教为"邪教"，视寺庙为"死庙"，坚决铲除，结果少了精神寄托的民众，变得惶惶不可终日起来。

此时杨广想利用宗教来"感化"江南百姓，无疑是违背杨坚旨意而行的。但事在人为，杨广很快就想到了"一国两制"的想法，并且打了一个"求佛"的报告。

报告套用现代的一首歌就是："我们还能不能再见面，我在佛前苦苦求了几千年，愿意用几世换我们一世情缘，希望可以感动上天。我们还能不能能不能再见面，我在佛前苦苦求了几千年……"

杨坚看了报告，很感动。感动之余，直接批复道：你的地盘你做主，自己看着办。

接下来，杨广便可以放手大干了，又是建寺庙，又是收集佛经，又是做宣传。总之，他的努力没有白费，这些举措渐渐感化了南方百姓，经过"洗脑"后，他们的反抗意识渐渐消退，各地得到了安定。

信佛求佛，香火不断，就是杨广一手导演的隋朝"江南style"

杨广做的第二件大事，就是把江南的总部设在江都（今江苏扬州）。

杨广随后一直住在这里，这一住便是十年，从此，江南也彻底融入大隋的版图中了。

（4）平庸的天才

杨广天天在扬州享乐，脸上很平静，心中却很火，他恼怒的是嫡长子继承制：立嫡以长不以贤，立子以贵不以长。这条从西周就一直流传下来的不变继承制，难让杨广心里感到平衡：我打江山上战场拼死拼活东征西战，所有的功劳都是我的，为什么一直守在家里的杨勇却可以理所当然地做他的太子，以后当他的皇帝，而自己只能在他手下打工，看他的脸色混日子。凭什么，凭什么？他暗中已经把精心准备的组合拳齐生生地砸向了太子杨勇。

在说太子之争前，首先得来说说杨坚的五个儿子。按顺序分别是：杨勇、杨广、杨俊、杨秀、杨谅。

杨坚一生只有这五个儿子，而且他们的母亲都是独孤氏。独孤氏的父亲是当年八柱国之一的独孤信，当年独孤信任北周大司马，他动一动身子，地板都要抖三抖。

前面已经说过，独孤信虽然权倾一时，风光一世，生的儿子却不争气，用句话来形容就是扶不起的阿斗。因此，他只好把目光停留在七个如花似玉的女儿身上了。正如证券投资一样，关键靠慧眼识丁，这方面，独孤信的境界无疑就是独孤求败。七个女儿，三个当了皇后。大女儿嫁周明帝宇文毓为妻，七女儿独孤伽罗嫁杨坚为妻，四女儿嫁李昞为妻。一门出三后，三朝皆国丈。单从这一点来看，当真是前无古人，后无来者。

独孤信的七女儿独孤伽罗嫁给杨坚时，只有14岁，以当时独孤家族的地位和权势，杨坚的这门亲事显然有点高攀了。也正是因为这个原因，杨坚在娶独孤氏时，发出了这样的誓言：今生今世只爱你，来生来世只想你。

也正是为了这句诺言，杨坚惨了，只跟独孤氏生儿育女，连当了皇帝后，对后宫的女人都退避三舍，唯恐独孤氏揪他的耳朵。怕妻子怕到这种地步的皇帝，杨坚算是"妻管严"中极品了。

因此，理论上来说，杨坚五个儿子都有继承皇位的权力。但因为年龄关系，杨俊、杨秀和杨谅三人早早便被排除在竞争范围之外，仅剩太子杨勇和晋王杨广将PK进行到底。

首先来看杨勇。由于是长子的关系，还在北周时，杨勇就被封为博平侯，杨坚当上丞相后，他被立为世子，拜大将军、左司马、封长宁郡公、出任洛州总管、东京小冢宰等等，总之，杨坚每往上爬一步，杨勇也往前进一步。

杨勇忠厚老实，诚实善良，温文尔雅……总之，可以形容老好人的词都可以用在他身上，杨坚当上皇帝后，杨勇理所当然地晋升为皇太子。杨坚交给他的权力很大：军国政事及尚书所奏死罪以下皆由太子裁决。杨坚之所以这么信任和器重太子，就是因为对杨勇的为人很放心。

举个例子，有一次杨坚见山东一带的流浪者很多，便想把他们遣送到北方去守边疆。太子杨勇听说此事后，立即上书进行劝阻。理由如下：净化各地的风俗人情应该有个循序渐进的过程，不能说改就改。谁都有恋土怀旧之情，以前百姓颠沛流离，并不是他们不愿呆在故乡，而是当时腐败的社会迫使他们不得不流亡在外。现如今清平世道，百姓都想在家乡为国家贡献自己的一份力量，怎么能随便对他进行"千里大移民"呢。再说北方虽然突厥猖獗，时常骚扰边境，但我们只要坚壁清野，在城里严防固守就行了，根本用不着做这种引起民愤的事。

信写得很委婉，完全顾及到了杨坚的面子和台阶问题，结尾甚至用了八个很谦逊的字来形容自己：平庸之质、谬当储君。

如果再用八个字来形容这封书信就是：寸诚管见、辄以尘闻。

杨坚看了大为感动和赞赏，对杨勇说了这么一句话：平非平，庸非庸，太子，一个平庸的天才。

后来，杨勇提的一些关于民生的问题，杨坚都采纳。杨坚对杨勇越来越喜爱，心里感叹：太子杨勇天生就是当皇帝的料啊。

然而，对此杨广却有相反的看法：我才是天生当皇帝的料。

胜者为王，败者寇，谁是当皇帝的料不是说出来的，还是靠实力说了算数。下面，我们就来欣赏这场太子争夺战吧。

（5）彼长此消

杨广PK杨勇。

首先，杨广在相貌方面比杨勇占优。

据史书说杨广长得很帅，可用六个字来形容：美姿仪、少敏慧。（一母所生，估计杨勇也不会差多少）按理说，长得帅不能当饭吃，但爱美之心人皆有之，也正是因为这个原因，独孤氏对这个"类己"的杨广一直很宠爱。至于独孤氏的分量，就好比天平中的砝码，放在任何一端，都会发生质的倾斜。

其次，杨广在文采方面比杨勇占优。

虽然杨勇也会说"平庸之质、谬当储君；寸诚管见、辄以尘闻。"这样优美谦逊的话，但显然不是文采斐然的杨广的对手。杨广很会写诗，常常出口成章，才思之敏捷连杨坚也叹为观止。譬如他的《春江花月夜》：暮江平不动，春花满正开。流波将月去，潮水带星来。便成了千古流传之作。

再次，杨广作秀的本领比杨勇占优。

如果说杨勇是个实干家，那么杨广便是精明的商人。他懂得如何去博取"上司"（杨坚）的爱，赢得老百姓的心，获取更多人的同情和帮助。

一方面杨广极尽纯厚之能事，在杨坚面前展现自己。有一次杨坚到杨广的府上串门，结果发现杨广家里的乐器上蒙上了厚厚的一层灰，似乎很长时间没有人用过。对此，杨坚大为赞赏，认为杨广只爱诗歌不爱声色，是个有理想、有道德、有文化、有纪律的"四有"青年。

另一方面，杨广还极尽温柔之能事搞定母亲独孤氏。杨坚患有严重的"妻管严"，结婚前，独孤氏就逼杨坚立下"专宠"的誓言。随后杨坚一直中规中矩，坚决不跟别的女人有爱情的结晶。当然，哪个男人不好色，更何况是拥有至高无上大权的堂堂一国之君。杨坚不乱生私生子，但偶尔的"一夜情"还是要搞的。有一次，杨坚与败军之将尉迟迥的美貌孙女对上了眼，便越轨对她宠幸了一晚，哪知第二天他去上朝，独孤皇后二话不说，就把这个女人送上了黄泉路。事后杨坚捶胸顿首，号啕大哭。他并不完全因为失去了一个宠爱的女人而伤心，而是为自己的处境而伤心。

然而，哭归哭，杨坚没有找独孤皇后"闹"，也没有傻到"上吊"的地步，而是来了个愤而离家出走。他骑着马选择偏僻荒凉的地方跑，一口气跑了几十里，没人敢上前劝阻。关键时刻还是杨坚最宠信的两大臣子高颎和杨素，来了个"千里大追踪"，才追上他。

当时杨坚窝了一肚子火，心里暗骂道：一群饭桶，现在才追上，害得我都快跑得虚脱了。嘴里却怒道："顺我者生，逆我者死。"

是"顺妇人者生，逆妇人者死"吧？高颎心里这么嘀咕，嘴里却劝道："妇人头发长，见识短，何必跟他们一般见识呢？"最后他和杨素连推带拉，才把杨坚"请"回去。事后孤独皇后又是赔礼又是道歉，杨坚离家出走的糗事也就这样不了了之了。

连杨坚都怕成这样，孤独皇后说话的分量可想而知。

要想讨好独孤皇后，就必须投其所好，对症下药。那么，独孤皇后的爱好是什么呢？

钱财肯定不是，对于独孤皇后来说，一生荣华富贵享之不尽用之不完，早已视钱财如粪土，用这种方式来公关显然不能打动其心。

俊男就更不能考虑，有杨坚在，想用美男计来对独孤皇后公关，给皇帝送顶绿帽子？这个，这个……反正我不敢。谁敢谁去送。

独孤皇后的爱好很少，只有一个——专情。然而，这对杨广来说已经足够了。其实独孤皇后的爱好现在已被广为接受，她是一夫一妻制的倡导人。杨坚贵为皇帝都对三过后宫门而不敢入，更别说宠爱其他的妃子了。

独孤皇后不但自己眼睛里揉不进一颗沙子，而且对自己的儿子也是这样。她希望自己的儿子也是对感情专一的人，最低的限度是除了正室，不能跟其他的女人生儿育女。

杨广显然很重视独孤皇后这独一无二的爱好。他娶的妻子是梁国皇室后代从小流落在民间的萧氏，萧氏不但相貌美，而且气质佳，最重要的是她温柔善良，通情达理。几乎综合了所有完美女人的优点，因此，杨广对这位妻子很喜欢也很宠爱。

当然，这并不代表杨广就知足了，他常常偷了"腥"，却绝对不留后患——他后宫的妃子所生的孩子，无论男女一律胎死腹中或是溺死于襁褓中。每当杨坚和独孤皇后到杨广府第去的时候，杨广会采取"军事化"的行动，将那些花枝招展的美女们全部藏匿在"密室"里，等风声过了再放出来。

这样作秀的结果是，杨广给独孤皇后留下了"痴情"和"专一"的良好印象。此后，独孤皇后常常吹杨坚的耳边风：还是杨广好啊，只有这个儿子最像我们啊。

独孤皇后的耳边风胜似九级台风，效果自然是看得见的，杨坚很快对杨广刮目相看起来。

最后，杨广在口碑方面比杨勇占优。

有一次到户外去打猎，中途突然下起了大雨，前不着村后不着店，一时间找不到避雨场所，侍卫们便马上给杨广找来雨衣。杨广却不肯穿，而且说了这样一句话："士兵们都淋着雨，我怎么能一个人独自穿上雨衣呢？"（士卒皆露湿，我独衣此乎！）士兵们大为感动，纷纷称赞杨广仁义。

而这一切，耿直的杨勇是做不到的。

第七章

对角戏

（1）细节决定成败

有这样一个故事。一个年轻人到某公司应聘临时职员，工作任务是为这家公司采购物品。招聘者经一番测试后，留下了这个年轻人和另外两名优胜者。面试的最后一道题目为：假定公司派你到某工厂采购2000支铅笔，你需要从公司带去多少钱？

一名应聘者的答案是120美元。主持人问他是怎么计算的，他说，采购2000支铅笔可能要100美元，其他杂用就算20美元吧。主持人未置可否。

第二名应聘者的答案是110美元。对此，他解释道：2000支铅笔需要100美元左右，另外可能需用10美元左右。主持人同样没表态。

最后轮到这位年轻人。他的答卷写的是113.86美元。这位年轻人说："铅笔每支5美分，2000支是100美元。从公司到这个工厂，乘汽车来回票价4.8美元，午餐费2美元，从工厂到汽车站为半英里，请搬运工人需用1.5美元，还有……因此，总费用为113.86美元。"

主持人听完，露出会心的一笑。这名年轻人自然被录用了。这名年轻人就是后来大名鼎鼎的卡耐基。

尾数看起来不起眼，然而，它能够说明你的认真程度和处世哲学。注重尾数的人能够给人工作严谨的印象，那些忽略尾数的人，常常给人留下随便、马虎的印象。

这是一个细节决定成败的典型例子。同样的道理，杨广和杨勇这场太子争夺战中，细节决定了成败。

事实上，与精明的杨广相比，杨勇显然对这场太子争夺战准备不足，他可能没有想到杨广对太子的位置已经发动了全面进攻，虽然这个进攻很简单，很隐蔽，都是一些芝麻大的小事组合而成，但效果是很不一般的，正所谓他山之石，可以攻玉。一系列的小动作，一系列的小细节，一系列的小作秀，收获的是一系列的名气和声誉。这为杨广争夺太子位置做好了基础铺垫。

而在这个关键的节骨眼上，杨勇同志却和杨广背道而驰，干了一系列完全相反的事，大有"你走你的阳关道，我走我的独木桥"之英雄气概。

首先，杨勇不注重细节。他直来直往惯了，性格大大咧咧，跟《新还珠格格》里的小燕子有的一比，当了太子也不懂收敛。有一次在公共场所拿着朋友从蜀地制作的精美铠甲玩，正好被杨坚看见。拿什么玩都可以，就是不能乱拿刀剑铠甲之类的兵器来玩，皇室里最忌讳这个。杨坚脸色自然很难看，并且进行了善意的"警告"，什么"玩物丧志"、"勤俭节约"之类。但杨勇显然没有意识到问题的严重性，事后依然我行我素。

其次，杨勇过于张扬。他完全不懂得做人要低调。那是一个新年的"茶话招待会"，百官都来祝贺太子杨勇，杨勇心情大好，设鼓乐来迎接百官，千鼓齐鸣，百乐同奏，场面自然壮观无比，气势自然恢弘无比。

杨坚知道这件事后，非常生气，就问那些朝拜的大臣："这是什么节日啊？为什么百官都去东宫朝拜太子，连我这个皇帝都不放在眼里了。"

百官你看着我，我看着你，都不敢答。半晌，群臣中闪出一人来，却是太常少卿辛亶，他从容答道："到东宫是祝贺节日，不是朝拜。"

"表示祝贺，或个人或几个人或十几个前去便可，为什么非要集结一起前去？

况且太子还身穿朝服，设千鼓百乐相迎，东宫这气派比皇宫还大啊。"杨坚随即下了这样一道诏书："礼有等差，君臣不杂，爱自近代，圣教渐亏，俯仰逐情，因循成俗。皇太子虽居上嗣，义兼臣子，而诸方岳牧，正冬朝贺，任土作贡，别上东宫。事非典则，宜悉停断。"

意思就是说，国有国法，家有家规，皇太子虽然是太子，是国家未来的接班人，但他现在的另一个身份是臣子，现在乘新年茶话会大搞朝贺活动，属于典型的破国法坏家规行为，现在暂时通报批评，记大过一次，下不为例，以后要坚决杜绝这样的事情发生。

杨坚本来就"天性沉猜"，属于曹操那样多疑的人，这件事之后，他对杨勇的态度来了个一百八十度的大转弯，"恩宠始衰，渐生疑阻。"杨勇喝下的是自己放纵的苦酒。

再次，杨勇不懂得作秀。人家杨广竭力赢取独孤皇后的"芳心"，制胜法宝是坚持遵照一夫一妻制，坚决不在外面搞婚外恋（就算搞了，也做好保密工作），坚决不生私生子。而与之相反的是杨勇，他显然受封建传统思想的影响，男人有个三妻四妾很正常啊。因此，他今日宠这个明天爱那个，总之，在他的眼里，男人不色，女人不爱。喜欢女色原也没有错，但错的是他没有做到"防患于未然"。

杨广在搞"婚外情"时，只和正室妻子萧氏生儿育女（其他私生子女一律格杀勿论）。而杨勇却是广洒雨露，遍播龙种。他的儿子那就是相当地多：最宠爱的昭训云氏就为他生了三个儿子（长宁王杨俨、平原王杨裕、安成王杨筠），最喜爱的高良娣生了二子（安平王杨嶷、襄城王杨恪），最溺爱的王良媛生了二子（高阳王杨该、建安王杨韶），最偏爱的成姬生有一子（颍川王杨煚）……

私生子泛滥，而且又身在独孤皇后的眼皮底下。眼里揉不进一颗沙子的独孤皇后自然对杨勇这个敢于公然和自己作对的"逆子"不满意了。

屋漏偏逢连夜雨，杨勇的原配元氏是独孤皇后亲自挑选的，在妈妈眼里是个贤淑能干的才女，在杨勇眼里却是"豆腐渣"，他对其他几个妃子很宠爱，唯独对元氏冷如寒冰。也不知是不是忧郁成疾还是纯属巧合，总之，后来元氏突然就死了，独孤皇后对这件事很怀疑，派出"调查组"进行了验尸等全面调查，得出的结果是：元氏的死不是人为的，是死于先天性心脏病。

然而，独孤皇后从此心有千千结，总认为元氏的死，是大儿子做了手脚。因此，对杨勇愈"恶之"。

埋下恶种，吃到苦果，万法皆空，因果不空。杨勇应该知道连父亲杨坚都被独孤皇后逼得离家出走，他怎么就不能顺着独孤皇后的意思，把一夫一妻制进行到底呢？怎么非要拿着一群私生子来赌明天，结果赢了今天，输了明天，丢了整个天下。

杨勇，你怎么就不长长记性呢？

（2）投石问路

在外围赛的比拼中，杨勇在不经意间，已处于绝对的劣势了，拥有一票否决权的杨坚和拥有否定一票权（指杨坚）的独孤皇后，都齐刷刷地站在杨广这一边，形势已到了岌岌可危的地步了。接下来就看"大众评审团"——朝中文武百官的立场了。如果大众评审团也站在杨广一边，杨勇离废太子也就是一步之遥了，这一步便是时间。

事实上，杨广没有小富即安，而是选择了乘胜追击，开始拉拢朝中重臣。

杨广的"死党"是安州（今湖北安陆）总管宇文述，两人年纪相仿，趣味相投，性情相吸，因为杨广的极力推荐，宇文述马上升为寿州（今安徽寿县）刺史。为了表示"感谢"，在这场太子争夺战中，宇文述积极向杨广献策，他的话很简单明了：皇太子失宠很久，皇上和皇后早就想立仁孝的大王您为太子，然而，太子毕竟是皇上立的，他在找不到足够的理由和借口的情况下，不可能做自己打自己耳光的事。因此，要想皇上废太子，不能靠内因，只能靠外因。而现在朝中唯一能一言九鼎的人只有杨素，只要搞定了杨素，废立太子也就再无悬念了。

杨广是聪明人，自然知道杨素在朝中的分量。当今朝中最红的两个人无疑是高颎和杨素。考虑到高颎和太子是儿女亲家，想拉拢他是不可能的。而杨素的地位和

威望在朝中上下有目共睹，能不能拉拢他无疑是太子争夺战中的分水岭。

"我与杨素素无交情，想把他拉入伙，恐怕比较难啊。"杨广问。

"世上无难事，只怕有心人。"宇文述拍拍胸脯说，这事就交给我吧。

杨广给了他大量真金白银，接下来就看宇文述的精彩表演了。宇文述之所以这么自信，是来因为他早已有了"攻素"之计。

杨素文武全才，名满朝野，是个几乎没有缺点的人，想要直接对他"下手"很难，搞不好会弄巧成拙，阴沟里翻船。

然而，任何人都有弱点，都有软肋。杨素是人不是神，他唯一的软肋不是别的，是自己的弟弟杨约。杨素做事向来严谨，凡事都喜欢找来"鬼点子"很多的弟弟商讨，一来二去，兄弟两人的关系那自然是铁得没法形容。

要想拿下杨素，就必须拿下杨约。要想拿下杨约，就必须寻找他的软肋。宇文述是这么想的也是这么做的。

没有调查就没有发言权，经过调查，杨约的软肋终于浮出水面：不好色，却好赌；不好酒，却好财。

突破口就在这里。宇文述立即请杨约到他府上喝酒。宇文述是晋王身边的大红人，杨约没有不来的道理，两人一番痛饮后，便以"娱乐"为由开始赌博。结果杨约果然对得起"赌神"的称号，这一天赢得个钵满盆满。

小赌贻情，大赌伤身。本来杨约只是在闲来无事时，偶尔和朋友们打打麻将打打字牌，小赌一下，一来消磨时光，二来增进了朋友之间的情义，三来陶冶情操。但自从认识"大款"宇文述后就彻底改变了。

随后，两人隔三差五就聚在一起对赌，而且金额越赌越大，最后宇文述把杨广送给他的全部活动经费都成功"转移"给了杨约。

"大人果然不愧赌神啊。"宇文述恭维道。

"承让，承让。"杨约本能地谦虚。

"那是，那是。"宇文述的回答出人意料，过了片刻，他才又缓缓地对着吃惊的杨约道，"其实，这都是我们的晋王孝敬您的。一点小意思，略表心意，不成敬

意啊！"

"啊……噢……哟……"杨约脸色阴晴不定，阴的原因很简单，他这赌神名不副实。晴的原因很明了，杨广这般变相送礼，虽然不知葫芦里卖的是什么药，但显然是别有用心。

宇文述此时也不再拐弯抹角，直接说出了杨广想拉他兄弟"入伙"的想法。为了证明自己放水就是为了拉他兄弟下水，宇文述马上采取了一种非常独特的劝说方式，这种方式叫自问自答，当真别具一格，别开生面。

宇文述问：你们现在之所以是朝中大红大紫之人，那是因为当今皇上庞你爱你恋你，然而，等将来太子登基后，会不会也对你们这么好呢？

宇文述答：当然不会。

理由有二：

1.一朝天子一朝臣。太子有太子的亲信，他一登基，太子宫里的人就会全部鲤鱼跳龙门。再退一万步来说，就算太子想重用你们哥俩，然而，太子最爱的是国丈高颎，你们的地位无论如何也高不过高颎，到时候你还是看人家脸色行事，命运掌握在人家的手里。

2.良禽择木而栖。现在皇上和皇后都喜欢晋王，只要你们现在帮晋王登上太子的位置，将来晋王登基了，他会忘了你们的功劳吗？到时你们肯定会贵不可言啊。

宇文述自问自答的表演结束后，原本以为杨约会回去深思熟虑后再表态，没想到杨约当场就表态了，一个字：OK。

接下来，搞定杨素的事就交给杨约了，有杨约做说客，杨素很快就被说动了。然而，杨素毕竟是杨素，做事向来稳重，他心里虽然已动摇，但表态之前，还是决定来次"投石问路"，然后再决定最终何去何从。

他"投石"的地方叫后宫，"问路"的人叫独孤皇后。

"晋王具有仁德恭俭之风，最像皇上了。"到了后宫，一阵拉家常似的聊天后，杨素开始步入正题了。

"那是，那是，还是晋王好啊……"独孤皇后未语泪先流，随后说出了一些令

隋是唐非

她感怀的事（杨广先前作的那些"秀"开始起作用了）。

独孤皇后的回答让杨素很惊讶，他手中的"石"块还没有投出手，独孤皇后已经指明了"路"——选择晋王没错。

杨素还是不放心，再找杨勇来了个"投石问路"。

杨素首先大张旗鼓地送上"拜函"，表达自己对太子久仰之情，然后整衣束服地去东宫。太子杨勇听说朝中重臣杨素来做客，自然不敢怠慢，准备了最高的礼节来迎接他。然而，他站在大门口翘首以待，左等右等就是不见杨素的身影，眼看太阳都要下山了，太子不满的情绪也像雾像雨又像风般越来越浓郁：杨素欺人太甚，这明明是在忽悠人嘛。

其实，杨素早来了，只是他站在门外静静地看着门内越来越焦躁不安的太子，一个静如处子，一个动如脱兔，眼看时机差不多了，杨素这才慢腾腾地向府中走去，一个等得心焦的人自然不会有好脸色看，杨勇在愤怒中象征性地接待了一下杨素，然后匆匆送客。

杨勇是个沉不住气，不足以担大任的人。杨素的第二次投石问路，更加坚定了他的选择，也正是因为这样，他前脚刚出太子的东宫，后脚就踏进了皇宫，对杨坚进行了最后一次"投石问路"。

"太子心怀不满，怕是要做出一些不轨之举来，不得不防啊。"杨素一开始就直奔主题，"投"下了自己精心准备的最沉的"石头"。

杨坚这次没有表态，而是用实际行动为他指明了"路"：派人密切监视太子东宫里的一举一动，任何蛛丝马迹都要进行汇报。

至此，杨素的三次投石问路结束，结果杨素毫不犹豫地选择了加入晋王杨广集团。这样一来，原本就有点失衡的天平，因为杨素的站队，彻底倾向了杨广这一边。一句话，杨家老二击倒杨家老大，只待最后一击了。

（3）最后一击

在杨广的全力攻势下，杨勇败得稀里糊涂，弄不明白的他没有奋起反击，而是本着惹不起躲得起的原则，决定躲在自己府里成一统。俗话说宁鸣而死，不默而生。杨勇的选择却是宁默而死，不鸣而生。

当然，如果杨勇把自己关在府里安安静静地反思倒也罢，问题在于，他虽然躲在府里，心里却并不平静，为了平息心中的驿动，他终究还是选择了"高鸣"——请来了一些道士巫师之类的世外高人，希望他们用法术为自己解开一切心魔。

太子府里的一举一动早已在杨广的监视之中，杨勇的举动很快成为杨广最后一击的利箭，他的眼线马上向杨坚打了这样的小报告：杨勇躲在府中干"蛊惑"之事。

自作孽不可活。杨坚终于下定决心废太子，当然，在废太子前，他也来了个"投石问路"。杨坚第一个投石问路的人很特别，是一个相士。

"你看我的这几个儿子中，谁最具皇帝相啊？"杨坚问。

"晋王眉上双骨隆起，贵不可言。"相士唯独对晋王进行了点评。

杨坚很满意地点了点头。

杨坚第二个投石问路的人很特殊，是一个学士——上仪同三司韦鼎。

"你看我的这几个儿子中，谁可以继承嗣位啊。"杨坚问。

"这个臣不敢妄下定论啊，皇上、皇后最喜爱的那位公子应该可以嗣位。"韦鼎的回答看似模棱两可，其实早已说得清清楚楚了。

两次投石问路，无疑让杨坚吃了两颗定心丸，他开始对太子下黑手了。为了稳重起见，首先，他以"另有重用"为由，将太子府上的精锐禁军全部调走，只留一些老弱病残来充当门卫。

解除了太子府的武装，太子杨勇就像脱毛的凤凰不如鸡，被废只是时间问题

了。果然，公元600年9月27日，杨坚在大兴殿召开太子听证大会。

作为会议的主持兼司仪，杨坚一开始就抛出了会议的主题：废立太子。当然，一向老成稳重的杨坚是带着含沙射影的口气说的："仁寿宫离这里不远，但我每次回到京城，都像进入了敌国，须得防备防备再防备，才会心里稍安。我现在的肠胃不好，晚上经常闹肚子，本想住在后殿上厕所方便些，但一到那里眼睛就跳得厉害，怕有什么危险，还得睡到前殿来，看来宫里存在一些安全隐患啊。"

皇上话中带话地进行暗示后，朝中元老级人物杨素也不是吃素的，立马就对太子进行了"炮轰"，陈述了太子的一些"过失"，归纳起来主要有以下五点：

1.前后愆衅。解析：皇上曾令太子调查刘居士余党那些事儿，太子非但拒不接旨，反而说追查的这些事应该是我这个尚书右仆射的分内事，全无半点为皇上分忧解难之心。

2.昵近小人。解析：杨勇曾指着皇后的侍女对他人说，这些都是他的私人物品，现在只是暂时存放在皇上身边罢了。皇上现在还在他就如此胆大妄为，将来定将会成为周宣帝第二啊。

3.性识庸暗。解析：太子杨勇明媒正娶的老婆元妃无缘无故地死了，皇上派最高司法部门去验尸，杨勇非但没有一点悲伤，反而说真正想杀死的是元妃的父亲元孝矩。

4.仁孝无闻。解析：太子杨勇的长子长宁王刚出生时，因为是第一个孙子，皇上与皇后非常喜欢，想要亲自抱养，结果在怀中还没抱稳，太子就接连派人来索还，全无仁孝之心。

5.委任奸佞。解析：太子现在最宠爱的昭训云氏是个在路上捡来的私生女，都说龙生龙，凤生凤，屠户的女儿会杀猪割肉。他那不伦不类的儿子如果将来当了太子，那就会乱了宗庙啊。

最后的结论是：太子杨勇"难以具纪"。

杨素的话一出炉，就赢得了包括杨坚在内的"废太子派"经久不息的掌声。杨坚眼看时机已到，决定直奔主题——宣布废除太子杨勇。就在这个节骨眼上，"拥太子派"上场了，此时这派的人物虽然寥寥无几，但实力也不容小觑。

率先出场的便是杨坚一手打造的双子星座成员，也是朝中现在的一把手高颎。他作为太子杨勇的亲家，自然不能容忍杨素夸大其词的诽谤，他站出来，说了这样一句话："长幼有序，岂可废乎？"

应该说高颎的话虽然简短却有力，避开了和杨素进行无谓的口舌之争，一针见血地指出，废长立幼的下场是取乱之道。

"废太子派"出场的是朝中"二把手"杨素，而站出来反驳的是朝中"一把手"高颎，都言之有理，言之有据。因此，双方第一轮PK算是打成了平手。

接下来上演第二轮PK。

也许是受高颎的影响，这一次"拥太子派"率先出场发言，出场的是左卫大将军五原公元旻，他是这样说的："废立太子不是儿戏，而是关系到国家兴衰的大事，要深思熟虑才行啊，如果贸然施行，将来恐怕追悔莫及。"最后对杨坚提出了自己的忠告：国家有边际，谗言没边际；人心不可查，陛下须明察。

面对元旻的"陛下须明察"，杨坚显得胸有成竹，他使了一个眼色，早已被杨素收买的太子东宫总管姬威出场了。他的话也是条条清晰，句句有理，直析太子的罪行。

1.不善进谏。解析：太子对臣等说话从来都是一副高高在上的骄奢之态，听不进任何人的意见。并且定下这样不成文的规矩：凡有进谏的一律杀无赦。按他的话说就是，只要杀死了这些多嘴之人，天下自然就太平了。

2.贪图享受。解析：太子一个人住了这么宽大豪华的东宫还嫌不够，还到处修建楼阁宫殿等别墅，一年四季都不停止，这样劳民伤财啊。

3.暴躁无情。解析：东宫所需要的东西，每月都严重"超标"不说，送东西的人稍微慢点，就会遭到太子的怒骂，有的甚至被他砍掉了脑袋。

4.诅咒蛊惑。解析：太子杨勇经常请巫师到东宫来坐，并推算出皇上将在今年寿终正寝。

这一轮的PK，显然姬威的话更具分量些，毕竟姬威的身份和地位非同小可，他是太子身边的大总管，连他都说太子不好，那看来太子的人品真的不太好啊。

果然，怕夜长梦多的杨坚没有让这场辩论会再继续下去。他乘着姬威的"强势反击"，立马就进行了总结性的发言，为了表明自己的结论是无奈之举，他还从眼角强挤了几滴泪来做掩盖，然后才极为悲伤地道："哪个儿子不是父母生的，哪个父母不疼爱自己的儿子，但是太子的所作所为，跟禽兽有何差异，他到了这种地步，根本就不配做我的儿子啊。"

虽然听证大会最后没有下达废太子诏书，但杨坚的话已经表明，他要大义灭亲，和杨勇脱离父子关系，划清阶级界线。

果然，听证大会后，"废太子派"把枪口一致对准了"拥太子派"的两位代表人物高颎和元旻。考虑到高颎的特殊地位和实力，杨坚不好对他直接下手，只好采取另一个办法——疏远，从此，高颎成了一个毫无实权的"古董"。

双子星座不复存在，取而代之的是杨素的一枝独秀。杨素采取"明"的直接攻势，诬陷元旻是太子的死党。而"废太子派"另一位重量级人物元胄采取"暗"的曲线进攻。作为杨坚的贴身保镖，他在值班的时候，兢兢业业，下班后也总是赖着不走，当杨坚称赞他尽职尽责时，他却语出惊人："我之所以不走，是怕元旻造反，从而伤害您啊。"。

一听到伤害两字，杨坚全身就一阵战栗，当年宇文招设下鸿门宴"款待"自己那一幕历历在目，如果不是因为元胄在，杨坚就算有九条命也玩完了。

因此，在杨素和元胄这两位重量级人物的"共同推荐"下，元旻很快就被砍掉了脑袋。

高颎和元旻这两位"拥太子派"的代表人物倒台后，废立太子再无悬念可言。

开皇二十年（公元600年）十一月三日，杨坚举行了隆重的废立太子大典。

杨坚坐在武德殿，左边是朝中的文武百官，右边是皇亲国戚，杨勇和他的亲属站在中间，众人屏神息气，全都定定地望着杨坚，谁都不敢吭声，气氛庄严而凝重。良久，内史侍郎薛道衡打破了这个几乎令人窒息的"沉默是金"。

他宣读的是杨坚授给他的废立诏书，诏书在历数杨勇的种种罪行后，最后宣布废除太子杨勇，杨勇和他的儿女都贬为庶人，改立杨广为太子。

宣判结束后，原本以为杨勇会不服"上诉"的，但出人意料的是杨勇温顺得像一只绵羊，并且说出一句这样的话来："我本来应该暴尸于东市的，给后人引以为戒。今天侥幸得到你们的哀怜，才得以保全性命啊。"（臣合尸之东市，为将来鉴诫，幸蒙哀怜，得全性命。）

说完这句话，也许是太伤感，也许是太委屈，杨勇终于忍不住，大颗大颗的眼泪顺着白皙的脸庞往下流。男儿有泪不轻弹，只是未到伤心处。此时此刻，此情此景，观者无不动容，纷纷以"及时雨"来表达对杨勇的同情和悲悯。

与杨勇的哭相比，有一个人却笑了，这个人便是杨广。对他来说，所有的作秀，所有的努力都没有白费，这一刻，太子争夺战终于尘埃落定，他笑到了最后。

（4）羔羊也会怒吼

"煮豆燃豆萁，豆在釜中泣。本是同根生，相煎何太急？"

这是三国曹植面对兄长曹丕迫害写的极具讽刺意味的七步诗。很快，大隋王朝将上演新版的"相煎"故事。

话说隋文帝把杨勇囚禁在东宫，交付给太子杨广看管，这对杨广来说，真可谓羊入虎口。

此时东宫还是那座东宫，太子已不是那个太子。满心疲倦的杨勇回到府中再次痛哭流涕，悲伤泪流成河后，他开始对自己的过往进行反思，反思的结果是自己是被冤枉的。

正如一首曾红极一时的《沉默的羔羊》中所唱的那样：我不是沉默的羔羊……羔羊也会怒吼，沉默是一种力量……

痛定思痛的杨勇终于勇敢和强大了一回，他决定不再做沉默的羔羊，他要怒吼。他把所有的怒吼都以信的形式表达出来了，然后往杨坚的办公桌上送。

只要父皇了解一切真相，事情应该会有转机的，重返太子之位指日可待。应该说他的想法是好的，构思也很精妙，做法也无可厚非，但问题是，他似乎忘了，看守他的不是别人，而是他的亲弟弟杨广。

杨广会眼睁睁看着杨勇写的申冤报告经过"新太子快递公司"传递出去么？

答案是否定的。杨广对杨勇的严防已到了连苍蝇也飞不过去的地步，书信自然更加无法通过了。也正是因为这样，杨勇每天呕心沥血地写啊写，投出去的信笺却都如泥牛入海，一去不复返。

杨勇善良，但不傻，眼看"千里寄鹅毛"这一招是行不通了，他充分发挥不灰心不气馁的作风，上演"狮子吼"。

以后，东宫出现了这样奇怪的一幕，杨勇经常穿梭于宫里屋檐、墙角，甚至宫前的大树下，然后用尽全部力气进行呐喊，呐喊的内容无非是"我是太子，我怕谁？"、"我比窦娥还要冤啊"、"太子杨勇在此，皇上快快来见我"之类。他终于意识到了如果再继续做沉默的羔羊，他将永远沉默下去，再无出头之日了，因此希望通过这种方式来唤醒"沉睡"中的杨坚。

然而，事实证明，这只是杨勇一厢情愿的想法，他满怀深情、一腔热血的呐喊都是在练嗓子，仅此而已。

事后杨勇一定会后悔，早知今天，就应该早练"千里传音"的武林秘诀啊。

杨广不会放任杨勇的"狗急跳墙"之举，他立马派得力干将杨素出马。

杨素一出手，自然知道有没有。

"最近杨勇在东宫表现得躁立不安，似乎有什么不轨之举。"杨素向隋文帝杨坚打了个小报告。

"一个被囚禁起来的人还能兴起什么风浪来。"杨坚道。

"可是，他现在已经不是一个人在战斗了。"杨素话中有话。

"拥太子派都烟消云散了，现在还有谁在帮他？"杨坚问。

"大皇子在这一刻灵魂附体，他不是一个人在战斗，他不是一个人！他把东宫闹得鸡犬不宁，惨不忍睹……"

"够了，够了，大皇子看样子是真疯了，无可救药了。"杨坚下了这样的结论。

从此，杨坚算是彻底对杨勇死了心，对他再也不管不闻不问了。

从此，东宫庭院深几许，谁家太子独自悲。

（5）斩草除根

杨勇算是被打压得差不多了，杨广并没有得意忘形，冷静地把目光停留在三个弟弟杨俊、杨秀、杨谅身上。斩草不除根，春风吹又生。因此，此时的三个弟弟都是杨广的眼中钉，肉中刺。

首先，我们来说说杨俊。作为杨坚的第三子，杨坚在黄袍加身时，杨俊被任命为秦王。12岁时被加封为右武卫大将军，统领关东兵马。18岁时和杨广一道参与了伐陈大战，结果立下汗马功劳，收服周罗睺等陈国悍将，一时声名大振。后来杨坚问他要什么赏赐，他诚惶诚恐地说道："谬当推毂，愧无尺寸之功，以此多惭耳。"引得杨坚赞不绝口，称他这般谦逊实难可贵，于是任他为扬州总管，后来改任并州总管。

然而，杨坚不会知道，他的这个宝贝儿子是一个集优点和缺点于一体的人。优点很突出，缺点同样很突出。

杨俊的优点是：仁厚慈爱。特点是：崇敬佛道（据说信佛信到痴迷的地步，曾提出出家的请求，被隋文帝驳回）。缺点是：奢侈好色（宫室修建得堂皇富丽，后宫美女如云，常常左拥右抱花天酒地于宫殿之上）。

杨俊因为太好色，冷落了王妃崔氏。崔氏见杨俊天天寻花问柳，夜夜笙歌，唯独不到她的房间来"施舍雨露"，结果很生气，后果很严重：一次乘杨俊不注意，在杨俊食用的哈密瓜里下了"七步断肠散"，还好，七步断肠散是假冒伪劣产品：杨俊吃了瓜后，走了七步倒是倒了，但并没有断肠。

就是这样一次家庭风波，却被杨广抓住无限放大了，经过他的舆论一宣传，很快杨坚就知道了这件事。杨坚认为这样的家丑很给自己丢脸，因此大怒之下，直接进行了宣判：处死元凶崔氏，免除杨俊官职。

杨坚的处理结果让杨俊很快就享受到了和废太子杨勇一样的待遇，被囚禁在秦王府。也不知是七步断肠散的余毒未除，还是抑郁成疾，总之，不久杨俊就病了，随后恶化，最后竟然一命呜呼了。

白发人送黑发人，杨坚干哭数声算是对这个宝贝儿子的最后交代。

其次来看杨坚的第四子杨秀。

与杨俊的从小聪颖相比，杨秀的长相很对得起他名字里的秀。史书记载杨秀：有胆气，容貌魁伟，美须髯，多武艺，甚为朝臣所惮。这样的"全才"人物，按理说杨坚应该很喜欢才对，然而，杨坚对他却一直很不喜欢，原因正如他所说的一句话："秀儿不得善终啊，我在世的时候他不敢轻举妄动。我一旦归西，他必然会选择造反这条不归路啊。"

杨坚说这话是有原因的，作为益州总管，杨秀独居一隅，杨坚原本要他在四川干出一番事业来，但杨秀到了富饶的蜀地，便开始享受起来，当起了不可一世的一方之王。

就在杨秀过着今朝有酒今朝醉的生活时，太子杨勇的被废引起了他强烈的不满，他用激烈的言词，强烈地表示支持大哥，强烈谴责二哥的无耻行为。

尽管杨秀只是发发牢骚，出出怨气，而且做得很隐蔽，但天下没有不透风的墙，他的不满，杨广很快就知道了。击倒杨勇，打垮杨俊后，杨秀本来就成了杨广理所当然的打击目标，杨秀的公然反对更让杨广下定了"除之"的决心。

杨广使了一个眼色，该杨素上场了。诬陷是这位文武齐全老将的拿手好戏。只见他向杨坚打了几个小报告，大意是说杨秀想造反。

杨坚马上就下诏了，诏杨秀回京。

接到杨坚的诏书，杨秀犯难了。去无好去，此时如果去京城定没有好事啊。于是他决定公然违背杨坚的命令，不去京城，理由就跟一些不愿上学的小学生找的借口一样：我病了，暂时不能远行。

杨坚明显是对杨秀极度不信任才命他去京城接受考查，如果杨秀不去，杨坚肯定会认为这是此地无银三百两，从而证实四子确实是心怀不轨。杨秀没有预想违令的后果，他手下的司马源师却看在眼里急在心里，于是劝他还是去京城一趟为妙。

杨秀以"这是我自家的事，不用您这些外人来管"为由回绝了。源师眼看杨秀一意孤行，只能摇头长叹。果然，听说杨秀拒绝来京，杨坚又惊又怒，立马做出如下批示：撤销杨秀益州总管的职务，令他回京另有重用。同时任命独孤楷为益州总管，即日去成都上任。

独孤楷来了，杨秀不得不回京了，因为此时他的地盘已属于别人了。一千个一万个不愿意的他走得很慢，边走边游山玩水，这一走居然走了三个多月才到达京城，慢得好似印度的火车。

没料到的是，当自己诚惶诚恐地走进城时，居然得到了杨坚的热烈欢迎。喝着杨坚为他举行的接风酒，杨秀嘴中"我错了"三个字如鲠在喉，数度想说但终究没能说出口。随后隋文帝给他安排了一个"五星级宾馆"——大牢。

当走进大牢，杨秀终于发出了这样的感慨：是福不是祸，是祸躲不过，该来的终究还是来了。

杨秀马上被移交给司法部门。如果此时杨广不抓住这个机会给杨秀最后一击，那杨广就不是杨广了。接下来是杨广的表演时间，他派人做了两个木偶人，俩玩偶双手束缚，心上钉钉，脚戴链锁，并且还有两个非常好听的名字：杨坚和杨谅。然后派人秘密地埋在华山之下。

这些铺垫做好后，最后轮到杨素出场了。他负责去华山挖木偶人，然后把挖出来的木偶人交给杨坚。

杨坚看后发出这样惊怒的感叹：天底下难道有这样的不孝之子吗？

随后司法部门按照杨坚的意思，对杨秀作出如下判决：贬为庶人，终身幽禁。

从此以后，杨秀长年被囚禁在内侍省，剥夺了与妻子儿女相见的权利，他手下百余名幕僚官员的人头也先后落地。考虑到杨秀一个人也孤单，隋文帝给了杨秀两个少数民族奴婢负责他的生活起居，算是对他最后的恩赐。

最后来看杨坚的第五子杨谅。

最小的儿子一般都最得父母的宠爱，杨谅也不例外。公元597年，杨谅被任命为并州总管，杨坚给他的管辖范围是"自山以东，至于沧海，南拒黄河"，一共有五十二州，包含了今天的晋东、豫东、河北、北京、天津、山东等地区，管辖之广，权力之大可想而知，是所有地方官员中的"大哥大"。

杨勇被废，杨谅和杨秀一样，也心怀不满，杨秀和他的名字一样，不满都从脸上"秀"出来，而杨谅却和四哥相反，虽然不满，但"谅"在心里。

其实，他心里早已萌生了夺取帝位之远大理想。要想夺取帝位，靠的是实力，而实力的体现就是军队，正所谓枪杆子里面出政权，杨谅为了让自己能光明正大地扩军，立马向隋文帝打了这样一个报告：突厥常常侵犯边境，应该增修武备。

隋文帝对杨谅宠爱之极，自然没有拒绝的道理。因此，杨谅马上就开始大刀阔斧地干起来，又是招兵又是买马，忙得不亦乐乎。很快就拥有了数万亲兵。

正在这个节骨眼上，突厥对边境进行了不间断的"打草谷"，被惹怒了的隋文帝决定给他们一点颜色看看，于是命令杨谅带兵去剿匪。

当初，杨谅扩军的借口是为了抵御突厥的骚扰，现在自然没有拒绝的理由，只好硬着头皮带着自己好不容易拉扯起来的亲兵开赴战场。突厥人打的是游击战，打得赢就打，打不赢就跑，完全属于"不羞遁走"类型，结果杨谅的几万亲兵很快就被突厥人拖得所剩无几。

杨谅剿匪失败，杨坚不干了，马上下了处罚令：解除杨谅手下八十多名部将的职务，让他们到五岭以南（今两广一带）的荒野之地去"劳改"和"反省"。

按理说杨坚这是杀鸡儆猴，只是想给最宠爱的儿子敲响警钟，以便日后戴罪立功。没有受到惩罚的杨谅应该有自知之明才对，然而，杨谅一心想的是自己的"宏图伟业"，他认为如果自己一手打造出来的嫡系部将都走了，将来还指望谁来帮自己。于是，他立马上书为部将们求情，什么"失败是成功之母"，什么"吃一堑长一智"之类的大道理都用上了，满以为凭父皇对自己的宠爱，定然会手下留情，降低处罚标准。

然而，他没有料到，这却触怒了杨坚，父皇对杨谅说了这样一句话："你小子给我听着，国有国法，家有家规，你想留着这些心腹是何居心。我警告你，你要是敢在我百年归西后谋反，到时候自然会有人剥了你的皮抽了你的筋。"

从此杨坚对杨谅的态度来了一个一百八十度的大转弯，由宠爱变成了猜疑。而事实证明，这是放荡不羁的杨谅听到的父亲对自己的最后一次"教训"，因为，不久，杨坚的生命就走到了终点。

敢在我百年归西后谋反，到时候自然会有人剥了你的皮抽了你的筋。"

　　从此杨坚对杨谅的态度来了一个一百八十度的大转弯，由宠爱变成了猜疑。而事实证明，这是放荡不羁的杨谅听到的父亲对自己的最后一次"教训"，因为，不久，杨坚的生命就走到了终点。

为并州总管，杨坚给他的管辖范围是"自山以东，至于沧海，南拒黄河"，一共有五十二州，包含了今天的晋东、豫东、河北、北京、天津、山东等地区，管辖之广，权力之大可想而知，是所有地方官员中的"大哥大"。

杨勇被废，杨谅和杨秀一样，也心怀不满，杨秀和他的名字一样，不满都从脸上"秀"出来，而杨谅却和四哥相反，虽然不满，但"谅"在心里。

其实，他心里早已萌生了夺取帝位之远大理想。要想夺取帝位，靠的是实力，而实力的体现就是军队，正所谓枪杆子里面出政权，杨谅为了让自己能光明正大地扩军，立马向隋文帝打了这样一个报告：突厥常常侵犯边境，应该增修武备。

隋文帝对杨谅宠爱之极，自然没有拒绝的道理。因此，杨谅马上就开始大刀阔斧地干起来，又是招兵又是买马，忙得不亦乐乎。很快就拥有了数万亲兵。

正在这个节骨眼上，突厥对边境进行了不间断的"打草谷"，被惹怒了的隋文帝决定给他们一点颜色看看，于是命令杨谅带兵去剿匪。

当初，杨谅扩军的借口是为了抵御突厥的骚扰，现在自然没有拒绝的理由，只好硬着头皮带着自己好不容易拉扯起来的亲兵开赴战场。突厥人打的是游击战，打得赢就打，打不赢就跑，完全属于"不羞遁走"类型，结果杨谅的几万亲兵很快就被突厥人拖得所剩无几。

杨谅剿匪失败，杨坚不干了，马上下了处罚令：解除杨谅手下八十多名部将的职务，让他们到五岭以南（今两广一带）的荒野之地去"劳改"和"反省"。

按理说杨坚这是杀鸡儆猴，只是想给最宠爱的儿子敲响警钟，以便日后戴罪立功。没有受到惩罚的杨谅应该有自知之明才对，然而，杨谅一心想的是自己的"宏图伟业"，他认为如果自己一手打造出来的嫡系部将都走了，将来还指望谁来帮自己。于是，他立马上书为部将们求情，什么"失败是成功之母"，什么"吃一堑长一智"之类的大道理都用上了，满以为凭父皇对自己的宠爱，定然会手下留情，降低处罚标准。

然而，他没有料到，这却触怒了杨坚，父皇对杨谅说了这样一句话："你小子给我听着，国有国法，家有家规，你想留着这些心腹是何居心。我警告你，你要是携手走过了四十四个春夏与秋冬，一日夫妻百日恩，毕竟他杨坚能有今日，离不开独孤皇后的支持和帮助，独孤皇后的离开他怎么能不悲伤呢？

而喜的是，独孤皇后什么都好，就是过于霸道，她掀起了妇女解放运动，提倡一夫一妻制，其思想之先进令今人都汗颜。然而，这一运动的背后，杨坚成了最大受害者。而现在独孤皇后走了，再也没有人来管他来约束他了，他终于可以尽情地享受了，你说他能不高兴么？

正如我们耳熟能详的那一首歌里所唱的那样"解放区的天是明朗的天，解放区的人民好喜欢"。对于杨坚来说，"解放区的天"就是后宫，他压抑了多年的欲望统统都释放出来，嫔妃们也终于等来了皇帝广施雨露的这一天。

杨坚最宠爱的嫔妃有两个：陈妃和蔡妃。陈妃是来自北方的"冷美人"，风流娇媚，聪明伶俐，善解人意，被杨坚封为"宣华夫人"。蔡妃是来自南方的"热美人"，肤如凝脂、温柔可人、热情大方，被杨坚封为"容华夫人"。杨坚天天由这两位美女陪着，左手红颜右手佳人，好不中意。

俗话说，色即是空，空即是色。这话一点都不假，独孤皇后去世才两年，也就是仁寿四年（公元604年），被女色掏空了身子的杨坚的生命也走到了尽头。

史书记载了杨坚最后时期的主要生活片断：

正月甲子日（二月十七日），隋文帝准备到离大兴一百多公里外的仁寿宫避暑，结果遭到了术士章仇太翼强烈阻拦，章仇太翼认为仁寿宫过于阴寒潮湿，去那里容易受风寒，而且担心隋文帝去那里又沉醉于声色犬马之中。而杨坚认为自己过得太压抑，须得到那里放松放松。双方一阵唇枪舌剑之后，眼看隋文帝"偏向虎山行"，章仇太翼发出一声怒吼："陛下这次如果执意要去，只怕再也回不来了。"（恐是行銮驾不返）这是一句很恶毒的话，结果章仇太翼被打入大牢，听候发落。

正月乙丑日（二月二十八日），隋文帝授予太子杨广"财政部部长"和"司法部部长"的要职，朝中财政支出、赏赐、政事全权由杨广掌管，隋文帝大有卸任之意。

四月乙卯日，章仇太翼的话开始应验，住在仁寿宫的隋文帝因纵情声色，偶染风寒，身体有恙。

第八章

我本卿王

（1）人生得意须尽欢

就在杨坚的五个儿子进行明争暗斗时，杨坚却常常"两耳不闻儿子事，一心只专房中事"，原因是他解放了——独孤皇后去世了。

隋仁寿二年（公元602年，杨坚"开皇"纪年二十年后，改国号"仁寿"，公元601年为仁寿元年），也就是杨广当了两年太子后，独孤皇后病逝。这给了杨广再度作秀表演的机会，他在拜见父皇杨坚时伤心欲绝，泣不成声，几度晕倒。并且以绝食的方法为母亲独孤皇后守灵半个月，据说他每天只吃一碗清水二两白米，心情"悲痛"之极。

然而，当夜深人静的时候，他会从衣袖里掏出一个个装满薰熟的鸡鸭鱼肉的竹管，以最快的方式吞进肚子里，尸骨未寒的独孤皇后若在地下有知，会不会既心寒又心疼：儿啊，慢点吃，吃这么快小心得胃病啊。

就在杨广作秀时，杨坚却开始"务实"了。这么多年了，因为独孤皇后的存在，即使作为皇帝，杨坚后宫花花绿绿的宫女都成了摆放的花瓶，只可远观，不可"亵玩"。如今独孤皇后死了，他悲喜参半。

悲那就不用说了，"白富美"独孤皇后十四岁时嫁给他这个"高富帅"，两人六月庚申日（六月六日），隋文帝本着"鸟之将死，其鸣也哀；人之将死，其言也善"的原则，开始大赦天下。

七月甲辰日（七月十日），隋文帝病入膏肓，高卧病榻中与百官以握手的形式举行告别仪式。给太子杨广的遗言竟然是："章仇太翼是对的，你把他放了吧。"

七月丁未日（七月十三日），杨坚驾崩于仁寿宫大宝殿，享年六十四岁。

杨坚就这样走了，所有的人都哭了，唯有杨广笑了，他笑得很灿烂也很阳光，隐忍多年，他终于笑到了最后，终于迎来了属于自己的人生，他坐上了象征最高权力的殿堂，成了主宰天下的神人和圣人。

（2）一语成谶

"前世皇王，溺于嬖幸，废立之所由生。朕傍无姬侍，五子同母，可谓真兄弟也。岂若前代多诸内宠，孽子忿诤，为亡国之道邪？"

这是杨坚最得意的一句话。意思就是说过去的帝皇们往往在立储的问题上很头疼，那是因为他们都有很多宠爱的妃子，爱屋及乌，想立各自的儿子为太子。而自己五个儿子是一母所生的兄弟，因此不会自相残杀。

然而，杨坚不会知道，在太子之争上，一母同生和异母同生是一样的，权力的诱惑是致命的，大于一切，包括血浓于水的亲情。

也正是因为这样，杨坚死后，杨广不能再等了，首先决定把心中最大的隐患杨勇彻底除掉再说。接下来该轮到杨约出场了，由这个好赌的"老千手"来充当"刽子手"。

杨勇在飞书传情和狮子吼功纷纷失败后，开始变得多愁善感，整天这样感慨："曾经有一个机会摆在我面前，我却没有珍惜，如果上苍能再给我一次机会，我一定……"

为了等待上苍给他的机会，他等啊等，四年仿佛过了四个世纪那么漫长。终于有一天，宫里那扇一直紧闭的大门吱呀一声开了，呆坐在宫角的杨勇突然条件反射般地站起来，嘴里叫道："父皇赦免的诏书来了，父皇赦免的诏书终于来了……"然后朝大门口跑去。然而，他刚跑了几步，突然站住，一脸的兴奋和喜悦立马被阴霾和绝望所代替。

"什么风把杨约杨大人给吹来了，稀客，稀客。"杨勇意识到了什么，冷笑道。

"当然是东风了。当年周瑜火烧赤壁，万事俱备，只欠东风，结果诸葛亮借来东风，才成就周瑜的旷世奇功。"杨约淡淡地道。

"莫非杨大人给我送东风来了？"杨勇冷笑道。

"我来得匆忙，不曾带东风，只带来两袖清风，一壶浊酒。"杨约手一挥，早有士兵端上一壶酒来。

"你……想干什么？"杨勇脸色倏变。

"这是皇上赐给你的美酒，希望你不要辜负了皇上的一片美意啊。"杨约笑道。

自从看到来人是杨约，杨勇已经知道"不该来的终于来了"，他知道这酒里一定有剧毒，于是选择了拒饮的方式。

"既然你不喜欢喝酒运动，咱们就改做其他的运动吧。"杨约道。

杨勇以为杨约良心发现，愿意放他一马，心中又惊又喜，自然问什么运动了。杨约笑道："吊环。"

就在杨勇不明所以时，杨约手一挥，已有卫士拿来一条白得刺眼的白绫。刹那间杨勇明白了，一种前所未有的绝望袭上心头，他瘫倒于地，良久，发出这样的感叹："罢了，罢了，我命如此，何必强留。"说着拿起白绫在那棵陪自己度过了无数个春夏秋冬的枫树上打了个死结，然后，把自己的脖子挂在了上面。

杨勇就这样彻底消失了，杨广并没有因为除去这块心病而舒畅。相反，他眉头紧锁，因为他还有另一块心病——杨谅。

兄弟五人，二死一伤。除了杨勇，老三因为自作孽不可活，被妃子毒残后，又被杨坚免了职务，郁郁寡欢，不久就含恨而去。而老四被长期软禁，根本就没有反抗的能力和实力了。只有杨谅，尽管他遭到杨坚猜忌，但杨坚并没有罢免他并州总管的职务，他仍是地方官中的大哥大，在并州当他的"土皇帝"。

也正是因为这样，杨坚死后，杨广密不发丧，他要除去杨谅这块心病。

怎样才能除去杨谅呢？杨广就是杨广，他思来想去，决定学父亲当年"矫诏"对付宇文家族五位王爷，派人持杨坚的玺书召杨谅回京。只要杨谅回京，就成了他的瓮中之鳖了，要杀要剐只凭自己一句话了。

然而，计划赶不上变化，当他的亲信车骑将军屈突通把玺书交给杨谅时，杨谅先是一喜，随后脸色便如寒冬里的雪愈来愈暗，愈来愈暗，最后几乎可以拧出水来。良久，杨谅的眼角突然滚落出大颗大颗的泪珠。

屈突通不明所以，惊得不知所措。悲切良久，杨谅转过头来对屈突通暴喝道："快告诉我，我父皇他怎么了？"

"这……公子何以有此问？"屈突通怒道，"难道你想抗旨不遵吗？"

"父皇身体一定很好了，不然怎么会发这样的玺书给我呢？"杨谅意识到自己失态了，马上圆场道，"将军还是先回去吧，我打点一下行李，随后就来京城。"把屈突通支走后，杨谅立马举起了造反的旗帜。

原来，杨坚当年极为喜欢和关心这个小儿子，为了保护这个儿子的人身安全，他曾与杨谅有这样的密约："如果有玺书召你入京，我会在敕字之旁特意加上一点，并且要与玉麟兵符相符合，你才可以进京。"

因此，杨广的矫诏被火眼金睛的杨谅一眼就识破了。再派人星夜赶往京城一打听，果然听说父皇死了。三位哥哥的下场已是前车之鉴，他知道心狠手辣的杨广定然不会放过他这条在外面游荡的鱼。

一个好汉三个帮，杨谅想造反，马上就拉拢了一个好帮手，这个人的名字叫萧摩诃。这个名字大家很熟悉了，正是陈朝旧将萧摩诃，陈国灭亡后，贺若弼招降他时，他向贺若弼提出的唯一要求就是见旧主一面。贺若弼为了保全这员旷世名将，自然满足了他的要求。萧摩诃见到陈后主后，先是伏地哭泣良久，然后拿出食物亲自喂给陈后主吃，最后垂泪辞别。其情也真，其意也浓，据说连两个看守的卫士都感动得一塌糊涂，以一场"及时雨"对萧摩诃表达了崇高的敬意。而杨坚知道这件事后，称赞萧摩诃是真壮士也，并且授予他开府、仪同三司的高等待遇。后来杨谅出任并州总管，萧摩诃被杨坚派来协助杨谅。

　　而杨谅对这萧摩诃也亲爱有加，名义上两人是主仆关系，在私底下却是兄弟关系。此时，杨谅想起兵，萧摩诃没有不支持的道理。如果说杨谅起兵是出于争权和自我保护的需要，那么萧摩诃相随就是基于怀旧和发泄不满的需要。

　　听说杨谅造反，杨广很高兴，如果杨谅既不来京城也按兵不动，那么自己会头疼，不知道究竟该怎么办好。现在好了，五弟一造反，就给了自己打杀的理由和机会。毫无疑问，接下来又该轮到杨素出场了。这位文武全才自从归顺杨广后，哪里不平就都见到他老人家的身影。

　　事实证明，杨谅根本就不是杨素的对手。杨谅这位花花公子从小就被杨坚给宠坏了，适合吃喝玩乐，并不适合造反这项技术含量极高的工作，刚打出造反的旗帜，就显示出本质弱点：优柔寡断，有勇无谋。

　　这个时候，杨谅面临向左走还是向右走的选择。向左走就是割地自立为王，独霸一方，继续做他的土皇帝；向右走就是兴兵直捣大兴，雄霸天下，做名副其实的真皇帝。

　　经过痛苦的抉择后，杨谅做出了他伟大的选择：割地为王。当一方诸侯，做一方之王，保一方平安，享一生之乐，此生足矣。

　　如此谋略，如此眼光，能有大的作为吗？

　　而萧摩诃虽然冲锋陷阵勇冠三军，但要他出谋划策就是白瞎了。

　　一个有胆识，却缺少霸气；一个有霸气，却缺少谋略。这两个看似互补却貌合神离的组合，遇到既有胆识又有霸气又有谋略的杨素，也就注定了悲惨的结局。

　　仁寿四年（公元604年）八月，杨谅和萧摩诃联合起兵还不到一个月，萧摩诃在清源（今山西清徐）被杨素俘虏。失去左膀右臂的杨谅已是孤掌难鸣，结果在晋阳（今山西太原）遭到了杨素的"十面埋伏"，最后无奈选择了投降。

　　一个被俘虏，一个投降，萧摩诃和杨谅都成了杨素的阶下囚。然而，两个人却命运迥异。杨素同样给了两人向左走和向右走的机会，只不过选择权由己。他首先把"甲级战犯"萧摩诃就地处斩，以正军威，告慰那些喋血的战士。然后才押着

"头号战犯"杨谅上京。对于他来说，杨谅在他眼里是不动产，是杀是剁全凭杨广去处理。

出人意料的是，杨广对杨谅来了个十里相迎，亲自为他松绑，然后假惺惺地说：妻子如衣服，兄弟似手足，衣服破了可以再买，兄弟没了就不能再有。你虽然做错事了，但哥绝不会因此就杀了你，只要你知错能改，我们还是好兄弟。杨谅被他的长篇大论感动得一塌糊涂。

随后，杨广把五弟安排到了豪华的别宫，里面一应俱全，奴婢呼之即来挥之即去。杨谅再度感动得一塌糊涂。然而，他很快就从美梦中醒悟过来，杨广虽然对他好，却是想要他的命，因为他再也不能踏出那扇大门一步。

作秀完毕，杨广终于露出狰狞的面目，客套过后是亮剑。杨谅很快体会到了什么叫掉进十八层地狱，因为杨广很快就对他实行了"断食"政策。

有句俗话说得好，宁做饱死汉，不做饿死鬼。杨谅同志的结果是最可怜的，因为他是被活活饿死的。

或许杨坚当年那句忠告杨谅的话可以代表一切："你要安分守己，你要当好你的藩王，千万不要有非分之心。我百年归寿后，你小子如果敢乱来的话，你二哥对付你就像老鹰捉小鸡一样易如反掌。"

一语成谶，不得不佩服杨坚的高瞻远瞩。可惜的是，杨谅却当了耳边风，终究落得这般凄惨的下场。

（3）本色

处理完"家事"后，杨广终于长长地舒了一口气：还是计划生育好啊，只生一个多好啊，免得兄弟多了，这般麻烦。

感叹归感叹，坐稳皇位的他马上干了一件大实事：揽宣华夫人于宫中兮，乐朝夕与之共。

而据史书记载，杨广对宣华夫人早已垂涎三尺，还在杨坚病重期间，他就对这位绝世佳人打起了主意，有一次甚至在大庭广众之下对她进行调戏，结果衣冠不整的宣华夫人逃到杨坚面前告他性骚扰。此时的杨坚已病入膏肓，连自己都顾不了，还能保护好自己的女人么？"无可奈何权落去"的他只能怒发冲冠地发出这样的感叹："真是个畜生啊，我真是有眼无珠啊，怎么选了他当太子啊。"

然而，为时已晚，因为杨坚很快就在太子杨广的"精心照顾"下一命呜呼了。

此时，宣华夫人早已对生不抱任何希望了，她梳妆打扮完毕，静静地坐在桌台前，然后就是漫长的等待——等死。

一阵沉重的脚步声过后，杨广的使者终于来了，他给宣华夫人送上了一个金黄色的精致盒子。

盒子里装的是鸩尾酿的毒酒？是绸缎织的白绫？还是弹簧扣的暗箭……宣华苦笑一声，横竖都是一死，干吗这么拐弯抹角，何不痛快些。她白玉般的手颤抖着打开了盒子，原本死灰般的双眼突然一亮，紧紧盯着盒中之物，一动也不动，仿佛痴了一般。

盒子里有一支箭，一支很精细的箭，一支精细得不能再精细的箭，箭中穿了两颗绸缎做的红心。同心结，宣华夫人刹那间明白了什么，脸色一阵红一阵白，眼睛发出惊喜而跳跃的光芒来。

当天晚上，宣华夫人就把自己交给了杨广，作为他赠"心"的回报。看来，女人是水做的，这话一点不假。

杨广成功接管老爸的后宫后，也没有忘记对杨坚感恩戴德，他称赞父皇杨坚是"鸿恩大德，前古未比"，给他上庙号"高祖"，谥号"文"。把父皇和恭谦淳朴、勤政为民的汉文帝相比，也算是对杨坚最后的补偿了。

接下来，杨广把年号改为大业，公元605年为大业元年，寓意自己能成就一番大业。然而，他不会知道，自己虽然在当皇帝期间倾尽所能完成了几项大业，但成也大业，败也大业，他最后的下场居然成了亡国之君。而更具讽刺意味的是，十四年后，他的表哥也就是唐高宗李渊也把他的谥号定为"炀"，居然拿他跟陈后主相提并论，此炀重于彼炀，杨广如果泉下有知，定会气得从地底下钻出来，再活三百年。

第九章

杨广的 "大业"

（1）一国两都

一国两制相信大家都耳熟能详了，邓公运用这种极具智慧的方式，成功地收复了香港和澳门。

中国历史上，还曾有一国两都，一国两都的发明者是杨广。现在世界上还有那么几个国家仍然玩着"一国两都"，比如南非，他们说不定就是杨广的"超级粉丝"。

实干家杨广自从定年号为大业后，马上就开始建立大业了。他干的第一件大实事就是营建新都洛阳。

隋文帝杨坚登上皇帝的宝座后修建了新都大兴，直到他死时才基本上竣工，按理说杨广继位后，那一座座崭新的宫殿楼阁他想住哪就住哪。然而，人的欲望是无穷的。杨广有他的想法，他觉得一个都城不过瘾，还想在江南弄出一个新都城来。原因有二：

一是杨广自从当年伐陈开始，就患上了严重的江南情结，江南的山水烟雨楼阁令他流连忘返，有他写的名诗《早渡淮诗》为证：

潮鱼时跃浪，沙禽鸣欲飞。

会待高秋晚，愁因逝水归。

二是他的妻子萧氏是地地道道的江南才女。杨广非常宠爱这位江南美女，据说他虽然后宫佳丽三千，却对萧氏情有独钟，对她始终宠爱有加，羡煞很多人。从他写的这首《江陵女歌》便可看出些许端倪来：

雨从天上落，水从桥下流。

拾得娘裙带，同心结两头。

杨广是个不折不扣的实干家，他是这么想的，也是这么做的，随后向大臣们陈述了他建新都于洛阳的理由：

1.从战略部署来分析。大兴虽好，但远在北方关中之地，对南方的统治力显得不够，一旦南方有变，就会出现"关河悬远，兵不赴急"的危险情况，从尉迟迥和杨谅的造反就可见一斑。

2.从地理位置来分析。洛阳处于富饶的中原之地，自古以来就属于王气所在之地，而且离江南更近，前朝有几个国家就是定都在这里。如果建两个都，可以东西遥相呼应，更有利于对国家的统治和管理。

3.从风水五行来分析。大兴是破木的地形，并不适合长久居住。而洛阳在五行中是水形，水能载舟，亦能生木，定都洛阳，大隋皇朝就能千秋万代地传下去。

杨广的理由这么充分，大臣们自然没有谁敢不识时务地反对，因此，建新都的计划很快就通过了。

接下来杨广充分发挥雷厉风行的作风，任命丞相杨素担任营建东都的"施工总监"，任命宇文恺为"设计和技术总监"。这对黄金搭档一出马就配合得相当默契。杨素几乎把全国的主要劳动力都调来造洛阳，据说每月役使工匠就超过了两百万人。工人稍有怠慢不是被砍头就是遭鞭打。而作为技术总监的宇文恺为了博得杨广的开心，决定走豪华路线，甚至到长江以南的五岭去运来奇材异石，花费人力物力可想而知。

这对黄金搭档，一个监工监到昼夜不停，一个铺张浪费到几近奢侈，因此不但工程进展很快，而且装修得富丽堂皇。很快，东都洛阳就奇迹般建成了，其规模是"前直伊阙，后据邙山，洛水贯其中"，杨广参观后，称赞这是千古第一都。

（2）修建大运河

为了使洛阳成为隋朝全国的政治、军事、文化中心，加强与江南各地区的联系，就在东都洛阳建设期间，杨广的第二大业立马付诸行动——开凿运河。

杨广的具体设想是：运河以东都洛阳为中心，北起涿郡、南到余杭（今浙江杭州），贯穿长江、黄河、海河、淮河、钱塘江等五大水系，分为通济渠、永济渠、邗沟、江南河四段，全长两千多公里。通过运河，将东西南北紧密地联系在一起。

为了使运河能尽快完成，杨广定下的工期是五年。

为此，举国上下民众都投入到这场"开河"运动，四段工程完成情况如下：

大业元年（公元605年），开凿通济渠。杨广召集河南、河北各州民工近百万人。通济渠自洛阳西苑引导洛水注入黄河。再从板渚引导黄河，穿过荥泽注入汴河，在大梁以东再注入泗水，再注入淮河。

大业元年（公元605年），开凿邗沟，在淮南征调民夫十余万人从山阳到扬子挖邗沟，注入长江。

大业四年（公元608年），开凿永济渠，征河北诸郡民工近百万人，引导沁水向南注入黄河，向北流到涿郡。

大业六年（公元610年），开凿江南运河，从京口（今江苏镇江）到余杭，其长度和八百里洞庭不相上下。

全部工程正好在杨广规定的五年内完成。但因为工期短，工程量大，在男工不足的情况下，甚至动用了妇女儿童。

竣工后，杨广龙颜大悦，这条旷世运河的开通，意味着京师不再和江南遥不可及，洛阳也不再孤立，如果有什么突发事件，可以走运河及时到达。

基本上就相当于今天第一条高速铁路通车。

然而，广大人民群众望着这条运河，眼中却没有半分欣喜之情，因为河里流的是他们的血和泪。

东南四十三州地，取尽膏脂是此河。但是不管怎么说，大运河是重要的交通枢纽工程，对后世产生了巨大的影响。这个中国第一个南水北调工程，极大地繁荣了江南的经济和文化发展，而且造就了涿郡这个大都市。唐代著名诗人皮日休将杨广修凿运河与大禹治水相提并论，从公正的角度客观地评价了此举的功与过。

其诗曰：

> 万艘龙舸绿丛间，载到扬州尽不还。
>
> 应是天教开汴水，一千余里地无山。
>
> 尽道隋亡为此河，至今千里赖通波。
>
> 若无水殿龙舟事，共禹论功不较多。

（3）人生难得数回游

建了新都，又有了运河，杨广开始他的第三大业：巡游。什么叫巡游，就是边旅游边治国，下基层调研。

隋大业元年（公元605年），杨广给自己出巡找了这样一个冠冕堂皇的理由：作为一个君王就应该广泛地听取民众的意见，经常与他们交流，这样才知道自己的得与失，从而为民服务，所以，我想出巡淮海，考察一下当地的民情。

从此，杨广开始了十二年的漫漫出巡之旅，这期间，三下江都，四次北巡，一次西巡。

如果按方式来划分，他的出巡分为水上和陆上两种。

首先看看杨广的水上出巡。开通了长达两千多公里的运河，好歹也得参观参观。在水上出巡，杨广最感兴趣的地方不是新建的东都洛阳，而是江都。当年杨坚派他当扬州总管，专门管辖江南时，他就把江都当成是自己的"快乐老家"，当上皇帝后对山美水美人更美的江南仍是念念不忘，而江都仍是他的最爱。

大业元年（公元605年）八月十五日，这是一个秋高气爽皓月当空的中秋佳节，杨广决定来一次特别的"千里大赏月"，尽管他极力打造的四段运河工程还在施工阶段，但丝毫不能阻止他出游的雅兴。他乘龙舟，走父皇杨坚历时三年才开凿出来的广通渠，目的地是千里之外的江都。如果他像后世的乾隆微服下江南那样，一切从简从轻从朴那倒也罢，恰恰相反的是，杨广极尽奢侈之能事。不说别的，光是他乘坐的龙舟就可以用"巨无霸"来形容。

"巨无霸"高达四十五尺，长二百丈，共有四层，最上层正中是接见官员用的大殿，皇帝的"休闲活动中心"在左，文武百官的"办公室"在右。中间两层是豪华房间，一共有一百二十间，都是用黄金碧玉进行装饰的，豪华程度令人叹为观止。下层是宦官和随从住的地方。

以上只是皇帝的"专舟"，皇后、王子、百官也都有自己的"专舟"，虽然规模比皇帝的龙舟小些，但舟的设计和装修标准都是一样的，花费的成本恐怕不会比《2012》中的诺亚方舟少多少。一次出巡至少上百艘这样的"豪华号"，再加上成百上千的护航兵船，不说别的，光是两岸用来拉船的纤夫就有八万人，龙船首尾相连，竟然绵绵数百里，所到之处，当地百姓都得做一件事——进献美酒佳肴。

更令人称奇的是，杨广的出巡队伍边走边停，停下来不是为了看沿途的风景，而是充当建筑公司，大造房子当他的离宫。从洛阳到江都，沿途居然造了规模宏大的离宫四十四座。这样的考察民情当真是千古奇闻了。更让人叹为观止的是这样大规模的出巡一共弄了三次，要花费多少人力物力呢？

皮日休直接将这样的奢侈浪费不顾天下百姓的巡游当作亡国征兆，其诗曰：

千里长河一旦开，亡隋波浪九天来。

锦帆未落干戈起，惆怅龙舟更不回。

水上出巡着实让杨广风光了一把。杨广再接再厉，马上来了个陆上出巡。相对于水上出巡路线受运河的限制，陆上就不一样了，条条大道通京师，想去哪里都不成问题。

大业二年（公元606年）二月，也就是离他第一次水上出巡一年之后，他举行了声势浩大的陆上出巡。为了打造不一般的气势，出发前，他就做了大量的准备。不说别的，光是绸缎做的"黄麾"大旗就有三万六千个，不说制作的成本，光是扛旗的人就得和大旗一样多。而参与护驾的军队超过了六位数。

杨广陆上出巡，第一站选择去五原（今内蒙古五原）。本着再苦不能苦皇帝，再累不能累大臣的原则，在出巡期间，为了让自己住得更舒服，他发明了一样东西——可以移动的行宫。

什么叫可以移动的行宫呢？就是指这行宫是用六合板之类的木质或铁质材料做成的，他想休息时，要以最快的速度搭建好，要走时，又要以最快的速度收折好，然后赶赴下一站再去搭建，周而复始。如果仅仅是搭建一个行宫那倒也没什么，关键是，杨广自从发明了这项专利后，就大有把专利进行到底之势，随后可以移动的宫殿、可以移动的六合殿、可以移动的城楼、可以移动的瞭望台等新鲜玩意相继出炉……

可惜那时没有诺贝尔奖。

以上各种发明是这样布置的：行宫之外是六合殿，六合殿外是城楼，城楼之上有瞭望台，城楼之外要围着一圈带着铁菱角的辕车，任何东西一扎就碎，辕车之外是弓弩阵地，遇到敌情，弓箭伺候。弓弩阵地之外是锥尖阵地，抵挡牛马等动物的靠近。锥尖阵地之外便是警戒区，以箭插地，以绳相连，上系铜铃，有人一碰，便会发出"当当当"的警报声。

这样的设计建造技术难度之大可想而知了。

这一切都需要无数真金白银来打造啊。

考察完了五原，杨广兴趣不减，大手一挥又去了长城，看到古老的长城城墙千疮百孔，破旧不堪，杨广眼睛酸酸的，说了这样两句话：

1.不到长城非好汉。秦始皇修建这万里长城，前无古人，后有观者，所以我来了。

2.来到长城非好看。后来人都干吗去了，长城都烂成这个样子了，怎么也没有人来修一修、补一补啊。

杨广是个实干家，说干就干，回到京城后，大手一挥，便又征调近百万民众去修长城，好在建长城的罪过早早就扣在秦始皇身上，早已根深蒂固了，杨广此时就算想抢这千古骂名也不够格。

水陆这样规模盛大的出巡，也有好处，就是引得万国来朝。这些主要来自西域的外国来宾对神奇的中国充满了好奇。公元610年，一个灯火通明的元宵节，杨广在东都洛阳举行盛大的宴会，招待这些远方而来的贵客——西域各部首领。

不说宴席都是"千元宴"、"万元席"，光是宴席外助酒性的戏台就大得惊人，吹拉弹唱的鼓乐手居然超过了五位数。据说鼓乐声响起来的时候，方圆近十里都能听到天籁之音。又据说个别好奇的外宾忍不住摸到戏台边，去研究戏台是怎样建成的，结果发现戏台的台柱很特别，居然搭建在一棵棵参天古树上，而更令人称奇的是这些古树此时在寒冬腊月里还盛开着鲜艳的花朵。

莫非这就是传说中的铁树开花？有好心人为他们解开了心中的疑惑，告诉他们这些古树上的花非花，乃是绫罗绸缎做成的装饰花。

这些来宾大为赞赏汉人的精巧手艺，称这样的盛举只应天上有，地上无。只有一个很不懂味的外宾，心直口快地说了一句令所有在场的汉人汗颜的话：你们隋朝难不成都达到小康生活了，没有了穷人么？为什么宁可把这么好的绫罗绸缎来裹树，也不拿给他们穿呢？

隋朝随行官员哑口无言。

据说人群中还有一个人附和了外宾的话，他这样说："杨广根本就没有什么功德，他残害兄弟，恶贯满盈，他只不过挥霍着父辈留下来的强大基业罢了，却这般奢侈浪费，这盛世太平的背后隐藏着巨大的汹涌波涛啊，如果不及时悬崖勒马，离灭亡那一天也就不远了。"

说话的人名字叫房玄龄，也就是后来李世民手下最出名的两大谋士"房谋杜断"中的一"房"。这是位唐代著名牛人，以后我们将多次提到。正如秦朝末年刘邦的"大丈夫当如是耳"，以及项羽的"彼可取而代也"一样，随后的历史进程告诉我们，房玄龄的"隋朝灭亡论"一语成谶！

（4）四海臣服

一国两都，修建千里大运河，水陆两路豪华出巡，重修万里长城……一切的一切都朝杨广所理想所期待的方向前进。风光所掠之处，杨广不禁飘飘然了。苍天尽在我手，我要打造比秦皇汉武更高更大更强的功绩。

在建筑方面，显然，杨广比秦始皇并不逊色；而在武力方面，他还想与汉武帝试比高。

昔日汉武帝仗着三尺剑，打得强悍的马背民族匈奴流亡去了欧洲。而对于野心勃勃的杨广来说，四海臣服才是他追求的终极目标。

隋朝北方的主要对手是突厥，但此时的突厥已经变革，东突厥不得已只好放弃了一贯的强悍，实行"亲隋"政策。大业二年（公元606年），东突厥启民可汗亲自来隋朝"朝见"，目的只有一个：显示忠诚，消除误会。杨广以最高礼节进行了接待，再一次让启民可汗见识到了隋朝的强大和不可一世。本着来而无往非礼也的原则，第二年，也就是大业三年（公元607年），杨广北巡榆林郡时，顺便回访了东突厥，结果启民可汗拔草十里相迎，并且左一句"属下"右一句"奴才"，极尽恭谦之能事。最后献良马三千谨表心意。作为回赠，杨广赐丝罗绸缎一万三千匹，双方进入了睦邻友好期。

据说这次回访后，取得的效果是看得见的，史书记载，从这以后，"诸胡骇悦，争献牛羊驼马数千万头。"并且把以前送给杨坚的一顶高帽转送给杨广——"圣人可汗"。个中之意，不言而喻。至此，北方这颗多年来的"定时炸弹"终于拆除。

而隋朝的西边，吐谷浑汗国属于最大的"危险股"，他们虽然因为内部争权夺利，实力大大减弱，对隋朝却一直不屈服。而隋朝也不是吃素的，先是在"外交大使"裴矩的建议下，使用"反间计"，让铁勒汗国和吐国火拼起来，结果很快达到了预期效果：两败俱伤，隋朝坐收渔翁之利。

大业五年（公元609年），杨广利剑出鞘，这次收拾残局的武力征途以大获全胜告终，吐谷浑汗国国王慕容伏只带领数名随从以"凌波微步"逃得性命，而吐谷浑汗国全部国土，东西长达四千里、南北长达两千里，都并入了大隋版图。随后，杨广在那里设了西海、河源等四大郡，一时间国威大振。杨广由此得到了"征西可汗"的称号。

大业五年（公元609年），杨广出巡河西地区，在张掖燕支山下，高昌王、伊吾吐屯设和西域二十七个国家首领在路旁觐见杨广。觐见的异族首领们都佩戴金玉饰物，穿着华丽的锦缎服装，焚香奏乐，载歌载舞，热闹非凡。隋朝官府命令武威、张掖两地的男女老少全体盛装出来捧场。如果有人的衣服或者车马不够鲜亮，郡县官府就要出面教育，教育不成就抓到大牢里去。结果御营附近数十里地都被汹涌而来的人群和车马给挤满了，人声鼎沸。杨广把移动的行宫群也给带来了，在上面盛陈文物，奏九部乐，设鱼龙宴，宴请高昌王、伊吾吐屯设等二十九个国家的首领。西北各族看到了隋朝的实力与风范，惊叹不已。

返回时，心情大好的杨广充分发挥一代才子的优势，写了一首很著名的边塞诗——《饮马长城窟行》，全文如下：

> 肃肃秋风起，悠悠行万里。
>
> 万里何所行，横漠筑长城。
>
> 岂台小子智，先圣之所营。
>
> 树兹万世策，安此亿兆生。
>
> 讵敢惮焦思，高枕于上京。
>
> 北河见武节，千里卷戎旌，
>
> 山川互出没，原野穷超忽。

撞金止行阵，鸣鼓兴士卒。

千乘万骑动，饮马长城窟。

秋昏塞外云，雾暗关山月。

缘岩驿马上，乘空烽火发。

借问长城侯，单于入朝谒。

浊气静天山，晨光照高阙。

释兵仍振旅，要荒事万举。

饮至告言旋，功归清庙前。

对于南方，最大的"南霸天"是林邑（今越南南部）。林邑国王梵志对隋朝的不友好态度让杨广很愤怒，于是派大将刘方去"剃头"。梵志使出林邑国的奇兵——象军，打得刘方节节败退，眼看退无可退，刘方想出了破敌之策——挖坑。象军天不怕地不怕，唯一就怕陷阱，长着巨牙的大象一旦掉进陷阱，就像蛟龙搁浅沙滩无用武之地了。结果可想而知，林邑的象军成了象征性的军队，刘方很快率军攻入了林邑国都。林邑国王梵志没有再选择逃亡，而是竖起了降旗，表示主动归附隋朝。

"圣人可汗"加上"征西可汗"和"征南可汗"，隋朝终于统一了中国，杨广无论威望还是声望都达到了高峰。但杨广的脸上并没有喜悦之色，毕竟雄心勃勃的他，想实现四海臣服的伟大构想，西南北都搞定了，只剩下东边这一隅之地要征服了。

东边只有朝鲜半岛和日本。

先来说日本，不，此时的日本还叫大和，还有一个很好听的名字倭国。倭者，矮也，其实就是小人国的意思。公元600年时，日本第一次派出使者到隋朝进行友好访问，得到了当时的隋文帝杨坚的热情接待。大业三年（公元607年），日本派出特使小野妹子（这是个男人哦！看看倭人的名字。）第二次出访隋朝，得到了杨广的热烈欢迎。按杨广一贯来而无往非礼也的风格，次年，派出裴世清出使日本九州岛，同样得到了日本的热情接待，之后，两国相互来往甚密，两国的政治、经济、文化都得到了充分的交流，友谊也在交往中进一步加深。

而朝鲜半岛当时最大的国家就是高丽。相对于日本的听话，高丽显然很不听话。

还在周朝的时候，周朝本着未雨绸缪的原则，派出商朝末代王孙子胥馀去管理朝鲜半岛，后来燕国人卫满推翻了子胥馀后裔的统治，建立了卫氏朝鲜。汉武帝用武力把朝鲜半岛变成了汉朝的四个郡。到了西晋末年，朝鲜半岛摆脱了乐浪郡和带方郡的控制，宣布独立，随后辽东半岛也宣布独立，从而形成了高丽和百济、新罗三个国家。而占据辽东半岛和朝鲜半岛北部的高丽是这三个国家中最强大的。

三足鼎立是暂时的，谁都想当老大才是终极的。为了争夺老大的所有权，朝鲜半岛上的三个国家也上演了一出微型版的三国演义，在打得百济和新罗两国找不着北后，高丽并不满足，开始把目光瞄准了中国的辽东地区，随后把那里搞得鸡犬不宁（这点跟今天比较相似）。隋文帝杨坚上任后，给不知天高地厚的高丽一封赤裸裸的恐吓信，信的内容采用了大量的修饰词。

首先，用夸张的修辞手法描述隋朝的超级强大，其次，用排比的修辞手法陈述了高丽的种种罪行，再用暗喻的修辞手法阐述了以卵击石的道理，最后用反问的修辞手法预告了和隋朝作对的严重后果。

接到这封赤裸裸的恐吓信，高丽国王高阳吓得七魂丢了三魄，马上就回了一封致歉书，书的内容首先用平叙的方式承认了自己的罪大恶极，其次用顺叙的方式表示愿意在停火协议上签字，最后用补叙的方式表示永不再犯隋朝。

OK，铁腕杨坚仅凭一封铁腕恐吓信就把"东邪"高丽给摆平了，不得不令人叹服其人格魅力。

事实证明，高阳果然是一言九鼎的人，他说话算数，终其一生再也没有打隋朝边境的主意。然而，他死后，他的儿子高元却是不安分的主儿。他一边年年向隋朝朝贡，装成比父亲更敬重隋朝的样子，一边又偷偷厉兵秣马，囤积粮草。公元598年，高元率领上万精锐铁骑对辽西地区进行了赤裸裸的"打草谷"。杨坚自然不会袖手不管，他派汉王杨谅和高颎为水陆两军大元帅，率三十万大军讨伐高丽。打出的口号是：踏平朝鲜半岛，生擒高元血祭。

然而，正所谓天有不测风云，月有阴晴圆缺。杨谅率领的陆军到了山海关，却遭遇到了百年不遇的雨季，全军被困不能前行，结果引发了瘟疫，士兵死伤无数，剩下的已是毫无战斗力的乌合之众。而高颎率领的海军按计划本来想和平壤的高丽水军在水上进行大决战，结果仗还没打，渡船渡到海中时遭到了十级以上的海风，隋军哪里经过这样的大风大浪，准备不足，再加上心理素质也不过硬，结果溺死在海中的隋军竟然达到了十之八九，剩下的残兵只能打道回府了。

水陆两军因为天灾人祸就这样双双失败，高丽不战而胜。然而，出人意料的是，最终胜利的却是隋朝。原因是尽管这一仗还没打隋军就退了，但隋军的气势唬住了高丽，他们自知鸡蛋是不能跟石头比硬的，于是，高元马上悬崖勒马，学父亲当年的样子，向隋朝呈上了自己的致歉书进行了自我检讨，最后落款是：辽东粪土臣元。真可谓"委曲求全"之极。杨坚此时已经到了岁月不饶人的地步了，所以对高丽表示"既往不咎"。

按理说，隋朝和高丽从此应该会和平相处下去，然而，很快波澜又起。大业三年（公元607年），杨广本着来而无往非礼也的原则回访了突厥，也就是这一回访，弄出了大是非。

第十章

东 征

（1）一半是火焰，一半是海水

因为就在这次回访中，杨广见到了突厥的热情，同时还看到了一位特殊的嘉宾——高丽使者。这无疑向正处于极度自我崇拜中的杨广泼了一盆冷水，高丽使者此时应该出现在隋朝才对，怎么到突厥来了，难道他们之间有见不得人的勾当？

眼看杨广很郁闷，外交大使裴矩看在眼里急在心里，他向杨广提出一个自认为很好的办法：恐吓。原因很简单，先前隋文帝杨坚就是靠一封恐吓信使得高阳对隋朝臣服。杨广很快就认可了这个方案，毕竟他认为高丽是吓大的民族，先皇杨坚能成功，他同样能成功。

于是，恐吓信马上就交到了高丽使臣手上，大致内容如下："我希望你们的国王马上来朝见我。他如果来，我会给他和启民可汗一样的待遇；他如果不来，我将和启民可汗一起带兵去灭了你们。"

接到恐吓信的高元跟他父亲高阳一样，吓得脸色惨白，怔了良久，做出了一个出人意料的决定：不臣服。为什么不臣服，倒不是高元骨头硬，宁死不低头，而是因为怕。他既怕隋朝派兵来攻打他，更怕去隋朝遭遇的是一场"鸿门宴"，这一去就再也不能复返。与其直接去送死，不如在高丽歹活一天是一天，打定这样的主意后，高元面对杨广赤裸裸的恐吓自然释然了，你爱咋的就咋的，要我去隋朝朝见，对不起，我做不到。

眼看自己赤裸裸的恐吓信如泥牛入海，杨广感到很震惊，于是，他专门召开了一次政治会议，讨论如何对付"东邪"高丽。

会议一开始，杨广就抛出了"带兵征讨高丽"的论点。结果遭到众多大臣的一致反对，其中当年杨坚最为器重的"双子星座"中的高颎第一个站出来，理由是：高丽路途遥远，这样劳师远征并非明智之举，即使成功也会损耗大量人力物力，更何况高丽早有准备，输赢还是个未知数呢？

高颎一来具有很强的人格魅力，二来分析一针见血，因此，很快得到了众多大臣的一致支持，甚至连"病危"中的兵部尚书段文振也让人把自己从病榻抬到大殿上去支持高颎，他在"附议"高颎想法的同时，特别在远征高丽前加上了"不值得"三个字。当然，如果杨广非要远征高丽，他有两点建议供参考：

1.兵贵神速。进兵时一定要以最快的速度进军，千万不要拖到秋天的雨季，那样行军困难，瘟疫泛滥，又会重蹈隋文帝当年派杨谅进兵的覆辙。

2.兵不厌诈。高丽向来言而无信，在进军途中千万别相信他们的口头投降，那只是他们无奈之下的权宜之策，如果接受诈降，最终失败的会是自己。

杨广一看反对派人多势众，没辙了，只好暂缓对高丽动武。请大家注意暂缓这两个字，因为杨广并没有就此放弃对高丽动武的想法，相反，他的想法一旦形成，就如仇恨的种子埋在心里，早已生根发芽，只等拔节的时候了。

随后，杨广进行了漫长的准备期。四年后，也就是大业七年（公元611年），杨广下诏讨伐高丽。他自己亲自到涿郡坐镇，命令全国各地的军队向涿郡集合。第二年正月，来自五湖四海的士兵们怀着同一个梦想同一个目标走到一起，共计一百一十三万三千八百人（号称二百万），等待他们的将是生与死的考验。

百万雄兵征集到了，可也苦了那些后勤工了。他们得筹集许多粮草以便供给前线之需。那些修新都修运河修万里长城侥幸存活下来的民工，又有事可做了。他们原本以为苦尽甘来可以靠国家的补贴和福利安享晚年了，然而，出征高丽的集结号让他们的美丽梦想破灭，他们在没有拿到一分钱工钱的情况下又要转行到运粮的特殊任务中去。

从表面上来看，运粮相对于修城墙修运河应该要轻松许多，然而，此次出征的是远隔千层山万层水的高丽，而当时运粮食必须采用手推的最原始方法，试想想，这样的运粮工程能轻松吗？结果六十万"推车夫"以两个人为一个单元，推上三石粮草，然后呼啦啦地上路，经过一路的艰险困阻，到达涿郡时一般只有两种情况，一是粮在人亡，二是人在粮亡。

粮在人亡，很好理解，因为行路难，推车夫要么在途中病倒了，要么到达涿郡后累趴下了。人在粮亡，那就是因为他们的老板杨广太苛刻，运粮这项体力要求如此高的活儿，他非但没有采用高薪的方式来激励他们，反而采用前无古人的零薪零酬方式，让大伙为他打义务工干义务活。人是铁饭是钢，一顿不吃饿得慌，打义务工做义务活的推车夫一路总要吃喝拉撒吧，万般无奈之下，他们就只能吃自己推的粮食了。就这样，当他们到达涿郡时，区区三石粮食早已成了他们的肚中餐了。

死了的民工很好办，为国捐躯嘛，死得其所，值得表扬。

活着的民工很不好办，偷吃了军用粮，罪大恶极，等着挨刀吧。

虽说人在江湖漂，哪有不挨刀，可谁愿意伸着脖子等啊？于是，民工们同样选择了等死不如寻活，好死不如歹活。他们纷纷选择了逃亡这条不归路。数十万逃亡的民工组成了一个极为庞大极为可怕的数字，有家不能归，有田不能种，只有饥一餐饱一顿地流浪，成了不折不扣的"流民"，这给看上去很好的盛世隋朝留下了隐患。

杨广没有空闲去追逃兵，他的目标只有一个——踏平高丽。或许他认为只要搞定了高丽，一切问题都会迎刃而解。因此，在陆路进攻的同时，杨广考虑到高丽的特殊位置，还选择了水路进军的方式。杨广在山东莱州专门设立了造船厂，工人每天从早到晚地赶制战船，因为在"监工"的监视下二十四小时不间断地站在水里工作，腰部生蛆虫和得水瘰而死者数不胜数，据不完全统计，船工最后的死亡率达到了惊人的50%。

为了逃避这样无休止的劳役和摧残，有些人想出了聪明绝顶的办法——自残。他们自己砍断自己的手和脚，这样一来，朝廷总没有话可说了吧，你们不可能叫手脚不全的人去运粮和造船吧。残废了自己的身体，却救了自己的生命，他们甚至把这种自残的方式叫做"福手"、"福脚"。

隐患已埋下，只等生根拔节那一天的到来！

（2）成功，在路上

大业八年（公元612年）正月初二，杨广在桑乾河畔祭祀后，采用水陆并进的进军方式进攻高丽，拜宇文述为陆军元帅。

宇文述，字伯通，鲜卑族，本姓破野头，代郡武川（今内蒙古呼和浩特北）人。北周末以军功拜上柱国，封褒国公。隋开皇初，拜右卫大将军，后任行军总管。最后成了杨广的心腹，他建议杨广收买朝中宰相杨素等人，为杨广夺取太子一位立下了汗马功劳。杨广继位后，拜宇文述为左卫大将军，封许国公，总领军事。

客观来说，宇文述是一位军事天才家，无奈此时已是白发苍苍的老人了，但杨广本着不拘一格用人才的方式，还是选择了经验丰富心理素质强的宇文述作为陆路元帅。

与此同时，杨广还给了宇文述这样一个特权，可以带着家眷一起出征，并美其名曰：照顾其饮居。为此，宇文述"作秀"般进行推托，并且公开发表言论："廉颇老矣，尚能饭否？"对此，杨广解释道：带家眷出征并非朕首创，并且举出了"项籍虞姬"的典故来。两人一唱一和，终于堵住了悠悠众人之口。

水军元帅是来护儿。来护儿是当年杨广任并州总管时提拔的一位心腹之将。杨广当上皇帝后，把来护儿从地方直调中央，拜他为右翊卫大将军、荣国公，地位之显赫可想而知了。

出发前，杨广下达了征讨高丽的檄文，一针见血地指出"高丽小丑，迷昏不恭，崇聚勃碣之间，荐食辽东之境……"

檄文一出，百万将士回应他的是"必胜，必胜，必胜"之声，不绝于耳。听到这震耳欲聋的欢呼声，杨广脸上笑开了花，仿佛胜利就在眼前，又仿佛看到高丽已被他踩在脚下。在宣布出发前，他把水陆两军元帅宇文述和来护儿叫到跟前，进行了最后的叮嘱："凡军事进止，皆须奏闻待报，毋得专擅。"

就是说凡是前线的重大决定，都要交给我来定夺，你们不能乱做主张。杨广这样做一来为了控制前方的局势，二来也为了不让功劳旁落在别人身上。

有野心的人不一定能成功，没有野心的人一定不能成功。杨广有野心，但注定不能成功，因为他心态出了问题，犯了急功近利的错误。就因为他的这道命令，悲剧的种子就此埋下。

就在宇文述和来护儿面面相觑时，杨广下达了出发令。在他的旨意下，陆军分为二十四队，分兵出发，每天发一支军，这样鱼贯而出，上百万陆军竟然弄了七七四十九天才走完，全军延绵近千里，仅杨广的御营就连绵八十里，规模之大，气势之足，前无古人，后无来者，创历史之最。

杨广只是看到了一时的风光无限，兵贵神速，在他这里变成了兵贵匀速。或许只有在品尝失利的苦果时，才会偶尔想起撑着病快快的身体对他进行劝谏的段文振，而段文振是幸运的，毕竟他很快仙去，没有看到杨广失败的这一天。

段文振病死后的第三天，走了三个月之久的隋军陆军先头部队抵达了前线辽水西岸，和辽水东岸的高丽军遥相对应。磨刀霍霍多时的隋军没有浪费时间，连夜架起三座浮桥强渡辽水，最终打得高丽军哭爹喊娘大败而退。隋军趁势包围了高丽的军事重镇辽东城（今辽宁省辽阳市）。

辽东城被围得像铁桶，突围对高丽军来说是遥不可及的梦，他们只能面对残酷的现实，坚守，固守，死守，才是唯一的出路。

隋军也不是吃素的，他们集中炮火对辽东城进行了一轮又一轮不间断的攻击，辽东城再坚固也是石头砌成的，高丽人再拼命死守也是血肉之躯，隋军越来越多，高丽人的尸骨越堆越多……眼看这样下去，辽东城就要被隋军攻破了。高丽人没有选择坐以待毙，而是决定出奇制胜。

他们想到的出奇制胜的法宝是：诈降。

孙子云：兵者，诡道也。高丽人学孙子兵法学得挺好。没准儿，他们哪天一高兴，又会证明孙武也是他们高丽人吧。

接到高丽人"求和"的书信，宇文述犯难了，接受还是不接受，这是一个问题。如果叫宇文述来选择，肯定不接受。然而，他此时面临这样一个难题：杨广在出发前明确给他下的死命令，前线的重大军事裁决权归皇帝本人所有。因此，他只能把高丽"求和"的事上报给杨广。

高丽人"求和"本来就是为了缓解隋军的攻势，为自己加固城墙补给供应赢得时间，宇文述的做法无疑正中他们下怀。果然，等书信从杨广那里一来一回时，高丽守军早已重筑高垒，以逸待劳了。

宇文述接到杨广批复"接受"的字样哭笑不得，被人家忽悠了，还蒙在鼓里，难道非要等被人家给卖了，再帮人家数钱。于是，他再度下令攻城。然而，攻了一阵，高丽人又在城上举起手来说有话好好说，干吗非要动武不可，可以坐下来谈嘛。面对高丽人的再度求和，宇文述还是决定"愚忠"于杨广，请他来定夺。结果可想而知，随着杨广一而再、再而三地被高丽人忽悠，辽东城攻攻停停，竟然耗了三个月也没能攻下来。

这下就算隋军不急，杨广也急了，他亲自跑到辽东城下坐镇指挥。杨广到了前线，首先把宇文述、于仲文、辛世雄等将领大骂了一顿，丝毫没有给他们留情，专挑最狠最毒的话说，中心思想无非离不开"砍头"两个字。

挨了骂，心里不舒服，发点牢骚很正常，但仗还得打。因此，隋军随后攻得更急更猛更凶。但面对生死存亡，高丽的守军也一丝不苟，城在人在，城破人亡，这个道理他们是懂的，所以宁死也要和隋军拼到底。

眼看这样死磕下去，攻破辽东城不知道要等到猴年马月，杨广决定使用他的另一个杀手锏——水军。

来护儿率领的水军在陆军进发的同时，也从东莱（今山东龙口）出发，规模一点不逊色于陆军，强大的舟舰相连竟然达百里之遥，当真令人叹为观止。横渡黄海后，沿大同江逆流而上，准备在平壤附近登陆，然后拿下高丽的军事要镇平壤。

隋军水军如同神兵天降般成功着陆在离平壤六十里之遥的江滩上，后知后觉的高丽军这才从梦中惊醒过来，然后仓忙组织军队和隋朝水军交战。接触战一打，就证明高丽和隋军明显存在差距，高丽年直向平壤城里溃逃而去。

煮熟的鸭子怎么能飞了呢？来护儿大手一挥，一声令下：追。隋朝水军争先恐后地朝高丽军追去。

眼看来护儿这般急功近利，水军总管周法尚急了，他说现在我们的水军还没有全部登陆完毕，不用太急功近利。不如等军队到齐，立足根基后再向平壤进军也不迟。

然而，来护儿认为周法尚是"胆怯了"，因此，马上给他上了一堂深刻的政治课，并且教会他这样一个关键词：兵贵神速。解析如下：高丽军新败，不趁势攻下平壤，更待何时？

周法尚也不是吃素的，回敬了他一个关键词：兵不厌诈。解析如下：这些只是高丽的先头部队，他们的目的只是投石问路，贸然追击，只怕会中他们的诱敌深入之计啊。

多说无益，来护儿也懒得跟周法尚再多费口舌，他丢下"你在这里驻守"的话，带领四万先头部队如下山的猛虎直扑平壤城，几乎不费吹灰之力就拿下了这座重量级的城市。速度之快，事情之顺利，战果之辉煌，出乎来护儿的意料。

更出乎来护儿意料的是，平壤城有三多，一是美女多（难道那时就大搞整容术？），二是珍宝多，三是粮草多。隋军士兵的脸上顿时笑开了花，不等来护儿开尊口，就一哄而上，争的争物品，抢的抢古董，夺的夺美女，当真好不热闹。

而整个过程，来护儿充当一个忠实的看客，开心地看着士兵们胡作非为和无法无天，他甚至在想，人生难得几回醉，攻下了平壤城奇功一件，让他们疯一回醉一回潇洒一回又何妨？

想法是美好的，现实是残酷的。天下没有免费的午餐，更没有不散的筵席。隋军们个个争了个钵满盆满的同时，也该"散席"了，只是散席之前，得为"免费的午餐"买单。

收取"误餐费"的正是弃平壤城于不顾、仓皇而逃的高丽人。他们摇身一变，刚才还是看似溃不成军的乌合之众，此时已成严阵以待势不可挡的威武之师。他们打出的口号是"今年过年不收礼，收礼只收脑白金（头颅）"，然后以迅雷不及掩耳之势冲进了平壤城，原本"一根绳"的隋军因为军心溃散，此时变成了"一堆烂泥"，他们根本就无力反抗，也组织不起强有力的反抗，为了避免成为高丽人手下的"脑白金"，只好选择"不羞遁走"。

逃，溃逃。包括来护儿在内的隋军只剩下逃跑这一条出路，一路狂奔，六十里山路是如此的漫长和遥远，以至于来护儿终于看到周法尚时，不顾堂堂水军大元帅身份，竟然高声直呼："总管救我，总管救我。"。

周法尚一脸的阴霾，无奈地摇头道："我救得了你，却救不了众将士啊。"来护儿惊愕地回过头，这才发现，四万多水军竟然只剩下稀稀拉拉的几千人马了。

什么叫沧海桑田，什么叫欲哭无泪，什么叫生不如死。来护儿心里升起一种前所未有的绝望，当下再也不迟疑，下达了撤退令。

他的水军一夜之间又从大同江撤到了出海口，到了这个"避风港"，来护儿才稍觉安稳和踏实，他下令在这里暂时休整。他是该好好反省，好好琢磨该如何向杨广交差了。

来护儿水军的失利，平壤城的得而复失，让杨广终于从自己编织的美梦中惊醒过来。他是该好好反省，好好琢磨该如何攻下辽东城了。

（3）兵不厌诈

杨广冥思苦想一番，终于定下计谋：出奇制胜。

具体方案是：他自己亲自指挥攻击辽东城，同时派出宇文述、于仲文、辛世雄、张瑾、卫文升等九路大军共计三十余万军马绕过辽东城，强渡鸭绿江，直捣平壤。

应该说杨广还是充分发挥了一个将才的指挥能力，构思之精妙，计划之详细，布局之周密，令人叹服。然而，谋事在人，成事在天。杨广的计划能不能成功，不在于"人"，而在于"天"。

对于士兵们来说，他们有两块天。第一块天是杨广统治的隋朝，另一块天是吃饭穿衣。第一块天很容易理解，普天之下，莫非王土，率土之滨，莫非王臣。杨广是这天下的主子，当然也就是他们的天了。另一块天同样很重要，毕竟衣食住行是生活的基础，没有这个，谈何生存，谈何发展，谈何行军打仗。

杨广的计划很好，唯一的问题就是后勤补给，说得再直白点就是粮草问题。绕道辽东城深入"鬼见愁"的高丽境地，要像正常情况那样运输粮草显然是不切实际的，隋军只好采用了自备粮草的方式。套用毛主席的一句话就是"自己动手，丰衣足食"。考虑到深入高丽前途未卜，宇文述给士兵们下达的命令是：每人须带上百日之粮。

这么多的粮草，再加上盔甲、武器等辎重，负重量超过了三石（约350斤）。这么重的东西背在身上，隋军士兵个个都像举重运动员，去参加奥运会很好，就是不能上战场。

于是，士兵们不愿意了，开始发牢骚了，这是去打仗还是当"背山工"啊。宇文述和于仲文等九军将军害怕士兵们为了减轻负担，在进军途中舍弃粮食，于是，下达了一条死命令：遗弃米粟者斩无赦。

按理说，这下就算士兵们一百个一千个一万个不愿意，哪怕累趴下也应该扛着米袋去前线才对，毕竟累死还可以混个"以身殉国"的美名，弃米砍头死得太不值得。然而，上有对策下有政策，士兵们也不是吃素的，既然不能明目张胆地遗弃粮草，那就偷偷摸摸地干。他们往往选择晚上睡觉时，在月黑风高之时，在营帐之中挖出一个个坑，然后把粮食"活埋"。活埋的结果是三十万大军走到半路的鸭绿江西岸时就出现了"断粮"问题。

前进，是希望是机遇也是另一片天空，但必须要面临严峻的"劳其筋骨，饿其体肤"的非人生活。

后退，是失败是挫折也是另一种解脱，但必须要面临残酷的"严刑逼供、数罪并罚"的非人待遇。

进退两难的宇文述选择了就地驻扎，静观其变，等待最后的选择。

就在这个节骨眼上，高丽大将乙支文德来了，他给隋军带来了一个天大的好消息——投降。他说高丽和大隋相比，那是一个在天，一个在地，是根本没法比的。高丽国王高元不识时务，我却不会跟他们一条道走到黑，我愿率平壤的高丽军一起归顺隋朝。

如果你认为乙支文德的话是真的那你就是傻子了，毕竟他选择隋朝断粮之时来降，只是为了忽悠隋军，只是为了到隋营一探虚实。

如果你认为隋军这么容易就被乙支文德忽悠了，那你也大错特错了，毕竟杨广不是那么容易被忽悠的。他早就给于仲文下达过密令：只要看到高丽国王高元或者是大将乙支文德来投降，二话不说，先把他们扣下来再说，是骡子是马严刑拷打便水落石出。

所以眼看乙支文德春风得意地来了，于仲文也很春风得意，心里暗自叹服杨广的远见卓识。出于人道主义，他还是让乙支文德把该说的话说了一遍，看乙支文德表演完毕后，他大手一挥，就要拿下乙支文德。

就在这个节骨眼上，却遭到一个人的强烈反对和阻拦，这个人便是大军慰抚使、尚书右丞相刘士龙，他显然被乙支文德给忽悠坏了头脑。眼看刘士龙这般不识时务，于仲文很是恼怒，明明白白地告诉刘士龙这么做完全是皇上杨广的意思，请他不要在大庭广众之下妨碍公事。

刘士龙可不吃这一套，他表示自己完全不相信这是杨广的密旨，最后还以教育的口气对于仲文说了一句话，只有短短的十二个字，却简洁有力：以德服人，以礼待人，以信守人。

按刘士龙的说法，如果此时扣押乙支文德就是"莽夫、愚夫"行为，如果此时放了乙支文德就是"明智、英明"之举，于仲文被他说得晕头转向……就在两人争得不可开交时，如果乙支文德还不知道开溜的话，那他就真可以上春晚顶替范大厨师了。

结果于仲文和刘士龙争了半天，发现乙支文德跑了，这才意识到事情的严重性，马上下达了"追捕令"。

但很快，于仲文就体会到了什么叫"追悔莫及"。乙支文德早有准备，他出了隋军大营，快马加鞭直奔鸭绿江边，然后轻车熟路地上了早在江边候着的小船，扬帆顺风而去。等于仲文追到江边，他的小船早已孤鸿渺渺了，江边隐隐传来这样的声响："杨广密令安天下，赔了将军又折兵。"

乙支文德走了，于仲文气得够呛，决定率饥饿大军继续前进，和高丽士兵去拼命。

他的进军提议遭到了宇文述的坚决反对，他说我们现在已经开始断粮了，继续前进只会把士兵们带上绝境，到时候进退无路，就只有死路一条。现在退兵才是明智之举。

于仲文继续反驳说我们这次带数十万大军，如果连高丽的一座小城也攻不下，有何面目回去见皇上呢？

宇文述顿时哑口无言，被他这一激，决定放手一搏，率领三十万大军渡过了鸭绿江。乙支文德根本不是名满天下的宇文述的对手，七战七败，但仍然屡败屡战，屡败屡退，隋军很快就以势如破竹之势过了萨水（今朝鲜清川江），距离平壤只有三十里之遥。成功似乎就在眼前，然而，这短短的三十里竟成了隋军难以跨越的天堑。

一路狂奔，追赶高丽军上百里，付出的是体力，消耗的是精力，磨掉的是意志。此时已到强弩之末，只好暂缓脚步进行休整，并美其名曰：调整。

隋军刚停下来，无处不在的高丽人又出现了，只是这次和以前不一样，只有一个人，这个人不是高丽统军元帅乙支文德，而是他派出的一个使者。这位使者单枪匹马地来隋军大营上演"单刀会"，中心思想还是老调重弹——忽悠。

"忽悠使者"给隋军带来了这样的话，主要内容只有四点：

1.我们打不过你们隋军。

2.我们投降才是唯一的出路。

3.你们行行好，撤军吧。

4.只要你们肯撤军，我们高丽国王高元将亲自去向大隋皇帝请罪。

先前，于仲文已经明明白白被乙支文德忽悠了一回，按理说这回乙支文德派来的使者这样老调重弹地忽悠，鬼才相信呢？然而，出人意料的是，宇文述二话不说居然答应了高丽撤军的请求。

这并不是宇文述太傻B，而是宇文述太聪明，他明白这是乙支文德再度来忽悠，便来了个"将计就计"。是啊，此时孤军深入，粮尽弹绝，士气低落，既然乙支文德给了他一个台阶下，此时不撤军更待何时。

为了防止高丽军来袭，他甚至还专门安排了"殿后"敢死队。敢死队的职责是无论如何要保证大军顺利安全撤退。

宇文述的小计谋如何逃得过乙支文德的火眼金睛，他派出"忽悠使者"本来就是再度投石问路——试探隋军底细。隋军兴冲冲地接受退军请求，又火急火燎地退军，乙支文德心里已经有底了，隋军已快到崩溃的边缘了，只等他这根致命稻草的最后一击了。

尽管宇文述安排了殿后敢死队，但面对乙支文德四处游击的追袭，隋军苦不堪言，一路上精神都处于高度紧张当中。很快到了萨水，站在河边，隋军感慨万千，来时踌躇满志风光无限，去时衣冠不整狼狈不堪，他们都认为他们将这样毫无面子地回去见自己的祖国和亲人了。然而，事实证明，这只是他们一厢情愿的想法，因为，很快他们就梦碎萨水河。

如果说先前乙支文德率领高丽军是只闻呼喊声不见人影的追击的话，此时隋军终于体会到了什么叫"闻名不如见面"了。隋军渡河渡到一半时，四处的高丽军铺天盖地涌现出来，隋军殿后部队连日来都处于高度紧张当中，此时早到了崩溃的边缘，见了高丽军这等架势，哪里有组织反抗的心思，开始四处逃窜。结果殿后将军辛世雄以身殉国，成就烈士之名。

接下来就毫无悬念可言了，隋军在萨水河中成了高丽军的"瓮中之鳖"，捉鳖的结果是，除了宇文述、于仲文充分发挥脚下功夫了得的本领，带领两千多人逃出"瓮"外，其他三十万大军全部成了"鳖"。

江里漂着将近三十万士兵的尸体，比黄浦江中漂滚着的那一万多头猪壮观多了。

面对这样的惨败，站在鸭绿江边的杨广欲哭无泪，陆路是彻彻底底没戏了，他静静地望着这一江春水，原本还盼望着水军来护儿能给他"意外之喜"，然而，从鬼关门走了一趟的来护儿此时早已屯军海口，陆路的惨败正好给他找到了撤军的理由。

水军一退，杨广只能很不心甘情愿地发出长叹，然后从牙缝里挤出这样两个字：撤军。此时时间定格在大业八年（公元612年）七月二十五日。也许是拉不下颜面，或者是想给自己信心，撤军前，杨广回头深深地望了一眼江水泛滥的鸭绿江，然后幽幽地说了这样一句话："青山不改，绿水长流。高丽蛮子，你等着，咱们后会有期。"

（4）一意孤行

数年的精心准备，动用了大量的人力物力，倾举国之力，这样的结果显然是心高气傲的杨广无法接受的。因此，回到大兴，他就得找一个替罪羔羊来挽回自己的颜面。

按理说此次出征的"一号人物"陆军大元帅宇文述难逃其咎。但对于杨广来说，宇文述是"不动产"，除了宇文述功勋卓越，颇有声望外，还有一个更重要的原因，宇文述是他的亲家，他的女儿南阳公主嫁给宇文述的儿子宇文士及为妻。要杀宇文述来谢罪，他女儿这一关过不了。本着死罪可免，活罪难逃的原则，最终，杨广给宇文述的处罚是削爵为民，也算是大义灭亲了。

接下来，看"二号人物"水军大元帅来护儿。来护儿带领的水军虽然遭到高丽的"诱敌深入"之计大败，折了一些兵马，但好歹保留了主力部队，而且之后聪明的来护儿躲在海口来了个"坐山观虎斗"，在陆路惨败退军后，他才慢悠悠地启程退兵，当真印证了"明哲保身"这句话。因此，面对中规中矩的来护儿，杨广的钝刀无论如何也挥不下去。来护儿成了无功无过的"原地派"，免去了任何处罚，也因此成了第一次伐高丽的第一位幸运儿。

宇文述和来护儿一家欢喜一家愁，接下来，该轮到处罚"三号人物"于仲文了。如果说杨素是杨广早期最为宠信的大臣，那么于仲文就是杨广后期最为宠信的大臣。即位之初，尉迟迥造反时，关键时刻，如果不是于仲文坚决抵制住了尉迟迥的"糖衣炮弹"，忍着三儿一女惨死的悲痛，冒死投奔杨广，杨广的一生或许将彻底改变。知遇之恩，杨广总是以一种报答的心态来对待，这次出征高丽，宇文述是陆路大元帅，于仲文为副元帅。此时，在找战败的"替罪羔羊"时，杨广最终对于仲文的处罚结果和宇文述是一样的，削爵为民。

热门人选一个个被从轻处罚后，注定是冷门迭爆。果然，很快，杨广就找到了这次战败的真正替罪羔羊——尚书右丞相刘士龙。想必大家还记得这位仁兄，在乙支文德第一次亲自来隋军大营进行忽悠时，于仲文本来当机立断就想扣下再说，但这位书呆子显然被"之乎者也"烧坏了头脑，左一句"以德制人"，右一句"以理服人"，弄得于仲文也晕头转向，结果乙支文德在隋军大营大摇大摆地转了一圈后，从容离去。隋军的惨败，这位仁兄"功不可没"。因此，杨广以"亵渎罪"给刘士龙判了"斩立决"，这位书呆子终于为自己的无知买了单，代价是脑袋。

如果说刘士龙是一位不折不扣的"倒霉蛋"，那么卫文升便是一位不折不扣的"幸运儿"。其实作为殿后将军之一的虎贲郎，卫文升并没有明显的功劳，要算功劳非右屯卫大将军辛世雄莫属，为了掩护隋军大部队撤退，殿后的辛将军拼尽了生命的最后一滴血，谱写了一曲悲壮的爱国之歌。然而，死人只能追为烈士，而活着的人才是榜样。就这样，卫文升被杨广提升为金紫光禄大夫，算是连升N级，青云直上了。

该惩的惩了，该罚的罚了，该赏的赏了，杨广把善后工作做得有条不紊。然而，他还来不及舒一口气，不识时务的于仲文就给了他当头一棒。

这位仁兄自从撤军的那一天起，便知一世英名已消毁殆尽，早已做好了思想准备，等待杨广对他进行处罚。然而，他左等右等，等来的惩罚居然和宇文述一模一样——削爵为民。一生英名，晚节不保，仅仅削去官职就可以免去内心的苦闷和痛楚吗？那几十万的冤魂似乎都在朝自己号叫。

杨广以为放了于仲文一条生路，于情于理都心安理得。然而，于仲文的想法却恰恰相反，于情于理都心不安理不得。郁闷的他哪有脸面回归故里，每走一步都似乎有千斤重，等回到老家洛阳时，就病倒了，这一倒下就再也没有站起来，于仲文就这样走了，如果可以重新选择，他打死也不会赶高丽这趟浑水吧。

于仲文死了，杨广怒了，他决定要给高丽一点颜色看看。于是，在一伐高丽失败后不到一个月时，他就开始做再征高丽的准备工作。考虑到兵马未动、粮草先行的原则，他将黎阳仓、洛阳仓、洛口仓、太原仓四大仓的粮食运到战争的前线要镇望海顿（今辽宁省锦州市东南）储存，然后以各种形式的优惠政策及惠民政策来征集兵马，再聚集到涿郡备战。

左手有粮，右手握兵，再征高丽，杨广豪情万丈、信心百倍。然而，他很快就被泼了两盆冷水。泼冷水的人分别是郭荣和庾质。

左光禄大夫郭荣直谏杨广不要再度对高丽出兵，理由很简单：大炮打蚊子，大材小用。解析如下：高丽不过偏居一隅的不毛之地，是个可有可无的小国，不值得我们花这么大的人力物力去征服。

郭荣这番话说得在理。要知道这朝鲜，在清末的时候，首都平壤的王宫也就是几幢青砖平房，通往王宫的路坑洼不平，晴天尘土飞扬，雨天泥泞不堪。大臣上朝的奢侈交通工具，就是坐在一辆独轮车上，由一个仆役推着走。说好听点是大臣，说难听点，跟个土财主没什么两样儿。您说这么一个破地儿，杨广较个什么劲儿啊？

对于郭荣的直谏，邪性上来的杨广当成了耳边风。

另一位是庾质，这位仁兄在杨广第一次出征劝阻失败后，此时充分发挥不灰心不气馁的精神，对杨广说出了这样的关键词：吃一堑长一智。解析：前车之鉴，当引以为戒啊。

对于庾质的再谏，高傲的杨广当成了闷响屁。

良药苦口利于病，忠言逆耳利于行。这话一点不假，果然，两位忠臣的忠言非但没有达到劝阻的效果，反而激发了杨广"逆行"的脚步。

大业九年（公元613年）正月初二，对于杨广来说是个很特别的日子，一年前他带领百万雄兵拉开了第一次征讨高丽的序幕，当时他意气风发，豪情万丈，结果却惨败而归，威名扫地……

一年后，杨广在涿郡举行誓师大会，拉开了第二次征讨高丽的序幕，出师时他做了三项部署：

1.人事部署。命令刑部尚书卫文升辅佐代王杨侑（故太子杨昭之子）留守西京大兴。户部尚书樊子盖辅佐越王杨侗（故太子杨昭之子）留守东都洛阳。杨侑和杨侗皆为十来岁的孩子，别人是临终托孤，而杨广却是出征托幼，种种迹象表示，杨广已在大力培养接班人了。

2.军事安排。宇文述官复原职，再度出任陆路大元帅，而水军元帅依然是"明哲保身"的来护儿。用句不恰当的比喻来说就是"换兵不换帅"。

3.后勤供给。第一次出征，其实隋军真正输在粮草问题上，在绕道辽东城渡鸭绿江直接进犯高丽这条奇计上，如果隋军不是粮草供应不上，那么失败的可能就是高丽了。也正因为这样，这次出征，杨广对粮草尤为看重，派礼部尚书杨玄感到黎阳（今河南浚县东北，隋朝的大粮仓）督运粮草。这样总没有后顾之忧了吧。

OK，做完这些杂事后，杨广带领东拼西凑起来的百万大军向着高丽进发了。一切似乎都在"复制"第一次的出征，行军速度依然慢，慢得像蜗牛漫步，直到两个多月后，杨广才带领隋军渡过辽水，接着是围攻在辽东城里早已严阵以待的高丽军。

因为准备充分，这次隋军动用了"飞楼"（可以站在里面放箭，为进攻做掩护作用）、"云梯"（攻城必备品）、"撞车"（摧毁城门城墙的工具）等高科技武器。按杨广的计划是，有这样先进的作战装备，攻下辽东城只是弹指一挥间的事。

然而，计划赶不上变化。隋军有"飞楼"，高丽军有"大炮"，炮声中隋军的飞楼纷纷倒塌。隋军有"云梯"，高丽军在辽东城里早已准备了无数的巨石和利箭，云梯刚刚搭上去，不是被高丽军推翻就是被砸烂，隋军根本无法靠近城墙半步。而"撞车"在辽东城四周"护城河"的保护下，结局多半是泥牛入海。

杨广是个执著的人，他一边亲自率兵围攻辽东城，另一方面派左光禄大夫王仁恭派兵进攻新城（今辽宁抚顺北），再派宇文述领兵渡过鸭绿江直捣平壤。

三管齐下，看你高丽能挺多久，然而，杨广的美梦很快就破碎了，原因是后院起火了，击破他梦想的人不是别人，正是他最为信任的礼部尚书杨玄感。

第十一章

有多少碎梦可以重来

（1）父仇子报

提到杨玄感，也许大家还会陌生，但如果提到他的父亲，大家就太熟悉了，他的父亲便是杨素。杨坚当年一手打造了杨素和高颎这对双子座。后来高颎遭猜忌，杨坚对杨素便到了独爱的地步了。

杨玄感是杨素的长子，如果只用一句话来形容他就是：四肢发达，头脑简单。他长得魁梧高大，还有一副漂亮的须发，有美髯公之称。但他大脑的智力发育显然就要迟钝很多，从小呆头呆脑，常常思维短路，套用金庸武侠小说里面的一句话来说就是不折不扣的"傻蛋"。很多人为此为杨素感到惋惜，认为他"后继无人"。杨素听了这些流言飞语也不恼，淡淡地说了这样一句话："傻人有傻福，说我的儿子傻的人才是真傻。"

时间是最好的证明，时光一天一天流逝，杨玄感也在"好好学习，天天向上"，到后来竟然成了学识渊博、又善骑射的文武全才。

身为"官二代"，杨玄感的仕途生涯也是青云直上，不久便如坐火箭一样升到了二品官的位置上。大家也许对二品官的概念还不清楚，但是如果我告诉大家杨玄感上朝时可以和父亲杨素并列站在一排，就会明白二品官在朝中的地位之高了。按今天的话说，二品官大约相当于中央的部长、地方的省长。

既是父子，也是同事。引得文武百官对这对特殊的父子侧目不已，有羡慕的，有嫉妒的，有称赞的、也有暗讽的。总之，不管是敌是友，大家心里还有一种感受是一样的：别扭。这种感觉和男扮女装、女扮男装是一样的，特别归特别，特殊归特殊，但终究觉得不习惯。

都说气氛容易感染人，后来杨坚看着也觉得别扭，于是随便找了个"莫须有"的罪名把杨玄感降了一级，这下上朝父子就不用并排站了。别人都以为杨氏父子肯定会不高兴，但杨玄感却显得很大度，他拜谢道："多谢陛下对微臣的关照，让臣有机会在公堂之上敬奉我父亲。"

什么叫气度，什么叫气量，什么叫气魄？杨玄感以弱冠之年的强音告诉大家，他的智商非但不低，而且很高。

然而，一朝天子一朝臣。杨坚死后，尽管杨素对杨广有不可磨灭的拥立之功劳，但无奈他过于位高权重，喜欢猜忌的杨广对杨素自然不放心，他坐稳皇帝的宝座后，开始逐渐对杨素疏远起来，很快，杨素被架空了。眼看不得势，不久，父子俩干脆双双辞职回老家去了。

大业二年（公元606年）杨素病了，一是因为年老，二是因为心里郁闷，因此这一病就越来越严重。

杨素病了，杨广急了，他显得很关心的样子，派了一批又一批的御医去嘘寒问暖，嘴里口口声声说要用最好的药，不惜一切代价治好他的病，心里却希望杨素早点断气。

他甚至悄悄地问御医这样一个问题：杨素什么时候会死呢？

御医吓得一个劲地点头：很快的，很快的，在我们的努力下，他应该很快就会死的。

事实证明，杨素其实更懂杨广的心，他没有等御医们在药里下手脚，就选择了绝食的方式结束了自己的一生。歹活不如好死，杨素是洒脱的，是明智的，更是聪明的。

事后，杨广为杨素举行了隆重的追悼仪式，光是悼词就长达4893字之多。众人无不为杨广的悼词所感动，纷纷以一场"及时雨"来回应杨广的良苦用心。然而，众人皆哭，却独有一人大笑，这个人便是杨玄感。他冷笑数声，道："总有一天我会让你血债血还。"

也许是出于补偿心理，杨广随后重新起用杨玄感，任用他为鸿胪卿，并且继承了父亲杨素的爵位，后来，又提升他为礼部尚书，对他可谓仁至义尽了。

然而，杨玄感却对杨广深恶痛绝，在他心里，仇恨的种子一旦埋下就像春天的小草一样，开始疯长，总有一天会破土而出。

这一天并没有让杨玄感等多久，大业五年（公元609年），杨玄感跟随杨广出征"不安分"的吐谷浑。强大的隋军很快就平定了叛乱，灭了吐谷浑。返回时，杨广哼起了凯旋的歌曲，脸上露出了得意的笑。而在杨玄感眼里却如针在刺，不共戴天的父仇使他的心中热血沸腾。行到大斗拔谷时，道路怪石嶙峋，崎岖险峻，全军到了这里秩序大乱。

机不可失，失不再来，杨玄感感觉到正是下手的好时机，于是准备偷袭杨广的行宫，出其不意地发动政变，杀掉杨广立秦王杨浩。就在千钧一发之际，他的叔叔杨慎只凭一句话就成功阻止了这一次"冒险活动"：隋朝现在民心统一，国内又没有出什么大乱子，还没有到下手的最佳时机啊。

杨慎果然对得起他名字里的"慎"字，杨玄感听后也觉得有道理，于是放弃了叛逆行动。

第一次谋反未遂，杨玄感并没有灰心，也没有气馁，相反他时刻准备着，以待天时。都说机会留给有准备的人，这话一点不假，五年后，也就是公元613年，杨广第二次讨伐高丽，这次杨广依然起用最为器重的原班人马披挂上阵，宇文述和来护儿以垂暮之年出战，也许是考虑到新老结合，战场上用的是"老将"，后方家园起用的都是"新人"，留守大兴和洛阳的是杨广两个不满十岁的孙子。而杨玄感被授以督运粮食这一至关重大的任务。

机会再次摆在面前，杨玄感再度陷入何去何从的艰难选择：反还是不反。这一次杨玄感没有迟疑多久，他很快就决定造反。原因有二：一是大隋在杨广的肆意挥霍下，杨坚当年累积下来的财富和粮草几乎殆尽，今天搞建筑，明天搞出巡，有多少金银财宝可以挥霍呢？二是一意孤行地劳师动众讨伐高丽，动用了大量的人力物力，光是百万大军就引起了强烈的民愤，君不见那些为了避免上战场的人自断双手双脚，以"福手福脚"的残酷方式来保全自己苟活于世么？

短短几年光景，强大的隋朝已经从他叔叔杨慎所言的"士心尚一，国未有衅"，变成了"士心不一、国已大衅。"既然如此，此时手握军粮的杨玄感自然不会再选择沉默。

他首先利用职务之便克扣东征军的军粮，该发的不发，该给的不给，他抱定的态度是：饿死一个保本，饿死一双盈利。

粮食关系到战争的胜败，面对这样缺粮断粮的现象，杨广派出的使者该上场了。面对使者质问，杨玄感选择的是"忽悠"：路上有强贼，不能连贯地运粮啊，且等等哦。

杨广可不管这一套，他给杨玄感下达了死命令：不管什么情况，粮草必须在规定的时间风雨无阻地运到，否则军法从事。

狗逼急了要跳墙，更何况人呢？杨玄感本来就想造反，这下给杨广一逼更加坚定了决心：将造反进行到底。

不过，在造反前，他还想忽悠杨广一次：风雨无阻就风雨无阻，没问题。但你得给我两个帮手。

杨广拍拍胸脯，大手一挥，也不问是要谁，要人没问题，快点运粮来啊。

杨玄感要的两个人正是和杨广一起上前线的亲弟弟杨玄纵和杨万硕。既然我要造反，把你们两个留在杨广身边那不是让你们死吗？杨广哪里会猜到个中缘由，高高兴兴地让杨玄纵和杨万硕回去协助杨玄感了。

两位弟弟的加盟，不但解除了杨玄感的后顾之忧，更增加了他的必胜信心。接下来，杨玄感开始来实的了，他让家奴装扮成朝廷使者，从东走到西，从南走到北，打出的宣传口号是：来护儿造反了。

利用来护儿吸引世人的目光后，杨玄感来到黎阳城，然后以御敌为由关起城门，做了以下三件事：

1.扩充军队：拉壮士为兵，取帆布为甲。很快招到运输民夫五千多人，水手三千多人，这些人因为长期受杨广的欺压，所以心甘情愿为杨玄感效力。

2.设立官署：废除杨广时的新政，按隋文帝杨坚时的旧制度设置属下官吏。当即立了三个州的州长：元务本为黎阳刺史，赵怀义为卫州（今河南新乡）刺史，唐祎为怀州（今河南沁阳）刺史。

3.发布公告：以"讨伐来护儿"为名，征调各地军马到黎阳听候调遣，并且喊出了"为天下解倒悬之急"的极富吸引力的口号。取得的效果是立竿见影的，各地从者如流。

也不知是与杨玄感本来就出生贵族有关，还是各大贵族本来都有一颗不安分的心，总之，大量贵族子弟涌向黎阳，纷纷以实际行动来支持杨玄感的造反行动。其中包括：杨雄的儿子杨恭道、韩擒虎的儿子韩世谔、虞世基的儿子虞柔、裴蕴的儿子裴爽、周罗睺的儿子周仲……个个都是响当当的名人之后。

更为重要的是朝中重臣、光禄大夫赵元淑和兵部侍郎斛斯政也向杨玄感伸去了"爱"的橄榄枝。

这其中还包括一个隋末唐初的超重量级人物：李密。

（2）哪壶不开提哪壶

如果只用一句话来形容杨玄感和李密的关系，那就是：生死之交。

李密的爷爷李曜是北周八柱国之一的邢国公，李密的父亲李宽为隋朝的蒲山郡公。因为家势显赫，杨家和李家素来交往甚密。杨素对李密更是器重有加，声称李密的才能是非"犬子"所能比的。而李密也没有嫌弃这位犬子杨玄感，两人好到了形影不离的地步。

虽然家世显赫，但李密的仕途并不顺利。大业初年（公元605年），杨广授予李密亲卫大都督的职位，但遭到了心高气傲的李密拒绝，他嫌职务小，宁愿回家"种红薯"去了。后来杨广授了他千牛备身的职务，出人意料的是李密居然答应了。众人很不解，这千牛备身和亲卫大都督是换汤不换药，都是"卫士"罢了，怎么李密会拒绝当亲卫大都督，而当千牛备身呢？

原因可以从偶像李渊身上去找，当千牛备身，一来可以最近距离接触皇帝，二来可以锻炼自己的毅力，磨炼自己的意志，三来潜伏在皇帝身边，可以"以待天时"。

看来，这"千牛备身"和现在我们讲的"图书管理员"一样，都是超级潜力股呀！

果然，气质非凡的李密在众千牛备身中显得非同寻常，连杨广都对他侧目以待。有一天，他指着李密对宇文述说了这样一番话："这小子虽然站似一棵松，但一双眼睛却来回翻转，一刻也没有停歇过，我看着害怕啊。"

宇文述自然明白杨广话里的意思，第二天就找来李密，说了这样一句意味深长的话："千金之子坐不垂堂，百金之子不倚衡，显贵之后岂能当大兵？"

李密是聪明人，自然明白宇文述话里的意思，第二天就主动辞职回家了。他回家不是种红薯，而是读书。书到用时方恨少，只有多读书才会摆脱只能当千牛备身的命运。

然而，正所谓百无一用是书生，杨广对书生并不感冒，因此，尽管李密回家后两耳不闻窗外事，一心只读圣贤书，却再也没有得到杨广的垂青。正如渔夫的故事一样，开始这几年，李密心里还暗暗发誓，只要杨广肯重用他，他将对杨广肝脑涂地，死而后已。然而，短短的人生经不起漫长的等待，日复一日，月复一月，年复一年，明日复明日，明日几时有，复到最后，李密绝望了，他想在杨广手下重温祖父当年的辉煌那是白日做梦。正当对杨广不满，对朝廷不满，对未来迷惘时，杨玄感的造反让他从黑暗中看到了一线光明。

支持杨玄感，就等于支持自己。因此，杨玄感造反，他火速赶来支持，并且提出了"上、中、下"的进军方案。

上计：乘隋军东征未归时，占领涿郡，切断杨广的归路，到时和高丽军前后夹击东征军，不费吹灰之力就可以生擒杨广。

中计：趁关中空虚，挥师西进直捣大兴，占据关中，控制潼关（今陕西潼关东北），这样就算隋军反攻，也可以据险死守，割据关中称霸一方。

下计：以就近原则，集全部兵马，攻袭东都洛阳，先建立革命根据地再说。

这样的计谋按通常原理来分析就是，上计未免太急，中计最为稳妥，下计又不免太缓。因此，99.9%的人会选择中计。然而，杨玄感对于李密"买一赠二"的计谋，却是出人意料地选择了下计。理由如下：上计夺涿郡阻杨广退路过于冒险，弄不好会被杨广反咬一口；中计稳则稳矣，但称霸一方不太现实；下计先拿下洛阳最为现实，毕竟洛阳是离他起义最近的地方，拿下洛阳先建立一块属于自己的根据地是当务之急啊。

通常上计是速胜或是速败之道，而中计是稳扎稳打之局，而下计则是坐以待毙之势。事实证明，杨玄感还是属于纸上谈兵的那种人才，他没有敏锐的战略眼光，也不具备舍我其谁的领袖风范，他只是凭感觉理所当然地选择了下计，祸害就此埋下。

不听李密的计谋倒也罢，相反，因为这件事，他还对李密开始疏远了，重用的人却是韦福嗣。韦福嗣是隋朝内史舍人，因为文采斐然而闻名于世，杨玄感起兵后，他很不幸地沦为俘虏，为了保全性命，韦福嗣假意投降了杨玄感，内心却还是向着隋朝的。

然而，杨玄感对这位志同道合的文人很是器重，他一厢情愿地把他当成了自己死党，每次军政大事都找他来商量，而李密反而成了局外人。对此，李密作为老朋友对他进行了善意的劝告，大意就是说韦福嗣是两面三刀的小人，不要过于相信他，以免耽误了前途。

通常到了这个时候，劝告是没有用的，因为固执的人已是千匹马万匹马也拉不回来了。值得一提的是，李密的话果然得到了验证，韦福嗣后来开溜到东都洛阳，想重新为隋朝效力，结果得到了杨广的重赏——砍头。

杨玄感的造反因为具有突然性和隐蔽性，按理说可以赢在起跑线上，然而，选择下策的进兵方式和用错军师人选，使得他的优势已然消失殆尽。接下来发生的一件事，使整个形势发生了彻底改变。

（3）攘外必先安内

坚强的壁垒往往最容易从内部开始崩溃，这要比简单地从外部强攻要省力有效得多。杨玄感还在积极筹备，内部却出现了叛徒——被杨玄感委以重任的怀州刺史唐祎。也许是杨玄感的一意孤行让唐祎缺乏安全感，也许是他对隋朝有难舍的怀旧情结，总之，就在杨玄感起兵的节骨眼上，他充分发挥百米冲刺的特长，拔脚就跑，一跑就跑到了洛阳，把杨玄感造反的计划向洛阳"镇都之孙"杨侗进行了一五一十的汇报。

杨侗只是个十来岁的小孩，听到这样震撼的消息，急得眼泪哗哗直流，马上向辅佐大臣樊子盖问计。事实证明，樊子盖也不是吃素的，他一边拉响东都保卫战的紧急备战警报，动员全民皆兵，另一方面派人快马加鞭去前线向杨广汇报。

此时的杨广正组织兵马全力围攻辽东城，城里的高丽守军在隋军的猛烈炮火下，只有招架之功，已无还手之力，攻破辽东城似乎只在弹指一挥间。接到杨玄感造反的消息，他第一反应是惊讶：杨玄感一介书生怎么敢造反呢？第二反应是怀疑：杨玄感真的敢造反吗？第三反应是愤怒：杨玄感居然敢在太岁头上动土？

就在杨广将信将疑时，杨玄感造反的消息一浪高过一浪地传来。事实摆在眼前，不得不信啊。为此，杨广面临痛苦的选择：继续围攻辽东城，还是撤军去平乱？

辽东虽然是块鸡肋，食之无味，但弃之非但可惜，而且可怒。杨广如果轻易退兵，他是拉不下这个脸面的。因此，尽管后方家园已是十万火急，但杨广还是下达了总攻令，试图以最快的速度攻克辽东城，然后再班师回去平叛。然而，正在这个节骨眼上，前线一个人的叛变使得杨广终于下定决心火速回师。

从杨广背后再捅一刀的人是兵部侍郎斛斯政。

斛斯政和杨玄感也是莫逆之交，在杨玄感走上革命这条"不归路"后，斛斯政怕生性多疑的杨广追查同党时自己难逃其咎，索性豁出去了，带兵投降高丽，支援杨玄感的造反。然而，斛斯政千算万算却没有算到，他到高丽没有过上荣华富贵的生活，仅仅过了一年，高丽把他引渡回隋朝，以这种"交易方式"迫使隋朝退军，杨广在金光门把他活剐。后面会提到。

反了斛斯政，杨广一刻也不想在辽东这个鬼地方待下去了，尽管征服辽东是他的心愿，尽管胜利已近在咫尺，尽管他急需一场酣畅淋漓的胜利来挽回面子……

然而，杨广没有选择的余地，他必须撤军。攘外必先安内，内部没有稳定，一切都是白搭。于是乎，隋军一夜之间走得干干净净，而高丽军直到隋军走后好几天，才敢出城来看个究竟。

（4）沧海桑田

与此同时，杨玄感在唐祎叛变后，把起义的时间提前了，一场暴风骤雨不可避免地上演了。

然而，由于唐祎的反叛，河内郡早有提防，杨玄感不得不绕开起义的第一站河内，绕过临清关，横渡黄河，目标是心中的革命根据地——洛阳。

为了能成功渡河，杨玄感采用兵分三路的办法。

第一路，也就是先锋，由他的弟弟杨积善亲自挂帅，在偃师（今河南偃师）南郊顺洛水向南进发。

第二路，也就是掩护部队，由他的弟弟杨玄挺从白司马坂翻过邙山南下。

第三路，也就是义军的主力部队，由杨玄感亲自带领，在杨积善和杨玄挺的策应和掩护下，直渡黄河。

此时的樊子盖早有准备，自然不会让杨玄感的起义大军轻易渡河，派出的先锋是河南令达奚善意来迎战杨积善。达奚善意的军队是六千，杨积善的兵马是三千，按常理来看，杨积善处于绝对的劣势，然而杨积善的士兵却拥有一个绝对优势：士气。

刚起义的士兵犹如早上初升的太阳，朝气蓬勃。接触战一开始，义军个个如狼似虎般地直冲入敌阵中，义军的勇猛吓破了隋军的胆，结果没有悬念，狭路相逢勇者胜，最后的胜利者当然是杨积善了。

接下来杨玄挺得过裴弘这一关，事实证明裴弘只适合管理财产后勤工作，行军打仗那是外行，在人数绝对占优下，两军才一接触就溃逃，最后义军想不胜都难。

而迎接杨玄感的是隋军悍将、刑部尚书卫文升带领的四万隋军。如果只用一句话来形容卫文升，那就是杀人不眨眼的恶魔。他曾经以一己之力招降十万叛民，因此而名震大江南北。

隋文帝仁寿初年，西南山獠作乱，当时身为资州（今四川资阳）刺史的卫文升自然有责无旁贷的镇压义务，卫文升带领大军到达前线后，并没有和山獠展开生死大战，而是一人一骑直奔敌营，晓之以理，动之以情，仅凭一张嘴就说服对方首领放下屠刀立地成佛，结果十万叛民皆归顺朝廷。一征辽东战役中，杨广所派的大将中，唯独卫文升的军队非但没有损兵折将，反而擒获大量高丽兵而归，被杨广额外升为金紫光禄大夫。

此时樊子盖闻知杨玄感造反，立即征派卫文升前来救援，自然也是对卫文升期待颇深。而杨玄感深知这一仗的重要性，只许胜不许败，亲自披挂和卫文升大战，结果两军大战数回合不分胜负。杨玄感知道这样和卫文升硬耗下去不是办法，眉头一皱，计上心头。次日再战时，佯装战败，卫文升根本没把杨玄感放在眼里，自然采取狗咬狗的追人战术猛追，想把杨玄感踏成肉饼，结果被引进了杨玄感精心设计的包围圈，虽然卫文升死战得以逃生，但所带隋军几乎死伤殆尽。

三战三捷，义军的开局之战可以说打得出奇顺利，随后洛阳自然成了义军的"囊中物"，连折三阵的樊子盖也只能躲在洛阳城里，一边组织防守反击，一边等待援军的到来。

而杨玄感当然是想以最快的速度攻下洛阳，有了洛阳作为根据地，进可攻退可守。然而，洛阳并不是他想象中的那么好攻。一是洛阳城墙厚，城里物资丰富，守军又是隋军的精锐部队，易守难攻。二是义军因为是临时拼凑起来的队伍，条件有限，连盔甲和弓箭都得在战场上"借"隋军的，更别说一些先进的攻城工具了。

易守难攻，又缺少武器，接下来的进程毫无悬念地进入了僵持阶段。

对谁有利，连傻子都知道。杨玄感当然也着急，然而，更大的麻烦接连而来，因为义军没有强大和巩固的后方支援，很快粮草供应上就出现问题了。就在杨玄感派兵四处借粮时，隋军的四大猛将从天而降对杨玄感形成了合围之势：从前线撤兵的杨广派出的两员先锋宇文述和屈突通守在河阳（今河南孟州），防止杨玄感北逃；武贲郎将陈棱率领援军直接奔袭义军的老窝黎阳，端掉义军的老巢再说；而急于"洗冤"的来护儿也带领兵马从水路急匆匆赶来，目的只为证明清白，很快就与洛阳城外的义军交上了火，结果以杨玄感的弟弟杨玄挺战死告终。

眼看再这样下去，义军将陷入四面楚歌、全军覆灭的地步，杨玄感不得不静下心来，思考着何去何从。直到这时，杨玄感才想起自己的"老相好"李密来，而且还非常怀念起义前他献的计谋。眼看拿下洛阳作为革命根据地这条计策行不通了，他决定走李密提出的"中计"——跳出包围圈，进军关中，和隋军玩猫捉老鼠的游戏。

亡羊补牢，为时不晚。杨玄感找来李密商量具体办法时，李密一脸沉重，说了四个字：兵贵神速。

杨玄感已经后悔一次了，这次自然不想再后悔。事实证明，他听从了李密的建议，丢下了所有的财帛辎重，然后全线撤军，出其不意地抢渡黄河遁北而上，成功地突破了隋军的包围圈。如梦方醒的宇文述和屈突通及来护儿这才率军在后面紧急追赶。如果杨玄感一直按李密的思路，以最快的速度横穿原野，直取大兴，占领关中这个军事要地，那么义军形势将一片大好，进可以一举击灭隋朝，退也可以保一方之土。

然而，关键时刻，杨玄感心理素质不过硬、战略眼光缺乏的缺点再次暴露出来。当到了弘农郡（今河南三门峡市）后，一群老百姓改变了杨玄感和革命军的命运。

这群饥不择食的老百姓拦住正火急火燎赶路的杨玄感，并且说了这样一句话，话的大致意思只有二层：

1.弘农郡是座缺兵少将的空城，易攻难守。

2.弘农郡里囤积了大量的粮草，取之不尽。

弘农郡等于根据地，粮草等于生命线。老百姓话中的两点成了杨玄感致命的诱惑，于是他停下步伐，思考着这样一个问题：继续前进向近在咫尺的潼关进发还是停下来攻城。

李密当然不会眼睁睁看着胜利的曙光就在眼前，却被杨玄感拱手相让，他力劝杨玄感放弃弘农郡这样的弹丸之地，以最快的速度拿下关中咽喉潼关，只要拿下了潼关，关中大地便如裸露的婴儿一样已是义军的囊中之物。

关键时刻，杨玄感两大特点第三次暴露无遗：鼠目寸光和优柔寡断。他并没有听取李密的金玉良言马上进军，而是暂时停下来观望。就在他为进还是不进为难时，又一个人的话彻底左右了杨玄感的决定。

这个人便是杨智积。

（5）穷途末路

杨智积是杨广的堂弟，官职是弘农郡太守。此时，杨智积站在高高的城墙上，眼看杨玄感站在十字路口左右为难，心知一旦杨玄感直奔潼关，那关中就将不复存在。他的策略是，只要能把杨玄感拖住，哪怕一时半会也是好的，这样胜负的天平就会彻底扭转。想清楚了这一点，杨智积开始说话了，严格来说不是说而是骂，他高声骂道："杨玄感你这个小兔崽子，老子要灭你祖宗十八代。"

此时杨素的坟因为杨玄感的起义早已被挖出来焚骨扬灰了，杨智积的话无疑触痛了杨玄感的伤疤。怒火在燃烧，仇恨在升级，愤怒至极的他咬牙切齿地迸出两个字：攻城。

楚汉之争时，四面楚歌的项羽在逃亡的过程中，一个农夫的一句话左右了项羽的命运，而此时，一个对手的一句话也改变了杨玄感的命运。看来杨智积果然对得起他名字的智积两个字。

攻城后，杨玄感就开始怀疑那些所谓的父老乡亲的话，因为弘农城并不像他们所说的那样易攻难守，而是一块难啃的硬骨头。然而，此时已是箭在弦上不得不发了。难攻也要攻。既然没有先进的攻城武器，哪怕用人肉战术也要把弘农城攻下来。

城在人在，城破人亡，杨智积选择了死守，并且打出了坚持就是胜利的口号。事实证明，弘农城毕竟小了点，尽管杨智积亲自披挂上阵督战，尽管各种奖励措施相继出炉，饶是如此，他在杨玄感的猛烈炮火下也只坚守了三天。

三天，短短的三天，毫不起眼的三天，然而，就是这三天左右了杨玄感的命运。

事实证明，杨玄感尽管鼠目寸光和优柔寡断，但他并不傻，他知道他必须以最快的速度拿下弘农城，然后挥师北上拿下潼关，这样方能立于不败之地。因此，这三天里，杨玄感指挥义军日夜不停对弘农城进行强攻。第三天时，他甚至有了火烧弘农城门的奇思妙想。

各种易燃物品在枪林弹雨中被运到弘农城门下，浇油、点火，一连串的动作一气呵成。城门一旦烧开，杨智积的死期也就到了。

杨智积没有选择坐以待毙，而是临危不乱审时度势，在杨玄感火烧城门、弘农城即将全军覆没时，他制定了以火攻火的奇计。于是乎，城里军民把城里几乎所有的柴草木屑都弄到城头。

城门终于被烧开了，杨玄感冷峻的脸上终于露出了笑容，他举起了手中宝剑，然后下达了冲锋令。义军如蚂蚁般直奔弘农城门而去。然而，很快冲到城门口的义军就开始往回退。

杨玄感定睛看时，但见城门口火光冲天，义军根本无法接近一步。烧吧烧吧，看你能烧到几时，杨智积你这是自掘坟墓吧。杨玄感冷笑。

然而，杨玄感的冷笑很快就变成了哭笑不得。因为此时宇文述、屈突通、来护儿以及那个曾经被他打得屁滚尿流的卫文升组成了强大的四人帮，各带一支精兵追上来了。

直到此时，杨玄感才明白李密的金玉良言，以及杨智积的险恶用心。然而，这个世上没有后悔药，自己酿的苦酒自己喝。杨玄感只能放手一搏，和隋军进行大决战。然而，此时的义军已是强弩之末，哪里经得起四人帮的合围，几仗下来，败得一塌糊涂。最后只好向上洛（今陕西商州）逃窜。

八月初，杨玄感和隋军进行了最后一次殊死搏斗，结果义军被彻底打败，杨玄感只带了几十个心腹铁骑狂逃一气。当狂奔到一个叫葭芦戍（今河南灵宝市西南）的地方时，杨玄感回过头来清点人数，一种前所未有的悲哀袭上了心头，因为此时只剩下他和弟弟杨积善两人。

兄弟两相拥而泣。旁边是两匹已累死的战马，这意味着此后的逃亡生涯都得靠他们的双腿来完成。

前面有阻兵，后面有追兵，前途已是一片黯淡，杨玄感跨了几步，但觉脚下似有千斤重，一个趔趄跌倒于地，一种叫绝望的情绪袭上心头。

"你帮帮我。"杨玄感对杨积善道。

"哥，我扶你走。"杨积善试图去扶起杨玄感。

"不用了。"杨玄感头摇得像拨浪鼓，顿了顿，道，"借你的刀用一下。"

"有追兵来了，我跟他们拼了。"杨积善拔出刀；刀光闪闪，刀光耀眼。

"我不行了，为了杨家的香火，你必须活着。"杨玄感说着，突然厉声道，"你拿刀砍了我的头颅，然后去向隋军请功吧。"

"不……"杨积善发出了声嘶力竭的怒吼，"你必须活着，只有你活着，我们杨家才有希望。"

"杨广不杀了我是不会善罢甘休的，我们这样只身徒步能逃到哪里去？"杨玄感叹道，"不成功便成仁，难道你要眼睁睁看着我被俘而遭受侮辱吗？你如果为了哥好，就给哥一刀吧，哥一辈子感激你。"

杨积善的眼泪刷地流下来了，晶莹的泪珠滴滴滚落在寒气逼人的宝刀上。沉默半晌，他再回头看了看一脸期待的杨玄感，他的手终于动了，手起刀落，杨玄感的人头滚落于地……

杨积善狂笑一声，然后手再度握紧刀柄，手起刀落，挥向自己的一刀居然砍偏了。

事实证明，他没有机会挥第三刀了，因为追兵早已把他抱得严严实实。

杨广刚回东都洛阳，杨玄感的叛乱就结束了。杨广把杨玄感的尸体挂在东都城门三天，然后再碎尸万段，再然后将这些肉酱烧成灰，最后扬灰解恨。饶是如此，仍然觉得不过瘾的他只好把怒气全部撒在杨积善身上。首先对他进行精神上的折磨，把他的姓氏改为枭。据说枭鸟是一种连亲娘都要吃、没一点鸟性的鸟，杨广这样做目的很明确，就是说杨积善没有一点人性，连亲哥哥也要杀。如果能这样屈辱地活着，总比死了好。杨积善的苟活愿望很快成为泡影。因为他很快就要接受杨广肉体上的"创造性折磨"，杨广给九品以上的文武百官每人发一件兵器，赤身裸体的杨积善被绑在木桩上，接受朝中文武百官的"轮刺"，结果死得怎一个惨字了得。

值得一提的是杨玄感另外几位弟弟的下场。杨玄奖本是义阳（今河南信阳）太守，叛乱时本想跑去和杨玄感一起干，结果因为走漏风声被郡丞周玉杀死；杨万硕从辽东最前线开溜，结果腿脚不麻利，在路上被隋军官员斩杀；杨民行本是长安朝请大夫，因为后知后觉，叛乱后，稀里糊涂就送了命。至此，杨素的七个儿子落得无一善终的悲惨下场。

杨玄感的叛乱虽被剿灭，但他打响的反隋第一枪，犹如在干草堆里扔了点火星，大隋帝国立刻就呈燎原之势，最终烧焦了杨广。

第十三章

自掘坟墓

（1）将征服进行到底

杨玄感造反之后，大隋已是草木皆兵，各地的小暴动此起彼伏，按理说杨广应该把工作重心转移到安民抚民惠民爱民上才对。然而，杨广就是杨广，这些都不是他想要做的，他唯一想要实现的还是他执著的信念：征服高丽。

一征高丽虽然败得惨不忍睹，但二征高丽胜在眉睫时，因为杨玄感的叛乱主动撤兵。因此，杨广认为高丽并没有想象的那样难以征服。相反他认为只要征服了高丽，就可以起到震慑作用，国内的小骚动不剿自灭。

大业十年（公元614年），杨广开始了第三次讨伐高丽的"梦想之旅"。

两次出征都无功而返，动用的人力物力不可计数，再加上杨玄感的叛乱，隋国已是千疮百孔，因此，面对杨广志在必得的第三次出征，军民表现出了前所未有的冷淡，愿意为国效力自愿出征的将士屈指可数，而征集而来的士兵也大多半路溜之大吉。

杨广不是半途而废的人，他立马来了个双管齐下：

一、首先采取安抚措施，收葬弃于荒野的征辽将士遗骸，设立"英雄纪念坛"专门悼念死者，试图挽回民心民意。

二、象征性地斩杀了一些逃跑的士兵，目的只为杀鸡儆猴。

然而，对于杨广的"留取身后名"的弥补措施，老百姓们根本不买账，你出的钱再多，我们也不想去前线送死。对于杨广的斩杀行动，士兵们也不买账，杀了一批士兵，逃跑的士兵却越来越多。据说在通往涿郡的路上出现了这样一个奇怪现象，一边是被强行赶拉着上前线的兵民，另一边是拼死而逃亡的兵民。什么叫水深火热，可见一斑。

和前两次一样，这次杨广还是采取了水陆并进的进军方式，陆路大军由杨广亲自率领从怀远镇（今辽宁台安）出发，水路大军的统帅还是来护儿。

因为陆军逃亡者太多，士兵走得太慢，因此来护儿的水军成了杨广此次出征的先锋。考虑到以前分兵作战的效果并不好，这次杨广命来护儿从莱州（今山东莱州）出发，然后经海路在辽东半岛的毕奢城（今辽宁大连市）登陆，向鸭绿江进发，目标直指高丽的核心平壤。

事实证明，来护儿果然值得期待。他率领精锐部队，很快在毕奢城登陆，因为打了一个出其不意，毕奢城的高丽守军还蒙在鼓里就签下了城下之盟。然后，来护儿以雷霆之势跨过鸭绿江。

按以前隋军的进军速度，至少还需一两个月才能到达平壤城下，来护儿的到来对平壤城的高丽军无疑犹如从天而降。连年的征战，高丽已经已经陷入举国饥荒，民不聊生，还怎么打仗？因此，来护儿刚到平壤城下，高丽国王高元就派使臣到来护儿帐下求和，为了表示自己这次绝不是"忽悠"，还叫使者带上了自己的一份小小礼物。

小小心意，不成敬意，这是我们国王献给隋王的礼物。来护儿打开礼物一看，吓了一跳，因为从里面跳出一个脏不拉几的大活人来，来护儿上上下下左左右右仔细盯着大活人看了一圈，这才发现这个大活人并不陌生，便是原隋朝的兵部侍郎斛斯政。

斛斯政原本是在杨玄感叛乱后怕城门失火，殃及他这条池鱼，想到高丽寻求"国际援助"，结果人算不如天算，现在却成了高元对隋朝求和的大礼了。当真令人哭笑不得。

来护儿派人快马加鞭把高元的投降书和"礼物"一并交给了杨广。杨广的脸上终于露出了久违的笑容，三次劳师动众就为换回高丽的这一纸降书啊，现在终于等来了，你说杨广能不高兴么，于是，他大手一挥，让前线的来护儿班师回朝。

来护儿本来不相信高元这样"打白条"的求和，准备强攻拿下平壤，然后彻底灭了高丽，然而，君令如山，他只好心有不甘地下令撤军。是年十月，杨广在路上转悠几个月后，带领军队凯旋而归回到了大兴，他把斛斯政押到太庙，以祭先祖。

还是宇文述最了解此时杨广想要什么，立马打了一个小报告：斛斯政叛国叛民，罪大恶极，天地不容，人神同忿，非用不寻常之法严惩不足以平民愤。

杨广心中的怨气正无处可发，宇文述的提议立即得到了杨广的认可。想来想会，他想到了这样一个最为新鲜的法子：将剥光了衣服的斛斯政绑在柱子上，然后发给每名文武百官一支箭，让他们站在百米之外，对准斛斯政射。很快斛斯政就变成了刺猬。

杨广并没有因为斛斯政变成了刺猬就停止折磨，他又发给每名文武百官一把小刀，每人从"刺猬"身上割下一块肉放在沸腾的大油锅里，自炸自吃，当真是自己动手丰衣足食。

一切似乎可以画上一个句号了。然而，风波并没有因此停止。不久，大业十一年（公元615年）的新年又到了。杨广还是一如既往地举办元旦大朝会，这次杨广为了使规模更大，特意盛情相邀归顺于隋朝的高丽国王高元来朝见。原本以为高元肯定会赏脸，然而，杨广不会料到，高元对他的邀请根本就不买账，只派了一个使者算是替代品。杨广再傻也明白，这三年他的努力算是彻底白费了，因为高丽所谓的求和宗旨一直没有变，那就是忽悠。

杨广愤怒了，拘禁了高丽使者。与此同时，第四次征讨高丽的想法也油然而生。此时大隋王朝已是外壳美，内脏腐，已快到了溃烂的边缘了，杨广不治源头还想扩张，等待他的将是什么样的命运呢？

（2）雁门之围

内忧外患，天下百姓的日子不好过，杨广的日子更不好过。杨广是有野心、有雄心的人，可现在除了在"建筑业"、"南水北调"和统一西域方面取得了比较大的成就，在东征上并没有得到应有的战果。因此，三征高丽后，他极为郁闷，郁闷得茶不思饭不想。

俗话说天下兴亡，匹夫有责。同样的道理，皇帝有忧，群臣有责。眼看众人还在沉默，一个人站出来为杨广解忧了。他只说了一句话就让杨广愁去眉开，喜笑颜开。

"皇上，臣在洛阳宫城东南的金殿前看见有鸾凤飞过，这是天大的祥瑞啊，预示着我大隋江山风调雨顺，国泰民安，千秋万代啊。"

说话的人叫高德儒，说这句话前，他的官职是亲卫府指挥官（六品），说完这句话后，他的官职立马升为朝散大夫（五品），并且得到了绸缎一百匹。

杨广高兴之余不但嘉赏了高德儒，而且还马上来了个两步走。

第一步是马上在洛阳宫城东南修建了仪鸾殿，希望祥瑞永存。

第二步是再度去北方巡游，大有万水千山走遍之气概。

对于喜欢搞工程建设，喜欢打仗，喜欢旅游的杨广来说，巡游原本是一件很普通很平常的事，就像普通百姓吃饭穿衣一样，不足为奇。然而，就是这次出巡，却闹出了一个大风波。这便是历史上著名的"雁门之围"。

是谁这么大的胆，敢在杨广这个"太岁爷"头上动土呢？吃了熊心豹子胆的是一个叫东突厥的少数民族。

突厥是在南北朝时期兴起的北方游牧民族，据说有古代匈奴的血统，建立了一个帝国，打下了庞大的疆域。对中原朝廷来说，突厥就如同汉朝的匈奴一样，都是中原地区的心腹大患。因为这些游牧部落在草原上居无定所，人人善于骑射，常常是毫无理由也不打招呼，像个强盗一样不定时地南下中原烧杀淫掠，中原朝廷和老百姓们早就不堪忍受。

突厥帝国在六十多年前达到鼎盛之后，便发生了内部分裂，一分为二成了东突厥和西突厥。西突厥就是今天的土耳其了，一个亦欧亦亚的国家，距离华夏中原有点远，所以在此之后突厥和中原朝廷之间的矛盾，都是东突厥引起的，中原朝廷一般说的突厥，就指的是东突厥。

东突厥不仅面临着西突厥的反叛，而且还被内部斗争弄得四分五裂。所以当年隋文帝杨坚就采取分化瓦解、扶弱打强的政策，让突厥人互相争斗相互牵制。扶持东突厥中弱的、亲近大隋的一方，在东突厥的内部争斗中胜出，也扶持东突厥去打实力较强的西突厥，并在西突厥内部也培植了亲近大隋的势力。

具体说来，杨坚扶持的东突厥首领是启民可汗。隋朝帮助启民可汗统一了东突厥的大部分地区，感恩戴德的启民可汗当然向大隋称臣，并且隋文帝还把宗室女义成公主嫁给了启民可汗，使得大隋和突厥进行了联姻。

正是由于杨坚的措施高明，使得当时的突厥没有对大隋产生太大的威胁，大隋的北方边境稳定，百姓能够过着安宁的生活。

启民可汗一直将对大隋的友好关系，保持到了隋炀帝时代。启民可汗在隋大业五年（公元609年）去世，杨广还为他废朝三日，并立其子咄吉世为始毕可汗。

始毕可汗上台后，便上书杨广，请求娶自己的后妈，也就是启民可汗的小老婆义成公主为妻。杨广立即准奏，使得大隋和突厥的联姻能够持续下去。

儿子娶自己的后母为妻子，依照正统汉人的观点简直是大逆不道，在突厥却是风俗，叫做"父兄死，妻后母，报寡嫂"，就是说后妈和死了兄弟的嫂子，都可以讨来做老婆。不得不说，人类在原始社会或奴隶社会时期，因为人口稀少而要促进生育才会有这样的习俗，而突厥也是这样的习俗，只能说他们当时在文化上还未开化。

始毕可汗虽是启民可汗的儿子，却没有启民可汗的温驯，反而性情刚暴。而始毕可汗对隋朝的态度，是随着隋朝的兴衰、隋朝实力的大小而变化的。始毕可汗刚上台的时候，大隋尚有较强的国力，他便年年恭敬来朝。而等到杨广各种败家的行

为让大隋的国力渐渐衰落下去后，始毕可汗不但不来大隋朝贡了，还经常不给杨广面子。

杨广对于始毕可汗的这种态度，自然非常不爽，便打算送个宗室女和始毕可汗的弟弟咄吉设联姻，并打算立咄吉设为南面可汗，好让他与始毕可汗对着干。可惜事与愿违，咄吉设不但不接受册封，还主动向哥哥始毕可汗告发了杨广的阴谋。

始毕可汗非常生气，准备脱离隋朝，成为独立的突厥可汗，再也不向大隋称臣。不过这件事情很重大，再考虑到大隋以往几十年里在突厥心中的影响，始毕可汗虽然有想法，但还是拿不准，一时之间也就没有公开宣布。

但就在其后，杨广又派裴矩骗一个叫史蜀胡悉的人来到大隋境内，然后把史蜀胡悉杀死了。史蜀胡悉是始毕可汗手下的宠信大臣，杨广认为正是他经常给始毕可汗出谋划策，所以才想诛杀他。杀完了史蜀胡悉，杨广还派使者向始毕可汗说，史蜀胡悉背叛始毕可汗背叛突厥，所以才替始毕可汗清理门户。

始毕可汗当然不会相信这种烂借口，他对杨广的怨恨是越发强烈了，不过依然没有立即翻脸，为了获得打败大隋获得胜利的更大把握，他一直在等待更好时机。隋大业十一年（公元615年），他终于等来了盼望已久的天赐良机。

这年夏天刚过，在太原郡汾阳宫避暑了三个多月的杨广，不知道哪门子兴致，没有率军返回东都洛阳或者京都大兴，而是决定去北部边境巡游。或许是杨广去年三战高丽，"赢得"了战争而感到得意洋洋，想在不听话、已经不来朝贡的始毕可汗面前耀武扬威，进行一番威慑吧。

可惜威慑没有威慑到，杨广反而把自己搭进去了。始毕可汗正愁如何很有把握地打败大隋呢，现在听到杨广竟然要到北部边境来弄什么巡游，带的兵马又不是很多，这岂不是送上门的买卖么？

始毕可汗派出大量的探子进行一番探查，八月初八这天，率领几十万突厥骑兵南下。

此时的杨广前脚刚到雁门（今山西代县），便看到了这样的奇怪标语：金山（今阿尔泰山，突厥的都城）欢迎你。

这里明明是雁门啊，怎么到了金山呢？正当杨广诧异时，阿史那咄吉出现了，并且说了这样一句话："杨兄，别来无恙乎？"

杨广赶紧下令撤退。但故事演变到这里，通常是来不及的。阿史那咄吉早已把他们的退路给切断了。杨广只能退守雁门郡，阿史那咄吉没有给杨广任何喘息的机会，带领他的十万精兵进行了"屠龙"之旅。雁门郡共管辖四十一座城池，阿史那咄吉以摧枯拉朽之势，很快拿下了其中的三十九座，只剩下雁门郡和淳县两座孤城了。杨广被困在孤零零的雁门郡，尽管还有数万守军，数十万百姓，但城里缺粮又缺水，不出数日便会饿得尸骨露于野。不尽快突围出去，那就只有死路一条了。

可是要想突围不是那么容易的一件事，突厥军围了个里三层外三层，想要突围只怕是插翅难飞啊。

突又不能突，守又不能守，莫非雁门便是自己的穷途末路。想到这里，杨广悲从心来，抱着年仅七岁的幼子杨杲，放声大哭。都说男儿有泪不轻弹，只因未到伤心处。凡是听到了杨广哭声的人都知道，他伤有多深。果然，杨广这一哭，哭得梨花带雨，哭得山崩地裂。就在他哭得死去活来之际，有一个人站出来说话了，只一句话，便让杨广止住了哭声，破涕为笑。这个人便是内侍使郎萧瑀。

"如果哭能淹死突厥兵，能解雁门之围，那么我们留在您身边还有什么用呢？"萧瑀道。

"请先生赐良策啊。"杨广闻言停止了哭声，用惊喜的眼神望着他。

萧瑀沉吟良久，直接教会了杨广两个关键词。

第一个关键词：他山之石，可以攻玉。解析如下：昔日汉高祖解白登之围使出的策略是曲径通幽，利用糖衣炮弹攻克匈奴可汗的妻子阏氏，利用阏氏的枕边风成功解围。现在我们可以采取同样的策略，以金帛财物去求救跟突厥和亲的义成公主，让她帮我们解围啊。

第二个关键词：重赏之下，必有勇夫。解析如下：将士们现在之所以不能团结一致，众志成城地抵御敌人，那是因为他们担心解了雁门之围后，又要去征讨高丽，落得个赔了高丽又折兵的下场。请陛下发出停止征讨高丽的诏书，召天下兵马前来救驾，并许以重赏勤王将士的重诺，这样雁门之围便自解了。

此时杨广哪里还有其他的办法，只好死马当活马医了，于是马上来了个两步走。

第一步：求救。派人向义成公主去求救。

第二步：承诺。一是停止征伐高丽，二是重赏勤王将士。

双管齐下，效果果然看得见，前来救驾的各路兵马争先恐后，络绎不绝。再加上义成公主柔硬兼施的枕边风，先是说得罪了大隋的后果是吃不了兜着走，再说大隋兵马已奔袭大汗的后方老巢去了，赶紧退兵吧。

始毕可汗眼看形势不妙，又被义成公主一蛊惑，终于很不心甘地退兵。至此，雁门之围告一段落。

（3）时来运转

> 人而无信，不知其可也。
>
> ——《论语》

杨广神奇地从雁门的鬼门关走了一趟后，回到京城直呼大难不死，必有后福。然后，说完这句话后，他该干吗干吗，把自己的承诺抛到九霄云外去了。不但没有打赏守城的军民和自告奋勇前来救驾的将士们，而且马上下诏，准备再度向高丽进军。

凡事不过三。前三次的惨痛教训按理说杨广应有切肤之痛才对，然而，他是个一根筋到底的人，不达目的绝不罢休，既然高丽的头难剃，他偏要剃。

对此，户部尚书樊子盖对杨广进行了善意的劝说，中心思想只有一个：人而无信，不知其可也。意思很简单，傻子都懂，督促杨广作为堂堂的一国之君，言必信，行必果。

樊子盖的善意，杨广却当成了恶意，凶神恶煞地回了这样一句话：人而有信，不知其平也。意思也很简单：如果每个人都讲信用，那么，高丽早就被他平定了，

怎么还会这样烦恼呢。

樊子盖对此只有叹息的份了。

杨广的出尔反尔省去了不少钱财，却伤了军心，寒了天下人的心。三征高丽本来弄得天下乱成了一锅粥，四征高丽军事战略部署的出台，彻底失去了民心。

现在，一个改变了中国历史的人，登场了。他的名字叫李渊。

就在杨广被围在雁门时，李渊听说了，第一反应是惊，第二反应是喜。惊就不用说了，喜又从何而来呢？他觉得这是他立功的好机会。于是马上派儿子李世民前去救驾。

就这样，隋唐之交的第一牛人，不，应该说是大唐帝国的第一牛人，不，应该说是中国2000年封建史的第一牛人，李世民，粉墨登场了。

这是李世民行军征战的处子秀，但他不凡的军事才能很快在这次军事行动中展现出来。他白天行军多带旌旗，把山头田野插得遍地开花，晚上安排人在不同地点不同方位敲锣打鼓，目的只有一个：迷惑敌人，造成援军很多的假象。

最终，突厥军退去了，杨广脱险了。事实证明，杨广可以置天下百姓于不顾，但唯独对这次救驾有功的李渊另眼相看。

其实，杨广早就对李渊另相相看了。原因是他们两人不但是表兄弟，而且是儿时的伙伴。李渊从小就展现了自己非凡的才干，因此知根知底的杨广很忌惮。长大后，杨广对李渊的忌惮变成了憎恨。具体表现有二：

1.一句粗话引发的思考。

一次，杨广找李渊办事，恰好李渊生病了，推脱不能进宫。杨广便问自己的一个妃子也就是李渊的外甥女王氏："你舅舅怎么跟我玩起躲猫猫来了？"

王氏只有解释的份了："舅舅一病不起，不能前来。"

"这么严重啊。"杨广说着，突然话锋一转，问道，"还有得救么？"

王氏吓得花容失色，哪敢再言，立即行动起来，把杨广言重的话通过特殊渠道，转达给了舅舅李渊。

李渊吓得面如土色，二话不说，从病床上跳起来，开始了非一般的行动：打开

自己的"小金库"大肆挥霍，吃喝嫖赌无所不能，打架斗殴无所不干。

杨广见李渊如此胸无大志，对他的猜忌和提防之心才略有放松。

2.一句谶语引发的血案。

当时民间流传这样一句谶语：李氏当王。

就是这四个字，害苦了李渊。杨广听到这句话后，心中憋了一口气，一定要杀尽朝中姓李的重臣，以绝后患。结果，朝中大臣李浑、李敏等相继倒在杨广的屠刀下，唯独李渊躲过一劫，原因是，当杨广把刀架到李渊脖子上时，李渊正在"春风楼"搂着风尘女子饮酒作乐。看到这种情况，心肠一向很硬的杨广突然变软了，不忍心再对李渊下手了。结果，李渊侥幸逃脱一劫。但饶是如此，李渊摸爬滚打了多年，仍然是一个小小的芝麻官。

然而，雁门关这一亮剑后，杨广对李渊的态度发生了改变，他觉得李渊是一个忠臣，于是提升他为太原留守，目的是让他防御突厥的"打草谷"，充当枪手和炮灰。

接到调令后的李渊却喜不自禁，那是拨云见日的喜悦，那是守得云开见月明后的释然。他和杨广的想法不一样，他认为太原虽然时常要面对突厥的骚扰，但太原是军事重地，拥有天时（粮草丰盛）、地利（城墙坚固）、人和（兵马充足）的优势，更重要的是一旦去了太原，就可以彻底摆脱杨广的桎梏，成为雄霸一方的诸侯王。

果然，李渊到了太原后，对突厥采取了"柔"的战术，运用"虚则实之，实则虚之"的战略，采取"迷魂阵"、"苦肉计"、"美人计"等战法，很快震住了不安分的突厥，双方陷入了长期的"冷战"。

稳住突厥后，李渊开始了励精图治、招贤纳士的奋起之旅，很快吸引了四方贤能之士前来投奔。这其中最著名的就有晋阳令刘文静和晋阳宫监裴寂，关于两位牛人的情况后面会详细介绍，这里先按下不表。

在刘文静和裴寂的帮助下，晋阳一带的才俊之士纷纷前来投奔。很快，李渊就拥有了很好的人脉资源。

龙岂池中物，乘雷欲上天。李渊会甘心一直"潜伏"吗？答案是否定的，他之所以隐而不发，不是因为前怕狼后怕虎，更不是因为胸无大志，而是在待天时。说到天时，先来看看当时天下的形势吧。

第十三章

革 命

（1）贵人相助

这时的天下，早已被杨广挥霍得不成样子了，自从杨玄感造反后，天下早已乱成一锅粥了。各地起来"革命"的队伍如雨后春笋般拔节而出，到大业十二年（公元616年），革命军队中形成了"三大集团"，分别是河南的翟让，河北的窦建德，江淮的杜伏威。

这三剑客中的翟让是其中的"大哥大"。翟让领导的革命军还有一个很好听的名字——瓦岗军。

这个名字我们太熟悉了，上世纪六、七十年代，中国人心目中，瓦岗寨的意思就是革命。

翟让，东郡韦城（今河南滑县东南妹村）人，本来是个小吏，因为得罪了上司，被打进牢监，判了死罪。时主管监牢的狱吏名叫黄君汉，很佩服翟让的才能，就偷偷地把他放了。

翟让逃出监牢后，觉得与其窝囊地活着，不如痛痛快快地干一场。于是乎，马上与兄长翟弘、侄子摩侯、挚友王儒信在东郡附近的瓦岗寨，开始了招兵买马之旅。打出的口号是："有福同享，有难同当"，引得前来投奔的义勇之士络绎不绝。这其中包括绝世悍将单雄信（《隋唐演义》第十五条好汉）、徐世勣（徐茂功）和当地"首富"贾雄等人。

同郡人单雄信和翟让原是好友，听说翟让在瓦岗（今河南滑县瓦岗寨乡）革命，就在本乡召集了一批血气方刚的青少年农民，前来助阵。单雄信善于马上用枪，出入敌阵，迅猛如飞，人称"飞将军"。

由离狐（今山东东明县东南）迁居滑州卫南（今河南滑县）的徐世勣，字懋功（茂公），少年就有勇略，武艺高强。他虽然出生于富家，但是同情农民，平时仗义疏财，爱抱不平，在社会上影响较大。翟让革命后，他带着一批青年也加入了瓦岗军。他不只是个摇鹅毛扇的谋士，而且是位智勇双全的大将和统帅。他后来曾说："我年十二、三时亡（无）赖贼，逢人则杀；十四、五为难当贼，有所不惬则杀人；十七、八为佳贼，临阵乃杀之；二十为大将，用兵以救人死。"由此可见，他参加革命时，已是以救天下饥民之苦为己任了。

贾雄住在瓦岗附近的贾家楼（赤水村西），出生于富家，幼年好学，思想开朗，爱交朋友，同情贫民，看到隋王朝黑暗，自愿为革命出力，被聘为瓦岗军的军师。

有了队伍和大将之后，翟让带领革命队伍沿运河抢掠官府和私人运输船队，资给丰足，革命队伍发展更是突飞猛进，很快拥有万余人。

至今滑县流传的歌谣，表现了当时农民起义的高涨热情：

1. "瓦岗寨上英雄将，杀贪官、断皇杠，开官仓、放义粮，黎民百姓都欢畅。"

2. "扶着爷，挽着娘，携着儿女上瓦岗，瓦岗寨上吃义粮。荷渔叉，扛长枪，跟着翟让打杨广，杀死杨广免遭殃。"

3. "要抗兵，要抗选，家家要把铁器敛。敛起铁来做成枪，昏君赃官杀个光。"

兵强马壮之后，翟让并不满足于小打小闹了，而是开始了大举动。大业十年（公元614年），翟让带领革命军以雷霆之势一举攻克了郑州、宋州（今河南商丘）等郡县，控制了从汴州（开封）至黎阳一段的水上交通军事要地——通济渠（南运河），缴获了大量军械物资，进一步壮大了革命力量。

瓦岗军上演"劫皇纲"的故事后，几乎一夜之间，隋朝对瓦岗军刮目相看，杨广赶紧派河南道讨捕大使张须陀征讨瓦岗。张须陀善于用兵，手下又拥有秦琼（名字如雷贯耳啊，《隋唐演义》第十三条好汉）、罗士信（《隋唐演义》四猛之首，连李元霸都畏惧三分）等猛将，可以说是隋朝的一支王牌部队，革命队伍中一些小股部队，如王薄、孙宣雅、石秪阇、郝孝德等都成了他的手下败将。

结果一向以剽悍著称的翟让很快便发出了"既生翟，何生张"的感叹，因为翟让和张须陀交锋了三十多次，居然无一胜绩。

俗话说，愿赌服输，翟让败了，付出的代价是被迫撤离宋郑两郡。说得再直白点，就是把他占领的土地和城池又都交还给了隋朝。

就在翟让感觉自己正朝着穷途末路狂奔时，一个人的到来拯救了他，让他看到了光明。这人便是李密。

李密想必大家都不陌生了，他曾经参加过杨玄感的造反，但因为固执的杨玄感不听李密的良计，结果错失军机，最终导致了失败的苦果。杨玄感兵败自杀后，李密过起了流浪逃亡的生活。

一开始，李密逃往关中，匿藏在冯诩郡（今陕西大荔县）杨玄感的堂叔杨询的岳母娘家里。然而，李密的"小隐隐于野"的招数并不奏效，不久，他的藏身之处就被邻居举报了，于是乎，在一个伸手不见五指的夜晚，隋朝的官兵光顾了李密隐居的陋室。恭喜李密，光荣地成了阶下囚。

鉴于李密属于"甲级战犯"，很快，李密及其他囚犯被一起押往当时杨广所在的高阳（今河北高阳县）去问审。

李密知道，这路上是他逃生的唯一机会和希望，一旦到了高阳，也就是他人头落地的时候。于是乎，他对其他囚犯说："我们的性命好像朝露一样，顷刻就会死于非命。如今在途中，我们还可以想办法脱身，如果到了高阳，就会死无葬身之地了。我们怎么能够等待给处死而不打算逃命呢？"众人认为他说得对，于是，开始一起密谋"逃命计划"。

李密走的是"糖衣炮弹"的老路子，他带头献出自己身上的财物，并且说了一句"钱财如粪土，生命胜黄金"，其他囚犯见状，也纷纷慷慨解囊，献出所带金银财宝。李密便拿出这些金银财宝送给押解他们的使者，然后充分发挥自己伶牙俐齿的特长，说了这样一句话："我们这些叛贼到了高阳就会被处死，这些金银财宝就留给各位大爷吧，希望我们死后，大爷们能够安葬我们的尸身，剩下的财物就当作我们对大爷们的报答吧。"

那些"护囚使者"见钱眼开，对李密等人的态度马上发生了九十度大转弯，由凶残到温和，有钱能使鬼推磨，这话一点不假。到了关外，李密再请求"护囚使者"替他们到市集上买酒水和食物回来吃，"护囚使者"爽快地答应了。

事实上，李密是"醉翁之意不在酒"，在迷惑和麻醉"护囚使者"也。他们每一次豪饮都要吵吵闹闹，疯疯癫癫到天亮，并且美其名曰：今朝有酒今朝醉，明日处死也开心。

对此，"护囚使者"睁一只眼闭一只眼，认为他们这是在借酒消愁，不以为然。很快，他们到了邯郸地区的魏郡（今河南安阳市）石梁驿，李密等七人再次饮宴，这一次，他们把"护囚使者"也拉上了。

"护囚使者"欣然应约。结果这一饮，李密等七人轮番上阵，很快把"护囚使者"灌了个云里雾里。

接下来毫无悬念，李密等人微笑着凿穿墙壁逃亡而去。

逃跑的李密投奔平原（今山东陵县）豪帅郝孝德。郝孝德对他们并不"感冒"，于是李密又投奔齐郡（今山东济南市）豪帅王薄，王薄也没有发现李密有什么过人之处，对他不冷不热。于是李密又逃到淮阳（今河南淮阳市），在一个小乡村安顿下来，改名换姓为"刘智远"，聚徒教学，当起了教书先生。过了几个月，李密郁郁寡欢，自恨空有大志无处施展，于是写了一首五言诗表明自己的心志，其诗曰：

金风荡初节，玉露凋晚林。

此夕穷途士，空轸郁陶心。

　　眺听良多感，慷慨独沾襟。

　　沾襟何所为？怅然怀古意。

　　秦俗犹未平，汉道将何冀！

　　樊哙市井徒，萧何刀笔吏。

　　一朝时运合，万古传名器。

　　寄言世上雄，虚生真可愧！

　　写完诗，他禁不住落下几行热泪。有些村民觉得很可疑，便到淮阳太守处告密。太守命人逮捕"刘智远"，但被李密闻得风声，又逃到了妹夫雍丘（今河南杞县）县令丘君明处，丘君明知道自己这里不是长久之地，便把他辗转托付给一个侠义之士王秀才，王秀才是个慧眼识丁的人，不但收留了李密，而且把自己美貌如花的女儿嫁给他。

　　然而，乐极生悲的是，李密正沉浸在幸福的蜜罐里时，丘君明的堂侄丘怀义来了个胳膊肘儿向外拐，向朝廷进行了举报。结果梁郡通守杨汪立马派兵包围王秀才家，刚好李密有事外出没有回家，从而逃过大难。丘君明和王秀才却受到了连累，全都被处死……

　　一路的流浪逃亡，李密受尽了人间疾苦。

　　一路的颠沛流离，李密尝尽了世态炎凉。

　　而与李密的流浪逃亡相比，兵败后的翟让的处境也好不到哪里去，同样属于逃亡流浪状态中。这时，翟让手下的大谋士王伯当（《隋唐演义》中第十七条好汉）向翟让推荐了李密。这时，李密也正在睁着一双慧眼寻找依靠，结果翟让和李密两人如同干柴烈火一般，一点就着。

　　事实上，李密就是李密，他不但来了，而且还带来了不少零散的革命队伍。这无疑解了翟让的燃眉之急，更让翟惊喜的还在后面，李密来之后，马上向他献了一道良策：直取荥阳（今河南荥阳）为根据地。

　　为了论证自己的良策，李密首先引用了名典名句：墙上芦苇，头重脚轻根底浅；山间竹笋，嘴尖皮厚腹中空。

就在翟让迷惑时，李密进行了解析：我们现在没有稳定的根据地，就好比一盘散沙一样，漫无目的，而且粮草供给也不稳定，饱一餐饿一餐，没有持久作战的能力，如果能攻下军事重镇荥阳作为根据地，那我们便如鱼儿找到了水源——弈活了一盘棋。

翟让听后，马上发出了"听君一席话，胜读十年书"的感慨。于是马上带兵向荥阳进发，并且很快攻取了金堤关和荥阳周围的几个县。正在这个关键的时刻，阴魂不散的张须陀又出现了，他横刀立马，挡在翟让军前，发出了"此山乃我开，此树乃我栽，欲打此处过，留下买路财"的豪言。

面对张须陀的嚣张，屡战屡败的翟让显得很低迷，对于他来说，克星在眼前，不怕那是不正常的，于是，萌生了"绕道而行"的想法。关键时刻，李密站出来，只说了一句话就打消了翟让心中的顾虑：张须陀有勇无谋，可以一战而擒之。

既然说张须陀是有勇无谋，那么硬碰硬无异于鸡蛋碰石头，那么唯有智取了。接着，在李密导演下，上演了一出连环计。

第一计：引蛇出洞。

实施方案：首先翟让亲自带兵前去挑战张须陀，目的是为了引出张须陀这只"玉面老虎"。

事情进展：面对翟让的挑战，张须陀很出乎意料，于是马上带兵倾巢而出，目的只有一个，把翟让碎尸万段。

结果：翟让以自己为诱饵，引出了张须陀，李密的第一计达到了预期目的。

第二计：瞒天过海。

实施方案：翟让与张须陀交战后，开始隐瞒自己的实力，且战且退，目的是为了把张须陀越带越远。

事情进展：翟让的举动更加激起了张须陀的怒火，他奋勇向前，大有不把翟让往死整不干休之英雄气概。

结果：翟让以自己为绊脚石，诱张须陀孤军深入到李密布下的伏击圈——大海寺附近，李密的第二计圆满地达到了目的。

第三计：关门捉贼。

实施方案：张须陀进入伏击圈后，李密马上带领伏兵关门——封锁住了张须陀的退路。翟让掉转马头，和李密来了个捉贼表演。

事情进展：官军被瓦岗军团团围住，大败已毫无悬念。而这时的张须陀凭着自己的勇猛，很快冲出了重围。但回头一看，只剩下自己孤零零的一个，嫡系部下全都被围困在里面了，不忍心的张须陀马上又策马回去相救，前前后后总共四次，结果不仅没有成功救出部下，反而使自己也陷入了四面楚歌的绝境。

结果：张须陀在发出"大败如此，没脸再见皇上了"的叹息声后，冲入革命队伍中，血战而亡。

河南灵宝人张须陀的忠义，很容易让人想到以色列的一句名言：我们犹太人是被抛弃的民族。被抛弃的民族，绝不会抛弃本民族的任何一个人！

据说张须陀死后，手下部卒日夜啼哭，好几天不止，可见他在军中很得人心。张须陀其人，骁勇匹于吕布，武略堪比韩信，义气有如田横，悲壮不下项羽。也正因此，有人封他为隋唐正史中的第一名将！有诗祭曰：

> 岱宗苍莽起风云，吹灭狼烟无迹寻。
>
> 孤胆驱驰悲马啸，大河奔涌赤涛鸣。
>
> 天兵备道雄关定，穷寇依山奇阵平。
>
> 慨问黄天厚土地，何方拜祭有英灵？

（2）让　贤

隋朝这样一员智勇双全的名将死后，瓦岗军在河南境内纵横驰骋，再无敌手。张须陀手下秦琼、罗士信等猛将在走投无路之际，投奔了李密手下大将裴仁基。

而李密也凭借此战，坐上了瓦岗军"二号首长"的位置。

大业十三年（617）二月，瓦岗军攻取兴洛仓（今河南巩义），并开仓济贫。据《隋书》记载："开仓恣民所取，老弱强负，道路不绝。"

瓦岗军开仓放粮的消息，迅速传遍四面八方，男男女女，老老少少，拿口袋，挎篮子，推车子，挑担子，络绎不绝，滚滚人流达数十万，涌向仓城。领到粮食的饥民，手里捻着米谷，脸上挂满了喜悦的泪花。"不愁吃，不愁穿，送郎送子把军参"，参加革命的络绎不绝，不出半月，瓦岗军的革命队伍一下子壮大到数十万之众。

兴洛仓失守后，洛阳的越王杨侗大惊失色，他既怕皇帝降罪于自己，又害怕瓦岗军马上来进攻他的东都。于是决定先下手为强，派遣虎贲郎将刘长恭率军二万五千人前去剿匪。

面对来敌，这一次李密献出的是三十六计中的以逸待劳之计，具体分为三个步骤：

首先是示敌以弱。把士兵们隐藏起来，只让一些老弱病残守城。

其次是坚壁清野。把所有吃的穿的用的全部转移，让官兵找不到可以充饥和保暖的物资。

最后才是雷霆一击。刘长恭看到守城的瓦岗军人数少而且素质低，顿时产生了轻敌的思想。而接连占了好几座城池后，掘地三尺居然找不到吃穿的物资，饥饿来袭，军心开始涣散。就在这时，翟让和李密带领瓦岗军大部队开始了全面反攻，结果隋军大败，死亡超过半数，刘长恭充分发挥腿长善于跑步的特长，以刘翔破世界纪录的速度，带领残兵败将仓皇逃回东都。

这一战的胜利，便得瓦岗军得到了大量的辎重器甲，军威大振，革命形势如同芝麻开花节节高。

人怕出名，猪怕壮。随着瓦岗军接连胜利，李密的威信也是水涨船高，到后来竟然已远远超过"大当家"翟让了。人都是有野心的，对于李密这样一个有理想有抱负的人来说，野心更大，自然不甘屈居"二号首长"的位置了。

可是，如何才能让平庸的翟让让贤呢？

冥思苦想良久的李密决定走"曲径通幽"的道路。他找到翟让的老战友王伯当和徐世勣，请这两位"双子星座"出面，说服翟让让贤。

王伯当和徐世勣过去是翟让的左膀右臂，但李密到来后，通过甜言蜜语和小恩小惠，已让两人心向于已，他们也觉得李密比翟让更具领袖风范，因此马上极力去劝说翟让。

"翟将军，您可曾听过近来民间流传日盛的《桃李章》这首歌谣？"书房内，翟让、徐世勣、王伯当各自坐定，徐世勣喝着茶，慢慢道。

"略有耳闻！"翟让点了点头，慢慢地吟道，"桃李子，皇后绕扬州，宛转花园里，勿浪语，谁道许！"

"那它的意思，将军可知道？"徐世勣道。

"这个倒是不甚明白。"翟让道。

"王兄是算命占卜高手，不妨听听您的高见啊。"徐世勣说着向王伯当使了一个眼色。

"徐兄给小弟脸上贴金了，高手谈不上，胡测一下倒是可以试试。"王伯当说着，顿了顿，接着道，"'桃李子'，是说逃亡者是李氏之子；'皇后'是指皇上和皇后；'宛转花园里'指天子在扬州回不来，'莫浪语，谁道许'的意思是保'密'。"

"那整句话的意思是……"徐世勣故意问道。

"李密会取代大隋江山。"王伯当一字一句地道。

"啊……"翟让闻言惊得云里雾里，半晌才回过神来，问道，"那我现在该怎么办啊？"

"俗话说识时务者为俊杰，既然天意如此，将军为何不顺应天意，主动让贤于李密。这样一来，将来李密得了天下，将军也可以封个开国元勋啊。"徐世勣劝道。

"是啊，现在李密声名日隆，将军主动让贤，一来显示大度，二来有恩于李密，将来定能位极人臣啊。"王伯当趁热打铁，再将一军。

翟让闻言沉思良久，才缓缓地抬起头来，喃喃地道："罢了，罢了，我的才华原本就不如李密，既然天意如此，我就把首把交椅让给李密。"

"将军圣明，将军英明，将军神明，将军功德无量……"徐王两人异口同声地道，嘴角露出了满意的笑容。

大业十三年（公元617年）二月十九日，瓦岗军中人欢马叫，洛口城内锣鼓齐鸣，巩南设下坛场，李密即位称魏公，改元为永平元年。这个政权的最高领导机关称"行军元帅魏公府"，魏公府置三司六卫。翟让为上柱国、司徒、东郡公，亦设置长史以下官职，只是数目比元帅府少一半。其他成员的任职是：单雄信为左武侯大将军，徐世勣为右武侯大将军，各领所部。房彦藻为元帅左长史，邴元真为右长史，杨德方为左司马，郑德韬为右司马，祖君彦为记室……

政权建立后，全国各地的革命军受到极大的鼓舞，山东、河南、河北、安徽、湖北、陕西等地的革命军，先后派使节来到洛口城庆贺，目标一致地推举李密为"武林盟主"，信誓旦旦地表示，愿听从他的调遣，愿同瓦岗军联合作战，共同推翻腐败的隋朝政府。

（3）艳阳天

李密凭着人格魅力，不但让各地革命军对他臣服，而且还吸引了一些名将投奔，这里重点介绍其中三位。

第一位是隋朝名将裴仁基。

裴仁基，字德本，河东（今山西永济县）人。将门之后，少年便骁勇异常，弓马娴熟，曾担任过隋文帝的贴身侍卫，先后参与过平陈之役、吐谷浑之战、高丽之征，以军功显赫晋光禄大夫。在中原乱世时，裴仁基被杨广任命为河南道讨捕大使，镇守虎牢关，与群豪对峙。虽然裴仁基劳苦功高，但一直生活在杨广的猜忌之中。坐镇虎牢时，身边还跟了一个监军御史萧怀静，就是专门监视他的。萧怀静隔三差五地向杨广打小报告，把裴仁基搞得惶惶不安。

裴仁基本来就处于骑虎难下之势，再加上平时又被萧怀静搞得很郁闷，所以就有了投降之意。萧怀静不知通过什么途径又获悉内情，立即写信向皇上告密。然而，萧怀静早已成了裴仁基重点提防的对象，结果，这封绝密信还没有送出虎牢关，就被裴仁基成功截获了。

握着萧怀静的告发信，裴仁基心里在滴血，他真想唱：手中握着你的信笺，我无法握住彼此的明天……的确，他唱完后，萧怀静已经没有美好的明天了，因为被送上了断头台。

杀了萧怀静，裴仁基再无退路，当下不再犹豫，率众投奔了李密。李密见状大喜，封裴仁基为上柱国，河东公。裴仁基的儿子裴行俨跟乃父一样骁勇善战，也被李密封为上柱国、绛郡公。

第二位是长白山土霸王孟让。

孟让，齐郡人，大业九年（公元613年）时，因山东民不聊生，率众起事。先曾与另一首领王薄合兵一处，占据长白山（今山东邹平县南）。后来长白山军被隋猛将张须陀击败，王薄向北逃窜，孟让则向南另寻出路。孟让进至都梁宫（江苏盱眙）后，重新设立据点，拥徒众十几万人。隋王朝派时任江都郡丞的王世充前去破敌。孟让依仗自己人多，又看隋军主帅是个郡丞，更是轻敌。王世充利用了孟让的轻敌心理，故意示弱，以骄其心，待其懈怠时，再出兵击敌。结果打得孟让兵败如山倒，孟让仅带着十几名骑兵逃走，此后过起了漂泊流浪的生活。李密称魏公后，孟让率手下前来归顺，被李密封为总管，齐郡公。

第三位是半路出家的程咬金。

这可是中国正史野史中大名鼎鼎的人物，程咬金三板斧家喻户晓，名气不会比孙悟空小。

程咬金，东阿（今山东东阿）人，原本是隋朝地方武装的一个小头目。隋末农民起义军四起，他"聚众数百保乡里"，抵抗义军。在李密当了魏公、瓦岗军已经非常兴盛的情况下，他也随势投到李密麾下，被李密封为骠骑将军。

在大好形势下，李密派兵向东南发展，很快攻占湖北的安陆、河南的汝南、山东的济阳、江苏的淮安等地。至此，河南道的大多数郡县已经为瓦岗军所占领。

反观隋朝，这时不但有革命制造的"人祸"，更有"天灾"，黄河下游遭水灾，加上杨广苛征暴敛，连年征战，地方官借机发财，无恶不作，农民生活极端贫苦，衣食无着，居无定所，到了"饿殍满野，千里无所见，白骨遮平原"的境地。粮食成了农民生死攸关的最大问题。

徐世勣见状，便向李密建议说：天下大乱的根本原因，是农民没有粮食吃。我们起来革命，正是为了解决农民的苦难。回洛仓（今河南洛阳东北）和黎阳仓是隋王朝最大的两大粮仓，我们如能会同当地革命军拿下这两大粮仓，开仓济民，定能取得民众的热烈拥护，民心归服，大业可望。

李密采纳了徐世勣的建议，大业十三年（公元617年）四月，瓦岗军逼近东都城郊，攻破回洛仓，致使东都粮食缺乏，陷入困境。九月，瓦岗军又攻破黎阳仓。

攻下黎阳仓后，李密做的第一件事就是开仓放粮。饥民得救，欢声震天，纷纷参加革命，徐世勣在十天内得兵二十万。

这时，隋王朝的武安（今河北永平县）、永安（今湖北黄冈）、义阳、弋阳郡（今河南光山县）、齐郡等地的隋朝地方官兵，都相继归降瓦岗义军；并有大股义军如窦建德、朱粲等遣使到洛口，要求参加联盟，听从瓦岗军领导，共同战斗。这次胜利，既切断了涿郡隋军与江都、洛阳隋军的联系，又使黄河下游的革命军区域连成了一片。

（4）再接再厉

眼看东都告急，求救文书如雪片般飞进正巡幸江都的隋炀帝杨广住处。杨广早已对瓦岗军恨得要死，怕得要命。他凭第一直觉认为东都安危实关隋王朝的前途命运，于是决定孤注一掷，派心腹大将王世充率江淮劲旅五万去洛阳镇压瓦岗军。

大业十三年（公元617年）十月十五日，王世充联合刘长恭等将领率大军连夜渡过洛水，抢占了黑石关。黑石关在洛阳以东、巩县西南，紧临洛水，是东都的门户。

王世充到了黑石关后来了个兵分两路。派刘长恭镇守黑石关，以作后防供应地，他自己亲自带兵去攻打洛口仓城附近的瓦岗军。结果打了瓦岗军一个措手不及，瓦岗军被逼从仓城撤军。

李密大意失仓城后，也来了个兵分两路。主力部队退回月城，以守坚城，而把精兵撤回洛水南岸，以待天时。

王世充一战告捷后，信心和勇气大增，马上对月城进行包围，期待与瓦岗军一决雌雄。然而，事实证明这只是王世充一厢情愿的想法，他碰到的不是别人，是李密。李密此时怎么会和士气正旺的王世充进行决战呢？

李密开始用计了，这一次使出的是三十六计中的围魏救赵之计。

当王世充还在月城外声嘶力竭地挑衅辱骂时，李密却早已悄悄溜出城去，率领退守在洛水南岸的精锐骑兵直奔黑石关而去。拿下黑石，王世充不仅退路被断，而且粮草补给也将失去。

黑石关隋军哪里料到瓦岗军兵败之后，还有空暇来光顾他们，在防御不足的情况下，信心更加不足，于是马上点燃烽火，向正在月城下围城的王世充求救。

第一次，王世充视而不见。

第二次，王世充充耳不闻。

第三次，王世充怒目而视。

第四次，王世充怒而回师。

李密等的就是王世充的回师。他早已在途中设伏，结果毫无悬念，隋军溃败，王世充与刘长恭逃回了洛阳。

王世充狼狈地逃回东都洛阳后，羞愧难当，夜不能寐，暗思反击之策。一个月后，他重整人马，率三万精兵，再度向瓦岗军发动进攻。很快来到了石子河南岸，准备再度偷袭义军老巢洛口。

李密早有防备，王世充的一举一动没能逃过他的法眼，他还是老调重弹，采用自己擅长的"抛砖引玉"、"瞒天过海"、"关门捉贼"这套连环计，把军队分为四队：翟让当先锋，王伯当、裴仁基为左右翼，他自己为中军，各部选有利地形埋伏起来。

"抛砖引玉"的依然是翟让。他作为诱饵首先出阵向王世充挑战，然后采取"瞒天过海"战术，佯装失利败逃。王世充急于报仇，自然不会放弃追击他们的良机，于是一跑狂追到石子河北。

进入伏击圈后，接下来就是瓦岗军表演"关门捉贼"的时间了，王伯当和裴仁基击其腰，李密断其后，翟让击其头，王世充首尾不能相顾，败得一溃千里。

这时，李密目标只有一个，推翻隋炀帝杨广的政权，因此，他命祖君彦为革命军撰写了讨隋炀帝檄文，历数了隋炀帝十大罪状：

一、弑父篡位。杨广运用卑鄙手段，从太子杨勇手上夺取皇位继承权。当其父杨坚病重之时，利用"侍疾禁中"之便，行"鸩毒"之事，乃是"天地难容，人神皆愤"。

二、乱伦好色。杨广强逼其妹妹兰陵公主侍寝，淫乱其父亲的妃嫔。

三、荒淫无度。杨广广召良家女子"充造宫掖"，终日荒于酒色。

四、奢侈腐化。杨广大兴工程建设，搞得全国上下民穷财尽。

五、苛捐杂税。杨广收税时像猛虎一样，屡次搜刮百姓，弄得民不聊生。

六、蛮征暴政。为了修复长城，不惜白骨露于野，千里无鸡鸣。

七、滥用民力。进攻高丽，逼迫农民出征，风萧萧兮易水寒，壮士一去兮不复返。

八、堵塞言道。杨广刚愎自用，妒贤嫉能，残杀忠臣，遂使"君子结舌，贤人缄口"。

九、贿赂成风。杨广用人不在才能大小，刑狱审问不在罪责轻重，一切都在钱财多少，形成了"政以贿成，君子在野，小人在位"的不良局面。

十、言而无信。杨广东征西讨，南巡北狩，征夫无数，遇到危机之时，虽悬求救，危难过后，又收回成命，有功不赏，言而无信。

总结陈词是：杨广罪孽是"罄南山之竹，书罪未穷；决东海之波，流恶难尽"。

　　檄文一出，大大鼓舞了革命军队的反隋斗争热情，像雷电一般疾速传遍天下，震撼全国。泻沧海而灌残荧，举昆仑而压小卵，大隋王朝，似乎只等那最后一根稻草压下来，便要垮掉了。

（5）卑鄙的圣人

> "荣华自是贪夫饵，得失暗相酬。恋恋蝇头，营营蜗角，何事能休？
>
> 机缘相左，谈笑剑戟，樽俎沮戈矛。功名安在？一堆白骨，三尺荒丘。"

——题记

　　天地间两截人者甚多：处穷困落寞之时，共谈心行事，觉厚宽有情，春风扑面；至富贵权重之际，其立心做事，与前相违，时时要防人算计他，刻刻恐自己跌下来。这个毛病，十人九犯。总因天赋之性，见识学问，只得到这个地位。

　　就在形势一片大好的时候，瓦岗军却发生了内讧。和所有的内讧一样，贪婪和猜忌是罪魁祸首。

　　看到形势大好、前途无量，瓦岗军的"带头大哥"几乎是皇帝的不二人选，已沦为"二号首长"的翟让的一些亲友和下属开始心不甘情不愿了。

　　部将王儒信劝翟让自己当大冢宰（百官之长，相当于宰相），管理所有的事务，把让给李密的权力夺回来。

　　翟让的大哥翟弘更为愤怒，他对翟让说了这样一句狠话："天子只可自己作，安得与人，汝若不能作，我当为之。" 意思就是说，兄弟啊，天子你可要自己当啊，怎么能让给别人呢！你要是不当，我可就当了啊！

　　翟弘的话一半是劝说一半是威逼，显然是期待翟让能"男儿当自强"。然而，很不幸的是，翟让是个忠厚老实人，他清楚自己有几斤几两，对众人的劝说很不以为然，并且耐心地向他们陈述大义，应以团结对敌为重，不要争权夺位，计较个人得失，不要干分裂革命的事儿。

然而，和翟让一笑而过的大度相比，李密却显得阴险狡诈得多。他听到这些风言风语后，便怀疑翟让蓄意夺权，于是决定先下手为强，把翟让集团一网打尽。

公元617年11月11日，李密设下"鸿门宴"，请翟让和部将们到他的府上喝杯接风酒。

老实的翟让哪里提防到这是李密布下的局，只等他这颗棋子往死里送。接到邀请函后，翟让带领兄长翟弘、侄子翟摩侯以及手下得力干将王儒信、单雄信、徐世勣、裴仁基、郝孝德等人前往赴宴。

宴席开始后，翟让的心腹猛将单雄信等人站在身后护卫，李密见状说道："今天我们开怀畅饮，大家不必站着，都入席。"

李密的心腹房彦藻、郑颋等人闻言带头到隔壁的酒桌入座了，翟让的心腹们都没有动。

"今天大家在一起是为了喝酒取乐，天这么冷，司徒（翟让的官衔）的随从人员也喝点酒、吃点饭吧。"李密道。

眼看李密手下的人都入席了，翟让也不好意思让自己心腹干站在那里饿肚子，于是大手一挥，道："你们都入席吧。"

这样一来，偌大的大厅除了李密、翟让，就只有李密手下的卫士蔡建德拿着刀站在一旁当"护帅使者"。

接下来就是李密的表演了。酒至半酣，李密拿出了一张"良弓"给翟让看，说这张弓是绝世神弓。翟让是个喜欢舞刀弄剑之人，自然对这张弓很感兴趣，接过良弓后，左看右看，前看后看，在发出"原来每张弓都不简单"的感慨后，便来了个试弓。

翟让刚刚把弓拉满，说时迟那时快，只觉得头顶寒光一闪，他还来不及反应，便已倒在血泊中了。

只是他在倒下去的那一瞬间，睁着一双眼睛，怔怔地望了一眼给自己致命一击的蔡建德，再望向嘴角兀自挂着冷笑的李密，嘴吐鲜血地叫道："你，你，好卑鄙……"

一个胸怀坦荡的领袖死于阴谋，一个关于权力的阴谋。

同时，李密早就埋伏好的刀斧手开始行动了，翟弘、翟摩侯、王儒信很快成了刀下鬼。徐世勣一看不妙，拔腿就跑，被门卫士砍伤脖颈。卫士们正要痛下杀手时，被李密及时制止了。

对于李密来说，徐世勣对自己有拥立之恩，他虽然是身在翟营，但心在他这里，他自然不会让这位"恩人"白白丧命了。

眼看翟让已死，李密为了控制局势，来了个"双管齐下"。

首先是言。李密充分发挥他的优势，以三寸不烂之舌对众人解释说："我与各位一起革命，是为了除暴安良，有福同享，有祸同当。翟让却独断专行、贪婪暴虐、凌辱同僚、对上无礼。现在只杀他一家人，请诸位不要各生疑心。"

接着是行。为了安抚翟让的手下，李密让人把徐世勣扶到自己的营帐里，亲手为他包扎伤口。听说翟让的部队想散伙，李密就让单雄信前去慰问，随后李密又独自一个人骑马进入翟让的军营去稳定军心，让徐世勣、单雄信、王伯当分别统领一部分原来属于翟让的部队，瓦岗军心这才稍稳。

然而，窝里斗上演后，对瓦岗军的打击是巨大的，军中从此人人自危，他们背地里都称李密是"卑鄙的圣人"，从而军心涣散，斗志大减，这无疑给了蓬勃发展的瓦岗军拦腰一刀，隐患的种子就此埋下。

第十四章

逆境扬帆

（1）怀柔之术

就在翟让和李密闹得风风火火、各地革命军如雨后春笋般拔节而出时，李渊在太原的日子却并不好过。

首先，李渊要筹划革命事宜。对于有雄心大志的他来说，之所以在革命这条道路上比别人慢一拍甚至慢好几拍，其实跟他后发制人的战略部署有关，他一方面招兵买马不断扩大实力，另一方面坐山观虎斗，以第三者的心态来看以瓦岗军为首的革命军与隋朝大军的火拼。而他等待的是时机，坐收渔翁之利的时机。

其次，李渊要面对突厥的骚扰。杨广之所以把李渊调到太原来，主要目的和任务就是让李渊当枪手当炮灰，抵御突厥不断的"打草谷"的惊扰。为此，还专门安排了两位监军：高君雅和王威，有什么风吹草动，及时向朝廷汇报。李渊自然不会让这两个眼中钉肉中刺碍他的大事。一次，面对突厥的突然光顾，李渊派高王两人迎敌，结果两人大败而归，李渊借机以正军威之名，把两人送上了断头台。

脱离了隋朝的桎梏后，李渊决定对突厥改变战略。他通过观察分析认为，和突厥长期"真情对对碰"，对自己只有坏处，没有好处。突厥人天天没事干，无聊了就来闹一阵，然后又扬长而去，不被他们打垮，也会被他们拖垮。

最好的方法就是走联合的道路。怎么联合？李渊走的是"示弱"老路。他马上给突厥写了封信，大致说了两层意思。

一是庄重地表示：你是王，我是你的臣。

二是慎重地承诺：如果你愿意帮我，占领的土地归我，得到的所有财物和女人都归你。

东突厥首领始毕可汗看了信后，马上回了一封信。信也分两层意思。

一是言重的祝福：早日举事，早成霸业。

二是严重的献礼：赠一千匹良马，略表心意。

接到回信和良马后，李渊很生气。按理说，人家送他一千匹良马应该高兴才对，为什么会生气呢？原因很简单，始毕可汗赠送良马目的不是付出，而是索取。他抛出的是"马"，却要引出李渊手中的"币"来。

人家都送了你马匹了，你不可能不回送礼物吧。回什么好呢？当然是金银珠宝之类的财帛了。这样一来，你肯定是瞎子贴布告——倒贴。用几匹马兑换自己仓库里白花花的银子，说得再直白点就是敲诈，你说李渊气不气愤。

当然，气愤归气愤，气愤过后，李渊还得装孙子，回突厥的礼。这个礼要怎么回呢？李渊采取的是买一退一的策略，从这一千匹良马中选择了五百匹马留下，按当时上等马匹的价格，付上了相等的钱财，其余五百匹马物归原主，退回。

对于李渊的做法，他的手下很不解，于是纷纷主动慷慨解囊："主公，你现在手头紧张的话，我们都掏出私房钱支持你，买下那五百匹马，也不让突厥人小瞧了我们。"

对此，李渊的头摇得像拨浪鼓，然后回了三句话。

第一句话：我不差钱。我虽然不富有，但买几千匹马还是绰绰有余。

第二句话：突厥差钱。我们虽然急需马匹充实军需，但突厥人的马遍地都是，是买之不完用之不尽的。

第三句话：花钱是一门学问。我们既然已经向突厥示弱了，何不妨再来一次装穷呢，以断了突厥人贪婪的念头。

众人一听，茅塞顿开，对李渊的深谋远虑大为钦佩。

果然，突厥敲诈没有成功，但碍于和李渊达成的战略合作关系，又不便发作，只能打碎牙齿往肚子里吞。就这样，李渊通过怀柔，暂时缓和了和突厥紧张的关系。李渊终于可以腾出手来，干他想要干的事了，两个字：革命。

（2）李渊的第一桶金

大业十三年（公元617年）六月十四日，李渊自称大将军，正式拉起革命队伍，随后确定了进军路线，四个字：直取大兴。

这是李渊和心腹大将商量决定的行动路线。当然，其实这个战略部署李渊是剽窃李密的。

大家都还记得，最开始杨玄感起兵革命时，李密提出了上中下三策，其中中策就是挥师向前，直捣大兴。正所谓风险与机遇并存，这个策略虽然显得稍急，但在特定的时候在特定的时期，却是一条通往胜利的最佳捷径，然而，平庸的杨玄感最终没有听取李密的金玉良言，选择了自取灭亡的下策，最终落得个兵败自杀的下场。

而这时的天下早已是"十八路反王，六十四处烟尘，七十二家盗贼"，如果按部就班地攻城拔寨，只能亦步亦趋地跟在别人后面，永远都成不了大气候。而大兴是隋朝的都城，只要拿下了大兴，就拥有了"号令天下"的尚方宝剑，就拥有了天下归心的臣服。攻下大兴，推翻了隋朝政府，再来攘内，那就容易多了。

确定了军事路线，接着，李渊又对各大将领进行了分工部署，其中三个儿子安排如下：长子李建成为左军统帅，次子李世民为右军统帅，四子李元吉为太原统帅，留守太原，以确保根据地的安全。

一切安排妥当，七月初五日，李渊率兵三万出太原，开始了他的革命征程。

一路上，在革命的感召下，李渊的革命军日益壮大，特别是李渊的"亲友团"（亲戚加朋友）的加盟更让其实力大增。这其中包括李渊的叔叔李神通，堂侄李孝恭，女婿柴绍及史万宝、裴勘、柳崇礼等挚友。

在实力和势力壮大后，李渊带领革命军一路势如破竹，几乎是兵不血刃地一路打到了霍邑（今山西霍县），在这里，李渊将面临革命后的第一场硬仗。

霍邑地形险要，西北临汾水，东临霍太山，是通往长安必须要翻越的第一座大山。守霍邑的是隋将宋老生。

隋军不但拥有"地利"，还拥有"天时"。李渊的革命大军来到霍邑后，老天开始发威了，来了个秋风秋雨愁煞人，雨一直下，对于原本想速战速决的李渊来说无异于当头一棒，仗是暂时没法打了，只能先耗下去了。

然而，相对于宋老生丰衣足食的隋军，李渊的革命军是耗不起，等不起，也伤不起的，一旦耗下去，后方的粮草供给就会出现问题，一旦粮草没了，这仗还没打军心就动摇了，离失败也就是时间问题了。

李渊眼看形势不妙，赶紧找留在身边的两个儿子和裴寂等亲信召开了一次军事务虚会。说是务虚，实际上是务实，商量何去何从的问题。

会议一开始，李渊便抛出了面临的严峻形势："如今秋雨绵绵，我们耗不起啊。一来粮草是个问题，二来突厥如果突然翻脸，偷袭我们的根据地太原，那么，我们腹背受敌，形势危矣。不如暂且退兵，他日再图进取，如何？"

李渊话音未毕，长子李建成和次子李世民便站出来了，发表了坚持反对撤兵的言论。

李建成说："辛辛苦苦大半年，一夜回到解放前。这种有违常理的事，我不干。"

李世民说："天时不如地利，地利不如人和。宋老生虽然拥有天时和地利，但我们拥有人和。更何况宋老生性格轻躁，刚愎自用。我们团结一心，击败他并不难。"

裴寂说："昔日项羽破釜沉舟得以灭秦，我们如果不破釜沉舟，何以能灭隋？"

李渊闻言沉默不语，兀自犹豫不决。

"逆水行舟，在此一决。雨罢进军，不取霍邑，愿受军法处置！"李建成和李世民异口同声地发誓道。

两个儿子都愿以死效忠，李渊还有什么话可讲，马上打消了回师的想法，开始实地考察，制定作战方案。老天这时似乎也有意帮李渊，一直下个不停的雨停了，天色转晴，李渊苦等的决战时刻终于到了。

出战当天，李渊亲自带了一些老残病残的士兵前去挑战。拥有三万精兵的宋老生岂容李渊这般撒野，马上出城迎战。

一交战，李渊佯装怯敌败退，丢盔弃甲。宋老生见状顿时来了精神，很想乘势追击，一举全歼李渊的革命大军。

李渊逃啊逃，就像无根的野草，宋老生追啊追，就像扑食的饿狼。殊不知，就在两人玩捉迷藏游戏的时候，李建成和李世民已率两支骑兵绕到后方，分别杀向霍邑东门和南门。

隋军正酣战间，听闻李渊大军骑兵直捣自己的老窝，顿时心慌。正在这个节骨眼上，李渊掉转马头，回杀过来，边杀边高呼道："宋老生已死，宋老生已死，缴枪者不杀，缴枪者不杀。"

混战中的隋军哪里能辨明真假，听闻主帅被杀，早已慌乱成一团，很快便溃不成军。从两翼绕到敌人后面的李建成和李世民也放弃了攻城，掉转马头开始了"屠龙"表演。

这个时候，宋老生纵有三头六臂也无法挽回失败的命运了。眼看无法挽回败局，也无法收拾残局，宋先生决定先逃命再说。凭着亲兵开路，宋老生充分发挥善于跑步的优势，以百米冲刺的速度第一个跑到了霍邑城下。这时城门早已关上，守城的隋兵见主帅来了，赶紧放下绳子，想通过这种"钓鱼"的方法，把宋老生"钓"上去。

宋老生眼看后面的追兵已迫近，形势危急，顾不得那么多了，赶紧拽住绳子往上爬。关键时刻，宋老生心理素质不过硬的缺点暴露无遗，他丢下了手中赖以生存的大刀，却没有脱掉身上披戴厚重的盔甲。就像一个人抱着沙袋爬山一样，纵然宋老生臂力惊人，结果还是如蜗牛爬树。

对于瞬息万变的战场来说，没有时间供他挥霍，更何况在这样千钧一发、生死攸关的时候。就在宋老生优哉游哉地上演"壁虎功"时，唐军已经追杀过来，接着把宋先生当活靶子射击，可怜的宋老生很快便被射成了刺猬。

杀死了宋老生后，李渊没有立刻对霍邑发动最后一击，而是命兵士把宋老生的首级挑在长矛上，围着霍邑城游行示威。

霍邑的隋军本来依靠地利的优势，还可以固守。但见主帅惨死后，他们的信念动摇了，有的投降了，有的逃散了，剩下的也是身在城头心不在焉。果然，三天后，当李渊对霍邑发动最后一击时，不费吹灰之力就拿下了这座被视为天堑的城池。

攻下霍邑城后，李渊还做了一件事——安抚。具体表现有二：

一是厚葬宋老生。李渊对这位死得其所的忠臣以最高礼仪进行了安葬，显示其大度。

二是招遣降兵。李渊对被俘的隋兵隋将一律优待，对那些本身是关中人想回家的，也"授五品散官放还"，显示其宽仁。

这样一来，李渊在收获大量的降军和粮草物资的同时，还收获了仁义之师的美誉。李渊在霍邑一战中，收获了革命的第一桶金。

（3）明修栈道，暗度陈仓

首战告捷后，李渊再接再厉，把拔刺行动的第二个目标瞄准了镇守河东城的屈突通。

屈突通，长安人，其父屈突长卿，是北周刺史。屈突通的个性特点，概括起来有三：

一是有情义。

隋开皇十七年（公元597年）三月，屈突通任亲卫大都督，奉杨坚之命到陇西（今甘肃陇西）巡查直属朝廷的牧群。屈突通秉公执法，共查出两万多匹隐马。

隋文帝闻讯后大为震怒，欲将罪臣太仆卿慕容悉达及一千五百多名管事的官员全部处斩，屈突通于心不忍，便向文帝求情："人命至重，陛下奈何以畜产之故杀千余人！臣敢以死请！"文帝怒视并且大声斥责屈突通。屈突通继续说："臣一身如死，望免千余人命。"隋文帝此时方才明白其宽仁之心，于是说："朕之不明，以至于此！赖有卿忠言耳！"当即免除了众人的死罪。

经过这件事，屈突通在隋文帝心中留下了深刻的印象，日渐重用，升右武侯车骑将军。

屈突通为人正直，秉公办事，即便是亲属犯法，也依法制裁，决不包庇宽容。当时他的弟弟屈突盖任长安县令，也以严整而知名。因此民间顺口流传："宁食三斗艾，不见屈突盖，宁服三斗葱，不逢屈突通。"

二是有胆识。

大业中期，屈突通转任左骁卫大将军。大业九年（公元613年）六月，杨素之子杨玄感趁隋炀帝第二次征高丽之机，举兵造反。结果屈突通抓住杨玄感不善用兵这个致命弱点，联合宇文述、卫文升、来护儿等人，成功镇压了杨玄感的革命。因为镇压有功，迁升为左骁骑卫大将军。

三是有谋略。

大业十年（公元614年），延安人刘迦论据雕阴（今陕西绥德）起兵反隋，自称皇王，建元大世，其众号称十万，与稽胡刘鹞子义军呼应。隋炀帝任命屈突通为关内讨捕大使，发关中兵进讨。屈突通率军进至延安，按兵不动，敌军以为隋军胆怯。屈突通则宣布要撤兵，放松敌人的警惕。同时，屈突通暗中率兵前往上郡（今陕西富县）。刘迦论不明敌情，率部南进，距屈突通军七十里扎营。屈突通乘其无备，夜率精甲进行偷袭，结果斩杀刘迦论，擒获万余义军。

随后隋朝政治日益腐败，各地革命军不断，而隋军则军无斗志，很多将领皆战死。只有屈突通作战时非常慎重，鲜有败绩，有常胜将军之美誉。也正是因为这样，大业十二年（公元616年），杨广南下江都宫，令屈突通率部随代王杨侑镇守大兴，可见杨广对这位名将的器重。

听闻李渊革命后，杨广派屈突通镇守河东城，目的只有一个，那就是阻止李渊的大军向大兴进发。

事实证明，屈突通就是屈突通，他用自己的实际行动证明了名将是怎么炼成的。面对气势汹汹而来的李渊大军，屈突通采取的战略是不战屈人，虽然他不拥有"天时"（此时天下大乱），但拥有"地利"（河东城城墙高而坚固，易守难攻）和"人和"（手下几万精兵都是经过他多年征战、大浪淘沙淘出的精兵强将）。再加屈突通本人又足智多谋，兵来将挡，水来土掩，李渊接连发动几次强攻，非但对河东城毫发无伤，而且还损兵折将。

强攻不是办法，火烧眉毛的李渊又来了个故伎重演，顺应形势，召开了一次军事高管务虚会议。

参会人员还是李建成、李世民、裴寂、刘文静等亲信。

会议开始后，毫无新意，还是李渊抛出当前局势论："河东城攻又攻不下，后退又无路，如之奈何？"

"只能进，不能退。"李建成道。

"向前一步是幸福，退后一步是孤独。"李世民道。

"忍一时风平浪静，进一步海阔天空。"裴寂道。

眼见李建成、李世民、裴寂等人都主张进军，李渊接着问计："屈突通犹如一猛虎，很难打败，再说就算花了九牛二虎之力打败了他，也会弄得两败俱伤啊。这样一来，我们还有能力攻克大兴吗？"

"屈突通的确很难打败。"李建成道。

"大兴也的确很容易攻破。"李世民接着道。

"既然打不败屈突通，而我们的终极目标又是大兴。为何不舍近取远呢？"裴寂道。

"你们的意思是绕过河东城，直取大兴。"李渊闻言两眼放光，如同黑暗里看到了一丝光亮。

"不错，我们早就商量好了，与其跟屈突通这只饿狼决斗，弄得两败俱伤，不如采取瞒天过海的策略，绕过河东城，出其不意，直接去攻打大兴城。"裴寂胸有成竹地道。

"妙极，妙极。"李渊高兴得手舞足蹈。

最终会议达成如下协议：兵分两路，一路由老弱病残幼组成，在河东城下多修营寨，在山头田野多插旌旗，晚上定时鸣鼓，以迷惑隋军；另一路为唐军的主力，悄无声息地沿河北进，自梁山（今陕西韩城）、龙门（今山西河津）分别渡河，威逼大兴。

事实证明，李渊大军的明修栈道，暗度陈仓，果然起到了良好的效果。当李渊的主力部队已顺利进入关中，并且以迅雷不及掩耳之势占领了隋朝的另一大粮仓——永丰仓（陕西华阴）时，屈突通还蒙在鼓里。

对于民不聊生的乱世而言，此时可谓是"得粮仓者得天下。"李密带领瓦岗军连接占据两座大粮仓，开仓济民后，势力日涨千里，才会坐拥革命队伍"大哥大"的地位。此时，李渊夺得永丰仓虽然晚了点，但效果同样是看得见的。

一来李渊大军的粮草供给不成问题了，二来吸引了当地大批贫苦大众参加革命。

这时，李渊又来了个兵分两路，一方面派刘文静带一支精兵扼守潼关，防止屈突通的反扑。另一方面亲率主力部队沿渭水前进直捣大兴。

直到这时，屈突通才知道自己上当了。于是，马上亲自带领大军北上，自武关（今陕西丹凤东南）出蓝田（今陕西蓝田）回救大兴。然而，刘文静扼守了通往大兴的咽喉地带潼关，凭着天时、地利、人和，稳坐城头，任凭屈突通怎么叫骂都不出战。可怜的屈突通空有报国热血，空有报国之志，却也无计可施，只能望大兴而兴叹。

（4）攻陷大兴

李渊大军如天神般降临大兴城后，大兴城顿时炸开了锅。城内，代王杨侑还是个乳臭未干的小毛孩，吓得尿湿了裤子，成天只知道流着眼泪唱儿歌。好在留守的刑部尚书卫文升、右辅翊将军阴世师等人凭着大兴城高而坚，厚而硬，拼死守城。

对此，李渊采取糖衣炮弹的攻心战术，想利诱卫文升、阴世师等人投降。但卫、阴两人不为所动。无奈之下，李渊只好采取了高举高打的人海战术，最终几乎是用尸骨填平了大兴城的外城墙。

破城后，李渊做了三件事。

第一件事：约法十二条。入城后，李渊宣布了"三大纪律，八项注意"，马上"封府库，收图籍，禁掳掠"，上演的完全是秦末刘邦入关约法三章的故事翻版。

第二件事：杀一儆百。冤有头，债有主，正是因为卫文升、阴世师等人的负隅顽抗，才使得唐军损失惨重，为了平息革命军的"民愤"，以及对隋朝政府腐败的迁怒，李渊把阴世师等主要将领送上了斩头台（卫文升城破前已病死，气死的可能性更大），而其余人都得到了赦免。

第三件事：改旗易帜。大兴城攻下，众将皆推李渊为尊，但李渊坚决拒绝了。他不是不想当皇帝，而是觉得时机未到。他知道自己的实力和势力远远比不上瓦岗军李密等人，过早称帝对他夺取天下百害而无一利。于是，他挟天子以令诸侯，暂时拥立少年代王杨侑为帝，改大业年号为义宁元年（公元617年），"仍遥尊后主（杨广）为太上皇"，做足了表面宣传功夫。

至于李渊自己呢，就以杨侑名义任为"假黄钺、使持节、大都督内外诸军事、尚书令、大丞相"，并进封唐王。

唐，这个中国历史上的第一中兴王朝，逐渐浮出水面。

（5）超越自我

有这样一个经典的"求佛"故事：

高大的佛像前，一名僧人无精打采地默诵经文。长期的修炼并未使他立地成佛，他感到苦闷，渴望解脱。正好，一个云游四海的哲人来到他身旁。

"尊敬的哲人，弟子今日有缘见到你，真是前世造化。"和尚来不及站起，激动地说，"今有一事求教，伟人何以成其为伟人？比如说，我们面前的这位佛祖……"

"伟人之所以伟大，是因为我们跪着……"哲人从容地说，声如洪钟。

"因为我们跪着？"和尚怯生生地瞥了一眼佛像，又欣喜地望着哲人，"这么说，我该站起来？"

"是的。"哲人向他做了一个起立的手势，"站起来吧，你也可以成为伟人。"

"我也可以成为伟人？你……你……你这是对神灵、伟人的贬低。"说着，和尚双手合十，念了两遍"阿弥陀佛"。

"与其执著拜倒，不如大胆超越。"哲人像是讲给和尚听的，又像自言自语，说完便头也不回地走了。

"超越？呸。"和尚听了哲人的话，如惊雷轰顶，"这疯子简直是亵渎神灵，罪过，罪过。"说着，他虔诚之至补念了一遍忏悔经。

要想超越别人，首先得超越自己。连自己都不敢超越的人，永远不会加入伟人的行列。

李渊就是这样敢于超越自己、超越别人的人，他有勇有谋，出其不意，做了别人都没能做的事——一举攻克了隋帝国首都大兴。

消息传来，被"卡"在潼关的屈突通反应有二：

一是哭，大哭，痛苦地大哭。哭大隋王朝即将随风飘逝，哭自己的家眷落入敌手，从此和亲人两隔，再难续血肉之情。伤几许，悲几许，长歌当哭，泪如雨下。

二是退，退兵，无奈地退兵。既然大兴已被攻陷，也就失去了"救"的意义了。更重要的是，李密乘他北上解大兴之围时，带领瓦岗军包围了洛阳。此时不早点退兵，去支援东都洛阳，一旦洛阳失陷了，隋朝就彻底玩完了。

于是，他马上采取"去"和"留"两步走。留桑显和在潼关与李渊军周旋，拖住李渊军。他带领主力部队回救洛阳。

应该说屈突通的想法是好的，但事实证明，这只是他一厢情愿的想法，屈突通前脚刚走，桑显和就投入了李渊军的怀抱。其实这不能怪桑显和，原本他是不折不扣的大忠臣，但自大兴失陷，他明白了这样一个道理，天意不可违。既然隋朝气数已尽，与其苦苦支撑，不如放下屠刀，回头是岸。因此，当刘文静对唐军进行招降时，桑显和几乎想都没有再想就投入了他的怀抱。

这样一来，李渊马上派刘文静、窦琮、段志玄及刚刚归降的桑显和去追击屈突通。

刘文静追上屈突通后，并不急于交战，而是做了这样一件事：劝，苦口婆心地劝。劝屈突通识时务，早点投降。

为此，刘文静上演的是"三招定乾坤"。

第一个出场招降的是一个"农民工"——屈突通的家仆。当然，这个家仆其实也不简单的，跟随屈突通多年，是个不折不扣的"为屈家服务者"，屈突通常常夸他是"活雷锋"。此时刘文静派这个家仆出场，显然是想达到对屈突通手到擒来的目的。然而，这个家仆不会料到，等待他的是死神的降临。屈突通听说家仆是来劝降的，根本没给他劝说的机会，二话不说，叫人把家仆拖出去斩了。

大义灭亲，刘文静的第一次招降宣告失败。

第二个出场招降的是一个"官二代"——屈突通的儿子屈突寿。俗话说打虎亲兄弟，上阵父子兵，屈突寿显然吸取了家仆失败的教训，改说为唱，大致是这样唱的："你和我，在世界同一座擂台，别懦弱，拿出勇气对待；让眼泪，流出来，不是因为失败，幸福那个梦，就看你和我；你和我，come on，你和我，一起唱，now；你和我，我们做得到，now……"屈突寿原本以为，自己的歌曲声情并茂，肯定能彻底征服父亲，然而，屈突通大声喝道："你我以前是父子，现在是仇人，给我放箭。"吓得屈突寿如跳梁小丑般狂逃而去。

大公无私，刘文静的第二次招降再度宣告失败。

第三个出场招降的是一个"大将军"——屈突通的部将桑显和。有了前车之鉴，桑显和对劝降一事是一千个一万个不愿意，然而，他现在是人在李营，身不由己，刘文静派他上，他不上也得上。他思来想去，觉得温柔一刀显然对屈突通是行不通的（家仆温柔的话都没有说出口，屈突寿温柔的唱也不起作用），在吸取教训后，他决定另辟蹊径，改劝降屈突通为劝说屈突通手下的士兵，改说唱为骂，毒辣地骂，痛快地骂，往死里骂。

骂什么呢？桑显和对着士兵们大骂道："你们都是关西人，你们还不知道啊，京师陷落，天下之大，已没有你们的容身之地了，你们还要这样白白等死么？"这两改果然收到了奇效，屈突通手下的士兵闻言，开始心动了，心动之后开始行动了，纷纷扔下手中的兵器，举起了双手。等屈突通回过神来时，手下士兵几乎都扔下了兵器，举起了双手。

哀莫大于心死，这一刻屈突通心痛如麻，心如刀绞，也心如死灰。他知道，此情此景，单凭他一己之力是无论如何也不能改变了。

"罢了，罢了，死又何惧，生又何欢，与其徒劳无功，不如顺应天意。"屈突通长叹一声，抛下手中大刀，跳下马来，向江都方向跪拜不起，大哭道："微臣无能，力屈至此，不负陛下，天神共鉴。"

刘文静的招降战术终于取得圆满成功。

李渊和屈突通这对老朋友再度见面了，只不过和上次不同，这一次李渊是站着的，而屈突通是跪着的。一个高高在上，宛若天神，一个垂头丧气，低若尘埃。伟人之所以伟大，是因为我们跪着。此时对于屈突通来说，他不跪不行，成者为王败者寇，自古天经地义，亘古不变。

然而，李渊很快就让屈突通也超越了自我，不但亲自为屈突通松了绑，为他举行了一次盛大的接风宴，而且还立马封他为兵部尚书。

用人不疑，疑人不用，雄才大略的李渊敢于如此超越自我，不得到天下才怪呢。

第十五章

枪杆子里面出政权

（1）杨广的末日

和李渊的日子越来越滋润相比，杨广的日子越来越难熬。自打雁门关走了一趟后，他还不心甘，退回太原后，没有直接回大兴，而是来到了东都洛阳，希望能借洛阳一行，来调解一下自己的心情。然而，杨广不会料到，他这一趟洛阳之行，成了他最后的绝唱，他再也不能回到大兴了。

大业十二年（公元616年）正月初一，新年的第一天，平常杨广会高兴得脸上阳光灿烂，这一天却乌云密布。因为按朝例，这一天全国各郡的诸侯王应该来向他朝贺，但今年只来了稀稀拉拉的几个人。

直到这时，杨广才意识到了天下形势的严峻，于是开始追问天下"反民"的情况。然而，他的嫡系心腹许国公宇文述、御史大夫裴蕴等人采取的是隐而不报、蒙蔽圣上的做法。

唯独两朝重臣苏威不愿说假话，但他知道"惹"不起，只好选择了"躲"。因此，每当杨广询问天下形势时，他就会悄悄地躲在柱子后面，以免杨广问起自己。偏生杨广对苏威感兴趣，便把他叫过来问："苏爱卿啊，你说现在的贼寇是多还是少啊。"

"我不是统计局的，贼寇的多少，这个我实在不知道。"苏威眼看"躲"也躲不起，索性心一横，来了个实话实说，"我只知道贼寇离我们越来越近了。"

"此话怎讲？"杨广问。

"以前贼寇还是在北方一带闹事，现在已到了河南了，不是越来越近了么？"苏威说着，顿了顿，见杨广一脸惊呆样，接着道，"以前那些纳税的老百姓，现在都成了贼寇了。如果朝廷不能轻徭薄役，贼寇只会越来越多，越来越近啊。"

杨广听了，勃然大怒，来了个拂袖而去。

躲不开，说不通，苏威并没有灰心，马上改变策略，采取了"教"。这天，他给杨广送了一件很特别的礼物——《尚书》，暗喻杨广要以史为镜，及时悬崖勒马，回头是岸。

杨广当然明白其中意思，但他不愿承认自己的过失，选择了装糊涂，结果便不了了之。

躲不开，说不通，教不会。苏威对杨广的回心转意已不抱任何幻想了。

然而，这时，杨广却主动找他商量四伐高丽的事。

"我想再征伐高丽，无奈现在手中没有兵啊。"杨广说。

"皇上只需下一道诏书，就会拥有数十万从天而降的兵马。"苏威道。

"哦，是吗？下一道什么诏书呢？"杨广闻言又惊又喜。

"赦免天下所有的所谓贼寇，让他们戴罪立功，他们便会马上重新回到皇上的怀抱里来。"苏威道。

杨广闻言再次大怒，再次来了个拂袖而去。

都说事不过三，苏威接连四次的另类表现，彻底触怒了宇文述和裴蕴等人，因此，在苏威在表演完"躲不开、说不通、教不会、行不果"后，他们怒不可遏，开始对着杨广吹苏威的枕边风。结果苏威很快被打入死牢，最后体会到了什么叫伤不起——含冤而死。

从此，杨广身边再无忠臣，全是奸臣当道。

大业十二年（公元616年）七月，江都新建造的龙舟来到了洛阳。杨广看着打造一新的龙舟，心为之一动，决定三下江都。

据说，临行前，杨广站在龙舟上，望着恋恋不舍的宫女，有感而发，吟出一首千古绝句：

> 我梦江南好，征辽亦偶然。
>
> 但存颜色在，离别只今年。

杨广不会料到，江都就是他的葬身之地。他来到江都后，选择了今朝有酒今朝醉，夜夜笙歌，荒唐淫乱，不再理会中原的大乱。

两年后，也就是大业十四年（公元618年），杨广突发奇想，冒出迁都江东丹阳郡（今江苏南京）的想法。

这时，江都的粮食已经吃完，护驾的亲兵卫队差不多都是关中人，长期客居在外，思念故乡，他们发现杨广无意西还，就暗中背叛逃亡，杨广派骑兵追击，斩杀逃亡的兵士。

这个时候，杨广再怎么后知后觉，也知道天下的形势了。他清楚仅凭一己之力，已经很难挽回败局了，与其作无谓的挣扎，不如及时行乐彻底买醉。除了喜欢饮酒作乐，他还喜欢做的一件事就是观天象。每当夜深人静的时候，杨广就会呆呆地望着天空发呆，一呆就是大半个晚上。看着看着，他偶尔也会发出"今晚的月亮真圆"的感慨来。

在他身边陪他一起看流星雨的萧皇后便会宽慰道："月是故乡明，水是故乡甜。我们来江都已经很长时间了，不如回长安吧。"

"不是我不想回去，是回不去了。现在到处都是革命军，一出去就是送死啊。"杨广叹道，"喝酒，喝酒，不谈这些扫兴事。"端起酒杯又豪饮起来。

酒醉醒来，杨广对着镜子说："这么好的头颈，不知会被谁砍掉呢？"唬得萧皇后半晌无语。

杨广说完这句话，很快就有一个人站出来，冷冷道：别人不敢砍你的头颅，我敢。

这个人便是宇文化及。

宇文化及是宇文述的儿子，杨广还没当皇帝时，宇文化及便成了杨广的随从，因为办事雷厉风行，很得杨广器重和信任。后来杨广成功登基，宇文化及时来运转，当了三品大官，相当于省级干部了。此时，宇文化及贪婪的本质暴露出来，他当官，眼里只认得钱，甚至为此不惜偷偷和突厥进行"贸易"来往，获取暴利。当然，他的腰包鼓了，却丢了乌纱帽，好几次险些被送上了断头台，关键时刻，杨广念在旧情的分上，放了他一条生路。

俗话说大难不死，必有后福。但对于宇文化及来说却是大难不死，后患无穷。

宇文述死后，杨广出于感恩的心理，对宇文化及还是重用了。但宇文化及眼看天下形势已非，而李渊又攻取了长安，知道大隋江山已经无法挽回了，于是利用卫士们思念家乡的怨恨情绪，联合虎贲郎将元礼、直阁裴虔通等人，发动兵变。

这时候的杨广已是众叛亲离，接下来毫无悬念。大业十四年（公元618）四月十一日，一个月黑风高的夜里，宇文化及带领兵士，把正在行酒作乐的杨广绑了个严严实实，最后用一根白绫结束了这个荒唐皇帝的一生。

据说这个奢侈腐化一生的帝王，死后连个像样的棺材也没有，只是由萧后和宫人拆床板做了一个小棺材，偷偷地葬在江都宫的流珠堂下。后来唐朝平定江南，于唐贞观五年（公元631年），移葬于雷塘（今扬州市北15公里雷塘南平冈上，南距吴公台10里），一代亡国皇帝总算是得以安息。

这里引用杨广的一首《野望》，献给这个一生雄心万丈，统一中国，然而穷兵黩武，荒淫无度，功大过也大的皇帝吧。

寒鸦飞数点，　流水绕孤村。

斜阳欲落处，　一望黯销魂。

（2）梦醒时分

你说你爱了不该爱的人

你的心中满是伤痕

你说你犯了不该犯的错

心中满是悔恨

你说你尝尽了生活的苦

找不到可以相信的人

你说你感到万分沮丧

甚至开始怀疑人生

早知道伤心总是难免的

你又何苦一往情深

因为爱情总是难舍难分

何必在意那一点点温存

要知道伤心总是难免的

在每一个梦醒时分

有些事情你现在不必问

有些人你永远不必等

——《梦醒时分》

  李渊攻下大兴，收服了屈突通等名将，势力突飞猛进，大有欣欣向荣迹象。直到这时李密才恍然大悟：上当了。

  其实，李渊之所以能以这么快的速度成功。除了用计对付"外部"的隋军外，还用计对付了"内部"的革命军。

  李渊对李密采取的同样是"委曲求全"的"柔"战术。

  前面已经说过，李渊革命后，在跨越第一座大山霍邑时，遇到了秋雨绵绵，陷入了进退两难的境地。对此，李渊一方面积极思忖破敌良策，另一方面，还忙里偷闲给李密写了一封信，目的是为了稳住自己的后方，防止李密趁机带兵去挖他的墙脚——太原老巢。

信以歌词的形式开头，很特别也很煽情，大意如下：点点滴滴，往日云烟往日花；天地悠悠，有情相守才是家；朝朝暮暮，不妨踏遍红尘路；缠缠绵绵，你是风儿我是沙……

信的中心思想可以用三句话概括：

第一句话：你是君主，我是臣子。

第二句话：你是救世主，我是救火队员。

第三句话：你是带头大哥，我是拉车小弟。

总结陈词是：能和您同姓，是我的荣誉；能为您效劳，是我的荣幸；能为您服务，是我的荣耀。

总而言之，这是一封忽悠信，一封吹捧信，一封委曲求全信，更是一封放飞梦想的希望信。

看完李渊的来信后，李密感动得一塌糊涂，马上来了个"双管齐下"，一是感叹，感叹有二：

1.李渊是无能之辈。

2.李渊成不了大气候。

二是回信。回信内容有二：

1.李渊同志谬赞了，我实在不敢当。

2.希望我们能长期合作，革命路上手拉手，共同为革命事业奉献终生力量。

总结陈词：你尽管革你的命，我也会在洛阳加快革命步伐，牵制隋军的主力，达到双赢共利的效果。

总而言之，这是一封被忽悠信，一封被吹捧信，一封妄自菲薄信，更是一封自认实现梦想的得意信。

就这样，通过一封信，李渊成功稳住了原本一直不安分的李密，使得自己得以全心全意攻打霍邑，最终成功啃下这块硬骨头。而李密在李渊危难之时选择和对方合作，是认为李渊那点势力成不了大气候，既然他称了臣，就让他去攻打大兴，到时候自己可以坐收渔翁之利。

事实证明，在李渊和李密第一场直接PK战中，在这场忽悠与被忽悠中，李渊胜出。因为忽悠过后，李渊得到的是大兴，而李密收获的却是焦头烂额。

原来，就在李渊一路向大兴进军时，不服气的王充世重新整顿人马，立马展开疯狂的复仇之旅，与瓦岗军大战石子河，这一战，王世充再次败北。王世充狼狈逃回洛阳，见了越王杨侗，哭诉兵败原因是"军少"，要求增兵再战。

镇守洛阳的越王杨侗对虎将王世充的增兵请求高度重视，别看他年纪小，但魄力不小，他咬咬牙，硬是从"兵穷粮尽"的兵马库里征调了十万军马交给王世充，目的只有一个，打败革命队伍中的大哥大李密。杨侗的想法很简单，只要打败了"贼首"李密，其他革命军便不值一提了。

然而，事实证明，这只是杨侗一厢情愿的想法，因为就在接下来隋朝第一将王世充和"反贼"第一人李密进行终极PK时，不显山不露水的李渊，如同潜龙于渊一样，以迅雷不及掩耳之势攻下了大兴。

大兴便如大隋王朝的象征，她的失陷，彻底改变了革命形势，激发了各级矛盾，最终导致了江都兵变，杨广被杀，宇文化及一夜之间化身为隋朝的"代理皇帝"。

费了九牛二虎之力打败王世充的李密，也对东都洛阳进行了围攻。蓦然回首，才发现天下形势已发生了大变样，隋朝退败之势已不可避免，而李渊强劲之势与日俱增，一跃成为革命队伍中的"二号首长"了，而自己的处境却每况愈下，革命队伍中"大哥大"的地位岌岌可危，原因是李渊顺利拿下了大兴，李密却久攻洛阳不下。

前几年热播的电视剧《士兵突击》中，有一个镜头是这种局面的最好注解：士兵许三多经过刻苦训练，各项技战术成绩都在全连排第一。连长高城对许三多的班长史今说："你是我最喜欢的兵。可是，许三多这么厉害了，你怎么办？"后来的结果是，许三多进步越来越快，史班长却无奈复原回了家。

这时的李密，纠结得快要得抑郁症了。一方面是城高墙厚、怎么也攻不下的东都洛阳，一方面是"许三多"李渊飞速的进步和挑战。内外夹击之下，心胸本就狭隘的李密每天依靠看心理医生，才能过得下去。

正在这个节骨眼上，一个人的出现，彻底改变了李密心里的纠结。

这个人便是上演"倚天屠龙记"真实版的宇文化及。

（3）有计不在年高

隋炀帝杨广死后，"屠龙者"宇文化及一不做二不休，还杀死了隋氏宗族和大臣，隋氏宗室里只剩下萧皇后和齐王杨暕的一个妃子。

在江都兵变半个月之后，宇文化及便迫不及待地带领早也思归、晚也思归的将士们离开江都，开始了"西游记"。尽管他此时知道李渊已攻陷了大兴，他这一去凶险重重。但他在屠了杨广这条龙后，染上了"屠龙瘾"，认为屠龙并不是一项技术性很强的活儿，要再屠李密的龙也不是难于上青天，要屠李渊的龙也不是痴人说梦。因此，他一路打出隋朝正统的军旗，收编隋军流落各地的散兵，梦想着出其不意一举拿下大兴，先灭了李渊，再灭李密，最后平定天下……

如果宇文化及的梦想能实现，那么他将用实际行动证明什么叫"力挽狂澜"。然而，事实上，宇文化及证明的是另外4个字：一厢情愿。因为还在路上，宇文化及便干了两件失民心的事。

一是放纵自己。宇文化及日夜叫隋炀帝的嫔妃轮流侍寝，以下犯上，有违伦理，为世人所不齿。

二是放纵士兵。纵容士兵们四处烧杀抢掠，以供军需，自掘坟墓，有违常理，更为百姓所不容。

果然，他的行动，很快引起了包括众多将领在内的大众的不满。别人还停留在气愤填膺的嘴里和心里，司马德戡和赵行枢就来了个雷厉风行的实际行动——反屠宇文化及。哪知两人保密工作做得不到位，结果，倚天剑还没有出手，就被宇文化及的屠龙刀打了个措手不及。

除掉了司马德戡和赵行枢后，宇文化及更加自鸣得意，认为自己这条真龙天子没有谁能动得了。

很快，无恶不作的宇文化及带着他所谓的西征军来到了洛阳城外。留守洛阳的杨侗听到消息，第一反应是惊，第二反应是急。宇文化及不是说好了去大兴的吗，怎么一下子到了洛阳，他能不惊讶吗？宇文化及连杨广都敢杀，他来了，自己这小小越王还有好日子过吗？想到这里，人小但反应很快的杨侗，马上使出第一个大手笔：关门。

关什么门，当然是关洛阳的城门，不让宇文化及进城。

对于宇文化及这样一个大恶魔来说，让他吃闭门羹，他肯定会很生气，后果肯定会很严重。关了门，总得给宇文化及一个去处啊，不然，翻脸不认人的宇文化及一怒之下，对洛阳反戈一击，来个窝里斗，那岂不是吃不了兜着走么？

为了防止宇文化及狗急跳墙，杨侗马上使出第二个大手笔：写信。

第一封信写给宇文化及。杨侗给自己的关门找了一个冠冕堂皇的理由：城中缺粮，士兵都在吃树叶之类的纯天然绿色食品了；洛口仓和黎阳仓这两大粮仓才是将军应该去的地方啊，到了那里，便可以丰衣足食了，远比到洛阳来白白送死要强得多。

杨侗的建议看起来很好，也很美，但实现上，这是他大手笔中的精髓所在。能攻下粮仓那当然是最好的了，洛口和黎阳这两大粮仓现在都在李密手上，你想虎口夺食，李密又不是病猫，能白白相送么。这样一来，围绕粮仓，上演的必将是龙虎斗，这才是他想看到的结果。

第二封信写给李密，这其实是一封"招降信"。信中直说了一个关键词：冤家宜解不宜结。解析：现在朝廷内忧外患，李渊改占大兴，挟天子以令诸侯，其司马昭之心，路人皆知。宇文化及弑君篡位，挟得势之余威得寸进尺，其称霸天下之心国人皆知。现在这种生死存亡的关键时刻，只能走联合的道路，而不能分散；只能团结，不能分裂；只能友好，不能结怨。为了共建美好的明天，我们化恩怨为力量，结盟吧。

为了显示诚意，杨侗给了李密"一人之下，万人之上"的最高封号：太尉、尚书令、魏国公，大致相当于今天的总理兼国防部长兼中原局书记，有职又有权，这还不算，还信誓旦旦地做了承诺：扫平天下反贼之后，平分天下，共享荣华富贵。

的确，李密是杨侗的敌人，宇文化及也是杨侗的敌人，让两位敌人进行大决斗，那他就可以坐收渔翁之利了。因此，说白了，杨侗的第二个大手笔叫反间计。

按理说，对于杨侗的忽悠，宇文化及和李密都应该很快识破才对，然而，两人竟然很是默契地给杨侗做了回复，两个大大的"诺"字。

宇文化及之所以会答应，原因有二：一是篡位后的他不敢轻易进洛阳城，因为洛阳城里不仅有小毛孩杨侗，还有"威武大将军"王世充，轻易进城等于自寻死路；二是他的四肢显然比头脑发达，觉得杨侗的话很在理，俗话说民以食为天，攻下粮仓后，他才能弈活天下这盘棋。

也正是因为这样，走到洛阳城边的宇文化及接到信后，并没有大叫"小兔子乖乖，把门开开"之类的乞求话，也没有发出"不开城门者，一律格杀勿论"之类的唬人话，而是直奔李密的黎阳仓。若取了黎阳仓，再取洛口仓，这个乱世，拥有两大粮仓，便拥有了坐拥天下的资本。

"史班长"李密之所以接受杨侗的"招降"，原因有二：一是形势所逼。洛阳坚城已经让他吃尽了苦头，又来了宇文化及这只老虎，如果他选择站边靠队，他很可能面临杨侗和宇文化及的双重夹击，那时处境便更加不妙了。二是心理素质不过硬。"许三多"李渊的突然崛起和强大让李密感到不安，他觉得已经荣升为"二号首长"的李渊已经严重威胁到了自己"大哥大"的地位，如果不及时转变方式，调整战略，自己就可能马上沦为"二号首长"、"三号首长"，直至末位淘汰。爱情要有三十六计才能随时保持美丽，才能得分不被判出局。李密觉得权力场上更需要三十六计，要声明和对手关系，要故弄玄虚，三十六计，和为上计。因此，他一边在"诺"的同时派人去致谢，另一边调兵遣将，准备全力和宇文化及进行大PK。

（4）黄粱一梦

面对宇文化及像雾像雨又像风的突然造访，黎阳仓的守将徐世勣不辱主子李密的厚爱，把黎阳仓守得"月朦胧、鸟朦胧、人更朦胧"——宇文化及的大军别说看见人和粮食了，根本靠近不了粮仓。而与此同时，李密却率大军驻扎在清淇（今河南省淇县东南），来了个坐山观虎斗。

李密之所以事不关己，高高挂起，原因是想用这种"迂回"战术，等、拖、卡来拖死宇文化及。

事实上，宇文化及碰上李密这颗钉子，攻不能攻（徐世勣按照李密安排坚守不出），退不好退（没有退路），睡不好睡（怕李密和徐世勣偷袭），只能望着近在咫尺的粮仓垂涎三尺却无可奈何。

这时，李密觉得是动嘴的时候了。他跑到阵前来找宇文化及，宇文化及一见，心中大喜：我正想跟你决战呢，你来得正是时候啊。正当宇文化及要下达决战令时，李密却充分发挥口才优势，只一句话就让宇文化及呆若木鸡了。

"这仗还要打么？"李密没头没脑地来了这么一句。

"不打，干啥？"宇文化及怀疑自己的耳朵听错了。

"你现在已经到穷途末路了，还要死撑么？"李密说着顿了顿，看着张着嘴巴可以吞进一个鸡蛋的宇文化及，马上教了他三个关键词。

第一个关键词：鸦有反哺之义，羊知跪乳之恩。

解析：你祖上原本是匈奴人的奴仆"破野头"氏，后来跟着主人改姓"宇文"，你父子家人因为受到隋朝的恩惠才得以富贵不可言，要懂得知恩图报才对啊。

第二个关键词：国家兴亡，匹夫有责。

解析：杨广有错，国家有难时，你应该冒死劝谏才对，怎么能弑君篡位，滥杀无辜呢？

第三个关键词：多行不义必自毙、子姑待之。

解析：你现在干了祸国殃民，天地不容的大恶事，必定自取灭亡，不行等着瞧。如果能早点投降于我，还可以保全家族后代不受株连。

李密妙语连珠，目的只有一个，对宇文化及劝降。

按照PK赛的规则，接下来轮到宇文化及辩解了，沉默半晌的宇文化及憋了半天，只说出一句话来："战场上谈的应该是战事，这些书本上的话怎么能在战场上说呢？"

宇文化及的话音未落，战场上顿时跌落眼镜无数，李密头摇得像拨浪鼓，良久，发出这样的感叹来："宇文化及是个平庸得不能再平庸之人，不是块当皇帝的料，顶多是赵高之辈。杀鸡焉用牛刀，我拿根打狗棒就能打得他屁滚尿流。"

说完这句话，李密开始和宇文化及进行"零距离"的接触战，数次交战，宇文化及大军都以失利告终。最终，两军在童山（今河南浚县西南）进行了惊心动魄的大决战，李密笑到了最后，宇文化及在败势无法挽回的情况下，带领残兵将败逃往魏县（今河北大名西南）。

获胜后的李密却喜忧参半，喜，那是不用说了，打败了宇文化及，生擒了"甲级战犯"弘达等人。忧是尽管胜利了，但杀敌一千，自损八百，李密的革命军在决斗中也伤亡惨重。

正在这时，李密又接到了一大"喜讯"——越王杨侗召他入朝。

这对李密来说的确是天大的好事，一旦入朝成功，那就等于兵不血刃地占领了洛阳。那么，他就可以和李渊一样走上挟天子以令诸侯的道路，自己可以不用复员了，也可以当"许三多"了。这是天下掉馅饼的好事啊，因此，他马上带领部队向洛阳进发，在路上甚至发出了"得意的笑"，然而，他很快体会到了什么是"失落的哭"。

让他哭的不是别人，正是老对手王世充。因为，李密还只走到半路的温县时，洛阳城里就发生了激烈的"窝里斗"。

王世充的才干有目共睹，在与李密交锋中却是一败涂地，最后输得只剩下裤衩的王世充只好做起了"缩头乌龟"，躲进了洛阳城，成了洛阳王杨侗手中最后一张王牌。然而，杨侗很快就后悔了，因为王世充进城后，杨桐很快就体会到了什么叫"傀儡"。

王世充有雄心，也有野心，他到了洛阳后，天下形势一塌糊涂，野心勃勃的王世充趁机在洛阳城里培养嫡系势力，很快就架空了越王杨侗。

越王杨侗在"无可奈何权落去"的同时，便想借李密这张外牌来打击王世充这张王牌。因此，当李密成功击败宇文化及后，杨侗马上召李密入朝，目的就是想让李密来对抗王世充。

而王世充也不是"鱼腩"，自然不会放李密进洛阳来和他分这块大蛋糕。

于是，王世充一方面加强各项防御工作，做好舆论宣传，大致意思就是说李密是个杀人恶魔，一旦到了洛阳，我们还有活路么。另一方面对杨侗来了个杀一儆百的告诫和威逼，斩杀了元文都、卢楚、郭文懿、赵长文等洛阳五贵，意思很明确，杨侗你小子给我老实点，否则我一旦翻脸不认人，洛阳五贵的今天就是你的明天。

事实上，王世充的下马威威力果然大，杨侗吓得大气不敢喘一口，独自一人躲到后宫哭泣去了。兴冲冲往洛阳赶的李密也被吓出一身冷汗，马上停住了得意的脚步，开始思索何去何从。

思来想去，李密觉得此时去洛阳太冒险，冒险是项技术活，没有十分的把握不能轻易去做，最终，又退回了自己的根据地。

李密退兵后，王世充再也等不及了，逼迫已身陷囹圄的杨侗早日禅让皇位给自己。为此，他威逼利诱都用上了，然而，杨侗年纪小志气却不小，回了这样斩钉截铁的话："你可以要了我的命，但要我把皇位禅让给你，没门。"

当然，杨侗再强硬也无法阻挡王世充，唐武德二年（公元619年）四月，王世充称帝。六月，王世充用一杯毒酒送杨侗到极乐世界去了。

杨侗临死前不是惦念着国家，他已知道国家扶不起了，而是惦记着一个女人——他的母亲。

"如果能再让我见一眼母亲，我死而无憾。"杨侗恳求道。

"不行。"王世充拒绝了。

"但愿下辈子不要生于帝王尊贵之家。"杨侗在发出这样的感叹后，喝下了那杯毒酒。

（5）向左走，向右走

王世充实现了自己的梦想，但日子并不好过，因为他虽然占有洛阳这座坚城，城中除了一样什么都不缺，缺的那样却要命：粮食。民以食为天，没有粮食，士兵的温饱问题没法解决，如何守城，如何打仗？

为此，王世充很快想到一绝招，借粮。向谁借？向老对手李密借。

这个时候的李密日子并不好过。因为他虽然打败了宇文化及，但除了损兵折将，什么好处都没有捞到，自己没能"挟"到杨侗，反倒让王世充捡了个便宜，一跃成为洛阳王，这是李密不愿看到的。

因此，按理说王世充想从李密这里借粮食，无异于痴人说梦，然而，事情的进展却出人意料，李密不但答应了王世充的请求，而且还达成了长期战略合作关系。

看起来，喜羊羊和灰太狼还是能够合作的。

李密之所以这么做，不是傻也不是头脑一时发热，而是因为他和王世充一样，同样需要生存。

王世充有"衣"（拥有坚城洛阳）无"粮"，而李密恰恰有"粮"（拥有两大粮仓）无"衣"（没有坚城可守）。而要想"丰衣"，除了需要坚强的实力外，还需要拥有强大的资本。这个资本来源于金钱。

李密急需大量的钱财来购买军需，从而武装自己的瓦岗军去攻城拔寨。事实证明，王世充仿佛看透了李密，他提出的借粮方案就是以金银布帛来换李密的粮食。

你需要我的粮，我需要你的钱，两人便像干柴烈火一样一点就着。

达成粮钱交易后，李密很快变成了"富翁"。但李密很快发现富翁并不好当，原因是以前每天前来投靠自己革命队伍的隋军络绎不绝，交易后，投靠的人却日益减少，到后来竟然发展到了十天半月望穿秋水也难盼到一个降兵。

原因是粮钱交易后，洛阳城很快便摆脱了粮荒，原本动摇的军心开始稳定，过上了丰衣足食的日子，还有谁会去投降李密当"反贼"呢。

眼看形势不妙，李密马上来了个两步走：

第一步：单方面撕毁战略合作条约，禁止再卖粮食给王世充。

第二步：火速出台新的悬赏政策，用糖衣炮弹来招降纳叛。

李密的目的很明确，第一步要断了王世充的"粮"，第二步要断了王世充的"奶"。重赏之下，必有勇夫，重赏之下必有降兵，前来归降的隋军士兵又开始逐渐增多。

归降的士兵与日俱增，瓦岗军的怨气也与日俱增。原因是李密太注重过程，不注重细节，对前来归降的隋军又是赏赐又是加封官爵，却冷落了自己的老部下。有首歌唱得好：结识新朋友，不忘老朋友。李密可能是想，都是一家人了，还讲什么客气？先给新兵一些甜头，安定他们的心，到时候得了天下，会少了你们老哥们的好处么？

然而，人心都是肉长的。眼看李密这般赤裸裸地"偏心"，他的老部下也开始"偏心"了——谋求新的依靠和发展。

王世充通过借粮，在稳定自己军心的同时，他动摇了瓦岗军的军心，真可谓一举两得，一箭双雕，一石二鸟。

很快，王世充就开始了新的复仇之旅。李密哪把这个手下败将放在眼里，马上和王世充在北邙山进行了大决战。这一次交战的结果不出所料，军心早已动摇的李密大败，得力干将裴仁基身受重伤，险些丧命。不得已，李密只好退守洛口仓。

王世充取得了梦寐以求的胜利后，马上来了个"宜将剩勇追穷寇"，向洛口仓前进。

关键时刻，李密再充分发挥"足智"的特长，决定使出兵法中的高级战术：渡河未济，击其中流。

这个战术是利用敌军渡河军队只渡过一半的时候进攻，渡过河的敌军不能列阵迎击，而求生欲望又会驱使他们往回逃，这样就自乱了阵脚，正好是消灭敌军的最好时机。

应该说李密的计谋是好的，但执行起来却打了折扣。打折扣的是侦察兵，侦察兵因为长期得不到李密的赏赐，心中怨气不打一处来，因此，在负责侦察时，开了小差，躲进温柔乡睡觉去了，等醒来再跑到哨口察看，吓得屁滚尿流，因为王世充的大军已成功渡河，正密密麻麻地以地毯式的方式向前推进。都说这个世界有因必有果，有果必有因，这话一点都不假，李密精心设计的妙计就这样功亏一篑，实为可惜。

洛河这道天堑轻易失去后，已到了穷途末路的李密不得不放弃洛口仓，不得不舍弃那堆积如山的粮食，选择了远走他乡。

可天下之大，该逃往何处呢？

摆在李密面前的路有两条。

一是选择逃往黎阳。二是选择逃往长安（这时李渊已称帝，将国都名改回长安）。

镇守黎阳的是部将徐世勣。按理说，李密不用考虑，可以选择北上直奔黎阳。但这个方案，李密很快就否定了，原因是下属进行了善意的提醒："主公不能去黎阳。"

"Why？"李密问。

"你不懂徐世勣伤有多深。"部下道。

"要剥开伤口总是很残忍？"李密反问。

"劝你别作痴心人。"部下答。

对话到此结束，恍然大悟的李密放弃回归黎阳的选择，原因是怕徐世勣靠不住。怎么靠不住呢？就是李密在鸿门宴设计杀害翟让时，"无辜"的徐世勣那刻骨铭心的一刀挨的。

这个时候去黎阳，如果徐世勣乘机发难怎么办？这不等于自投罗网、自寻死路么？

逃往黎阳这个方案被否定后，李密只有逃往大兴了。相信李密做出这样的选择是很痛苦的，也是很无奈的，他的心中是在滴血的。曾几何时，他还是风风光光的革命大军中的"大哥大"；曾几何时，李渊还口口声声地对他称臣；曾几何时，他中流击水，浪遏飞舟，指点江山，意气风发……

可是，世道的转变如此快，转瞬间，他变成了要复员回家的"史班长"，要去投靠意气风发的昔日手下"许三多"。

然而，为了活着，李密别无选择，黎阳虽是丰衣足食之地，却是刀山火海，去了就会死无葬身之地。大兴虽然远隔千山万水，但去了或许可以混口饭吃，或许还能保全荣华富贵。冷也罢，热也罢，活着就好，活着，是此时李密唯一的希望。

（6）李唐皇朝

> 胜败兵家事不期，包羞忍耻是男儿。江东子弟多才俊，卷土重来未可知。
>
> ——杜牧《题乌江亭》

其实就在李密、宇文化及、王世充进行你死我活的"三角恋"时，独在一隅的"许三多"李渊除了坐山观虎斗外，还干了一件大实事，那就是称帝。

称帝之前，李渊还做了两件事。

一是作秀。李渊先是对隋炀帝被杀感到很气愤，装得挺悲戚，"哭之恸"，连连说道："我北面称臣侍奉君王，君主失道不能挽救，岂敢忘记哀痛悲伤呢？"

装逼装到这份上，堪称极品了。

二是威逼。以各种手段强迫小皇帝杨侑禅位给他。而当杨侑放弃抵抗，想要顺从他时，他又装着很愤怒的样子进行婉拒。如此三番五次，把戏演足后，于公元618年5月20日，唐王李渊在太极殿即皇帝位，改国号为唐，改义宁二年为武德元年，改大兴为长安，定为国都。

值得一提的是，李渊称帝三个月后，年仅十五岁的杨侑突然暴毙，死因不详。

呵呵，再度是一出狗血的剧情。

此时对于李密的归顺，李渊自然大喜过望，亲率唐朝文武百官出城，打出了"长安欢迎您"的牌子。

李密百感交集，热泪盈眶，连说：败军之将愧不敢当。

进城之后，李渊给李密的惊喜还在上演。

一是封。封他为光禄勋（主管宫廷膳食）、上柱国、邢国公。

二是赏。李渊把亲表妹独孤氏嫁给了李密。

这样的封赏大礼，李密怎能不高兴呢？

然而，李密很快就高兴不起来了，因为他很快就体会到了现实的残酷。

一来看似他头上有三顶响当当的乌纱帽，但华而不实。上柱国和邢国公都是虚名，看起来是一品官，但并没有什么实权。而光禄勋这个职务，级别低，地位也低，最多就是"大唐皇家饭店总经理"，与孙猴子的"弼马温"职务有得一比。遭人白眼那是家常便饭，遭人索贿也是司空见惯。这对心高气傲的"带头大哥"李密来说是不可承受之辱。

二来看似他娶了一个如花似玉的皇家妹，但实而不华。独孤氏有身份有地位，一下子提升了李密皇亲国戚的身份。然而，这看似风光的背后是心酸，李密很快领教到了独孤氏的霸道、野蛮和不可理喻。面对这样"实而不知礼节"的老婆，对于曾经在温柔乡里呼风唤雨醉生梦死的李密来说是不可承受之重。

在朝中受尽屈辱，回到家里又时时受"母夜叉"冷眼，李密无奈之下，只好找到自己的老部下王伯当进行"促膝长谈"。

王伯当随李密归顺李渊后，得到的职务仅仅是个左武卫大将军，这离他的梦想还是有差距的，因此，"同病相怜"的他马上说了两个关键词。

第一个关键词：人在屋檐下，不得不低头。

第二个关键词：与其跪着活，不如站着死。

第一个关键词很好理解，就是劝解李密，你之所以现在会有这样的处境，那是因为你现在是寄人篱下，在人家的地盘为人家打工，要你干啥就干啥，憋屈得像条狗，这是现实，你不得不面对，你不得不见怪不怪。

第二个关键词也很好理解，就是激励李密，你如果想要改变现在这种命运，回到风光的从前，那就要想办法摆脱李渊的桎梏，逃出关外去当自己的山大王，这样，才有东山再起的机会和希望。

王伯当的话让绝境中的李密热血沸腾，他沉吟良久，才弱弱地问了这样一句话："天下之大，我们该逃往何处呢？"

"当然是我们的老根据地河南了。"王伯当看着李密，一字一句地道，"现在黎阳有徐世勣在，罗口（今河南巩县西南）有张善相在，只要能逃到河南和他们会合，咱们东山再起指日可待啊。"

可是要想逃离"许三多"的虎口也不是轻而易举的事，得费思量伤脑筋才行。好在这一切王伯当早已胸有成竹了，他给李密找了这样一个的理由和借口：去河南招降和收抚旧部。

李密原本以为这个理由很难通过李渊这一关，没想到，他的奏折一提交上去，李渊就批了一个大大的"允"字。弄得李密感动得热泪盈眶，如果说李密刚进长安城时的感动是出于感激的话，那么此时的感动就是出于感慨了：这一去是重新闯出一片艳阳天，还是走上一条不归路呢？

事实上，李密的感慨是对的，他的确走上了一条不归路。因为李渊对他的小伎俩早已洞若观火，看得真真切切。

武德二年（公元619年）元月，这一元复始、万象更新的时候，李密开始了"复兴之路"。在走之前，李渊亲自为李密饯行，客套话说了一大通之后，李渊开始"亮剑"了："你这次去河南山高路远，人带多了反而是个累赘，不如把家眷财帛都留在长安城吧。你放心吧，有我看管，保证到时把人和物都完璧归赵。"

面对李渊扣压人质的杀招，李密没有反抗的理由，只能无条件答应。事实上，李密如果及时悬崖勒马，回头是岸，或许还能保全身家性命，然而，此时李密已是箭在弦上，不得不发了。

李密上路了，随行的将士却是人在征途心在长安，是啊，家眷都留在了长安，谁还想去河南那个鸟地方啊。各怀心事的李密一行在一片极度不和谐的声音中，走走停停，当走到桃林县（今河南宜阳县）时，接到了李渊的一道诏书，诏书只有十个字：请火速回朝，有要事相商。

李渊的这道诏书就是最后的杀着，接到诏书的李密陷入了进退两难的尴尬局面。进是公然抗旨，公然造反，图谋不轨；退是默然回归，默然送死，羊入虎口。

进不能进，退不能退，李密索性一不做二不休，公然打出反叛的旗帜，高调宣布和李渊脱离君臣关系，正式宣布独立。

李密的独立宣言刚刚宣读完毕，李渊就派兵在熊耳山对李密进行了最后一击。结果这一战，李密和王伯当用自身性命验证了这样一句话：出师未捷身先死，长使英雄泪满襟。

义之不存的聪明，充其量会变成"小聪明"，没定力的能人，最终就变成"顾盼不常"的小人——这就是隋唐之交的超级牛人李密败亡的死结与宿命。李密与瓦岗寨的败亡虽属突然，却是必然。问题就出在李密这个"带头大哥"的"顾盼不常"上，由是，使得他和瓦岗寨善始不能善终。

李密死后，李渊马上派人去招降镇守黎阳的徐世勣等瓦岗军。结果一心一意等着李密归来的徐世勣眼看形势发展到了这种地步，知道再负隅顽抗也是徒劳，于是选择了顺意形势的归降。当然，归降时，徐世勣提出的唯一条件就是厚葬李密。

对于这样一个请求，李渊没有不答应的理由。于是徐世勣亲自披麻戴孝，率瓦岗军风风光光地将年仅三十七岁的李密安葬在黎阳山以南五里的地方。至此，轰轰烈烈的瓦岗军从始至终经过了八年抗战，终究落得个烟消云散的下场。引用李密的《淮阳感怀》，算是对这位乱世枭雄进行凭吊吧：

> 金风荡初节，玉露凋晚林。
> 此夕穷涂士，郁陶伤寸心。
> 野平葭苇合，村荒藜藿深。
> 眺听良多感，徙倚独沾襟。

沾襟何所为，怅然怀古意。

秦俗犹未平，汉道将何冀。

樊哙市井徒，萧何刀笔吏。

一朝时运会，千古传名谥。

寄言世上雄，虚生真可愧。

第十六章

蚕 食

（1）翻脸比翻书还要快

李密死了，李渊笑了，他一生中最大的对手就这样轻而易举地被消灭了，他能不高兴么。高兴之后，李渊继续干活——平定天下各路诸侯。

此时，北方的形势是，李渊占长安，王世充占洛阳，宇文化及和窦建德占河北，薛举占陇西，刘武周占山西，萧铣占江南……

天下依然是一盘乱局。如何收拾乱局，就得看李渊的掌控能力了。正如饭要一口口吃一样，仗要一个个打，对手要一个个消灭。因此，李渊很快确定了"分而击之，各个击破"的战术。

李渊选择的第一个攻打目标是宇文化及。为什么选择他，原因是宇文化及犯有弑君篡位的滔天大罪，击败他一来可以平息民愤，二来可以凝聚人心。于是马上派出淮安王李神通对宇文化及进行攻击。

其实就在李密一步一步走向穷途末路时，"屠龙刀"宇文化及也像在刀锋上过日子，整天提心吊胆，惶惶不可终日。

自从在童山的终极PK中大败于李密后，宇文化及率残余部队逃到了魏县。到这里后，手下士兵逃亡者日益增多，眼看大有众叛亲离之势，宇文化及为了力挽狂澜，干脆上演了第二次"倚天屠龙记"，这一次屠的是杨广的侄子秦王杨浩。

这个刚刚被宇文化及推上皇帝的宝座、屁股都没坐稳的杨浩，就这样走到了生命的尽头。随后宇文化及正式称帝，国号许，改元天寿，还对手下的大臣大封特封了一番，就这样，宇文化及以这种饮鸩止渴的方式自娱自乐一番，并暂时稳定了呈直线衰败的形势。然而，还没有安生多久，就迎来了东征的李神通的唐军。

宇文化及知道自己的实力，哪里敢和李神通进行面对面的交锋，听说唐军大兵压境，马上就逃到了山东聊城。

李神通自然不会轻易让这只老狐狸逃走，马上也追到了聊城。眼看形势危急，宇文化及病急乱投医，广发英雄帖，请求天下各路英雄豪杰来支援他。

宇文化及的人品为天下英雄所不齿，因此，他的英雄帖如泥牛入海，一去不复返。然而，凡事都有例外，唯独在山东邹平县长白山闹革命的王薄来了个"千里救美"。结果，李神通在宇文化及和王薄的夹击下，居然大败而逃。

李神通走了，宇文化及热情地把救命恩人王薄迎进聊城。两人还不及叙旧谈心，又一路大军光顾了聊城。

这路大军的头领叫窦建德。

素以"以德服人"著称的河北革命首领窦建德本来守着自己的一亩三分地，日子过得很充实也很潇洒，但宇文化及东窜西窜，窜到他的地盘聊城后便不走了，大有安家乐业之势，卧榻之侧岂容他人酣睡，窦建德马上打出"清君侧，诛罪臣"的旗号，向聊城进发。

事实证明，窦建德就是窦建德，他的威名太大了，他还在路上，聊城的守军已吓得四处逃窜，当他到达聊城城下时，迎接他的已不是刀剑，而是笑脸。

送上笑脸的正是宇文化及嘴里口口声声尊称"救命恩人"的王薄。是啊，王薄原本来上演英雄救美，就是为了让宇文化及"以身相许"——吞并他的势力。但听闻窦建德要来趟这趟浑水，脑筋转得很快的王薄，马上意识到宇文化及这块蛋糕自己想独吞那是不可能了，非但如此，自己甚至有被反吞的可能。也正是因为这想通了这一点，王薄马上上演了"翻脸比翻书还要快"的闹剧，前一秒还和宇文化及

"卿卿我我"，后一秒就把窦建德当作"入幕之宾"了。

窦建德进城，也就意味着宇文化及的末日到了，很快，窦建德就在聊城上演了反屠龙大戏。武德二年（公元619年），宇文化及、宇文智及、宇文承基（宇文化及的大儿子）、宇文承趾（宇文化及的小儿子）及发动江都政变的"甲级战犯"杨士览、元武达、许弘仁、孟景等人被送上了断头台。

隋末大奸臣宇文化及一手打造的"许政权"如同昙花一现般烟消云散，看来一切都离不开因果轮回。有诗为证：

> 人亦有言，有因有缘。
>
> 官无中人，不如归田。
>
> 明明在上，斯语岂然。

（2）人算不如天算

借窦建德之手除去宇文化及后，李渊把征伐的目光停留在薛举父子身上。

下面，请大家看一看西部牛仔薛举的个人档案。

籍贯：河东汾阴（今山西万荣西）人，从小迁居兰州金城（今甘肃兰州）。

背景：家财万贯，富裕多金。

个性：凶悍野蛮，疾恶如仇。

擅长：善骑善射，骁勇绝伦。

特点：交结豪猾，雄于边朔。

小时绰号：土霸王。

绰号来源：为人极度不安分，凶神恶煞，蛮不讲理，哪里不平哪有他。

大时绰号：西秦霸王。

绰号来源：隋朝末年，天下到处是反贼，薛举所在的陇西一带也不例外，当时的金城县令郝瑗为了保证自己的乌纱帽，派薛举前去剿匪，结果薛举一个匪也没有剿到，眼看交不了差，索性一不做二不休，打开自己家的"小金库"，给士兵又是发粮又是发枪，出其不意把郝瑗抓起来，公然干起了革命的事。随后开仓济民，很快革命军就壮大了。薛举革命后，首先把目标瞄准了屯兵于枹罕的隋将皇甫绾，结果薛举在革命征程的第一战中大败皇甫绾，皇甫绾死伤万余人后狼狈而逃。这一战，薛举不但收获了盛名，而且还收获了暴利——岷山界的羌人首领钟利俗听到消息后，二话不说，带领手下的二万兵马投奔薛举。大业十三年（公元617年），薛举自称西秦霸王，年号秦兴。

最得意事：薛举自称西秦霸王后，带着儿子薛仁杲一路势如破竹攻下了鄯州（今青海乐都）和廓州（今青海贵德），不出几日，竟然以秋风扫落叶之势占领了陇西，手下的革命士兵也一下子猛增到了十三万之众。随后，薛举继续向外扩张地盘，当年年底，攻克了秦州（今甘肃天水），大败了同为革命军的唐弼，兵力再度迅速扩张，竟然达三十万。

最失意事：公元618年，李渊在长安称帝，直接威胁到了薛举的地位。

最幻想事：击败李渊，占领长安，成为新一代的关中霸王。

最后悔事：主动挑衅，发动对唐朝的决战。

此时的李渊和薛举就好比一个郎情一个妾意，你对我有情，我对你也有意，因此两人很快上演真情对对碰。李渊派出的征西将军是二儿子秦王李世民。以己之秦王对彼之秦王，李渊显然在斗力、斗智、斗勇，还有斗气！

用日本围棋的术语来说，这叫气合，一本道！

这个时候的秦王李世民别看年纪小，却有一股初生牛犊不怕虎之豪气，在和薛举的第一次正面交锋中，就来了个下马威，斩杀敌军数千，大长士气。

薛举首战失利，马上找曾经的上司、现在沦为手下智囊的郝瑗问计。郝瑗献出了"联合"之计。茅塞顿开的薛举利用"糖衣炮弹"贿赂梁国的梁师和北边的突厥，请求他们出兵联合攻打唐军，并且承诺，如果拿下了长安，三分天下。

梁师和突厥都贪图小利，得到好处后，便陆陆续续派兵来支援薛举。薛举的底气又足了，马上找李世民进行大决战。

李世民虽然胜了一场，但并没有被胜利冲昏头脑，相反，他清楚得很，薛举是个能征善战之人，现在又有"外援"相助，和他进行力拼，一定占不到什么便宜，于是来个深沟高垒，高挂免战牌。大有"你狂任你狂，清风拂山冈。你横任你横，明月照大江"的英雄气概。

等你闹腾够了，士气低落了，粮草尽了，该撤兵了，我再给你最后一击。应该说李世民的计划很不错，兵法上这叫以逸待劳。然而，天有不测风云，就在这样关键的时刻，李世民突然病了。

这一病还不轻，为了安心养病，李世民只好把军事指挥权交给副元帅刘文静。

李世民对刘文静说出这样一句话：坚守就是胜利。

对此，刘文静回答得很是干脆：执行就是胜利。

然而，事实证明，刘文静是个说到做不到的人，很快他就选择了出战。原因是薛举听说李世民病了后，马上对刘文静来了个"骂阵"，他安排士兵分批轮番上阵，对刘文静从祖宗十八代开始骂起，直骂得天花乱坠、天马行空、天昏地暗……骂得刘文静天怒人怨，认为薛举的做法天理难容，得给他天雷万钧的一击，让他知道什么叫天外有天。

愤怒的刘文静选择了出战，结果很快就进入薛举布下的圈套，毫无悬念地大败而归。大将李安远和刘弘基等人也成了阶下囚。

这下没办法了，李世民只好选择了退兵长安。

骁勇的薛举决定采取"宜将剩勇追穷寇"的架势，向长安进军。然而，就在这个节骨眼上，薛举也体会到了什么叫天灾人祸，他居然步李世民的后尘，也病了。

李世民是病得非常严重，而薛举比李世民还严重得多，居然一病不起，而且没过多久，居然还来了个一了百了——死了。

薛举这种"非典型死亡"，当然死不瞑目，这是他一生中最好的灭亡唐朝的机会，却因为不可抗拒的外因搅黄了。

薛举死了，儿子薛仁杲继承了老爸的遗志，继续统领全军，想要完成父亲未竟的事业。

薛仁杲什么都比不上父亲，唯独绰号却远远响过父亲，他的绰号叫"铁血无情"。绰号来源：他一来嗜杀，二来不仁，三来不义，四来猜忌。更重要的，他还是个变态狂。薛仁杲对待俘虏的办法是割鼻断舌，再用大锤砸，硬生生地把人整成"活死人"。不但薛仁杲如此，他的老婆同样如此，喜欢鞭打士卒，打够了，把人埋在地上，露出肚子和后背，再拿锤子砸，手段之残忍，与初汉时的吕后有得一拼。

这真是夫唱妇随啊。

在这样的领导手下当下属就像在刀尖上踩秋千，不想被折磨致死的只好选择逃离。

薛仁杲正在痛苦地悼念老爸，李世民又来了。薛仁杲也不是好惹的，马上摆开阵势，准备进行大决战。

然而，李世民到了阵前，并不急于打仗，而是安营扎寨，任凭薛仁杲怎么叫阵就是不出战。

急得薛仁杲简直有找块豆腐撞死的冲动，是啊，对于现在的他来说，拖不起也等不起，因为再拖下去，粮食就要告急了，再等下去，士兵就会逃散殆尽了。

果然，多等一天，多拖一天，薛仁杲就多伤一天，手下士兵逃的逃，跑的跑，剩下的也是人心浮动，军心不振，这支曾经的王牌之师，现在已经变成了疲惫之师。两个月后，眼看时机成熟，李世民终于露出了狐狸般的微笑：薛仁杲，该是咱们决战的时候了。笑完之后，李世民派大将庞玉前去挑战，结果薛仁杲自然全力出击，还没接触两个回合，庞玉佯装不敌，开始且战且退。薛仁杲岂会让他轻易逃脱，开始猛打猛追，很快就进入李世民设下的包围圈，这个时候，就算薛仁杲再骁勇也无能为力了，体会到了什么叫一败涂地，眼看就要成了"孤家寡人"的薛仁杲夫妇又不想挥剑自刎来个一了百了，只好选择了一息尚存——投降。

有句这样的话叫坦白从宽，抗拒从严。李世民虽然对薛仁杲并没有好感，但也不想杀了他，于是，把这对残暴夫妻押回长安，交给李渊处置。

李渊很快以实际行动修正了李世民的看法：坦白从宽，牢底坐穿；抗拒从严，回家过年。事实上，李渊甚至没有让薛仁杲把牢底坐穿，而是给了他痛快的解脱——送上了断头台。

斩草不除根，后患无穷。李渊斩杀薛仁杲，正是为了李唐江山的一统天下和万代流传。

（3）成也突厥，亡也突厥

平定了西秦霸王薛举父子后，李渊手中的倚天剑瞄准了下一个对手刘武周。

关于唐初大牛人刘武周，可以用以用四句话十二个字来形容。

一是奇才。

刘武周的祖籍在河间景城（今河北泊头交河镇东北），他的出生很离奇，据说他母亲怀他的时候坐在自家屋前晒太阳，一只老公鸡在树上捉食，他的父亲干完农活回来，忽然看到一个鸡状物飞到他妈妈的怀里，随即就怀孕了，结果就生了他。

二是天才。

离奇的出生并没有给刘武周带来好运，因为家里生活所迫，他从小跟随父母迁居马邑（今山西朔州）。为了改变命运，刘武周半耕半读，发愤图强，凭着自己的天赋和努力，考上了公务员。刘武周学的是文，分工的时候，却做了一个最下等的武官。

为此，专业不对口的刘武周没有选择自暴自弃，而是开始弃文习武。他身体条件本来就好（高大魁梧），又敏而好学，结果半路出家的他很快把十八般武艺学到手了。也正因为这样，能文能武的"天才少年"刘武周很快在江湖中闯出一个"万儿"来，在山西各地豪杰中声名大振。

三是歪才。

在隋末群雄竞起的纷乱形势中，刘武周算是最早起来革命的人士之一，别人革命是为了活命，他革命的动机非常独特，竟然是为了爱情。

原来，在当公务员期间，情窦初开的刘武周爱上了朔州太守王仁恭的侍妾，这是穿越时空的爱恋，这是注定没有结果的苦恋，更是早该放手的痴恋。

然而，个性鲜明的刘武周却偏生选择了为爱痴狂，痴狂到了什么地步呢？两个字：革命。大业十三年（公元617年），刘武周起兵，杀死王仁恭，得到了心爱的女人。

这个女人是幸运的，有如英国温莎公爵婆的那位女人。一个男人为了自己，地位、江山、性命都可以不要了。这个幸运女人的名字不可考，也许叫做"如花"。

生命诚可贵，爱情价更高。为了将爱情进行到底，刘武周走上革命道路后，知道仅凭自己的这点实力是行不通的，于是选择了和境外突厥联姻。既然想联姻，那当然得送彩礼了，这时的刘武周刚刚革命，还没有"榨"出隋朝官吏的"剩余价值"，因此，没有多余的金银珠宝可送。

没有财可送，那就只能送"礼"了。普通的礼物行不通，刘武周思来想去，马上孤注一掷地袭击了附近的汾阳宫，俘获了一些宫女，来了个借花献佛，把宫女当彩礼送给突厥。

得到了天仙般的美女，突厥人笑歪了嘴，马上封刘武周为定扬可汗，并且送了一些马匹作为回礼。

四是爱才。

"联姻"的刘武周有突厥这张"画皮"做后台撑腰，实力大增，名声大振，结果引得四方豪杰纷纷来投，这里值得一提的有一个叫宋金刚的人。

宋金刚是上谷（今河北怀来）人，擅长兵法，在方圆数百里都有名气，他也是个不安分的主儿，很快成为一个聚山为王的山大王。见刘武周是个他想投奔的明主，便来了个"良禽择木而栖"。

刘武周知道宋金刚是个难得的人才，立马上演分封三部曲。

一、封宋金刚为宋王，总管军事。

二、分一半家产给宋金刚，分管财物。

三、把自己的妹妹嫁给宋金刚为妻，主管后勤。

刘武周对自己如此推心置腹，宋金刚感动得热泪盈眶，甚至马上休了自己的原配夫人，独爱刘武周的妹妹，信誓旦旦地表示：要为刘家的革命事业奉献终生。

当然，知恩图报的宋金刚马上给刘武周献策："赶紧占领山西，以图天下！"

刘武周听了很高兴，马上联合突厥对李渊的老巢太原进行偷袭。

守太原的是李渊的第四子李元吉，这个时候的李元吉毕竟还是嘴上无毛、办事不牢的愣头青，听说刘武周和突厥的联合部队向太原进发，不顾辅佐大臣窦诞和宇文歆等人的劝说，拔腿就跑。李元吉顺利逃到了长安，太原因为"无主"，很快就被刘武周的大军攻破。接着，刘武周的大军拿下了榆次、介州，山西全境告急。

听闻消息，李渊先是大惊，随即大怒，山西是自己老窝，怎能任人欺凌呢？于是，他马上派出二儿子李世民前去收复失地，并把李元吉降为李世民的属下，戴罪立功。

武德二年（公元619年）十一月，秦王李世民尽起关中兵马，直取宋金刚，李渊亲自来长春宫为出征的李世民送行，并且做了三件事。

一是问。李渊问李世民将怎么对付刘武周，李世民胸有成竹地回答了四个字：先守后攻。李渊听了很是满意地点了点头。

二是送。李渊把自己身佩的龙吟剑送给李世民，李世民见状大惊不敢接，李渊道：将在外，君命有所不受。行军中，如有不听你号令的，可以当场击之。

三是赠。李渊亲自为李世民倒了满满一杯酒，李世民一口喝干，把碗摔在地上，跪拜道："不平刘武周，誓不班师。"

雄赳赳气昂昂，李世民带领大军渡过黄河，很快来到了龙门以东的柏壁（今山西新绛县北）。李世民在这里安营扎寨，按兵不动。

刘武周当然知道李世民的大军来了，他派出手下有超级军师、超级猛将、超级无敌之称的宋金刚来和李世民PK。

宋金刚出浍州（今山西翼城），很快来到李世民面前。

李世民已连夜在军营前挖了五道深壕，大有拒敌千里之势。宋金刚战又不能战，退又不能退，只好和李世民玩起了"望穿秋水"。

相持的结果是李世民"等不起"。原因是，柏壁虽然是一座水利资源丰富、且易守难攻的城堡，但城里唯一缺的就是粮。世道这么乱，粮食本来就是珍稀之物，而唐军随身所带粮食又有限，因此，相持时间一长，出现"断粮"也就不足为奇了。

俗话说：兵马未动，粮草先行。断粮的后果是伤不起。李世民一边派人紧急到后方长安调粮，另一方面，为了解燃眉之急，还想出了一个紧急方案，写了一封"劝民书"向四方广为散发，劝民书的内容大致有三：

一是我军是仁义之师，威武之师，胜利之师，此次来山西，是为救黎民百姓于水火之中，请大家支持我们。

二是我军现在急需粮草。

三是我军现在高价买粮。

山西是李家的老根据地，李世民的威名早已远播，在李世民的宣传口号和金钱攻势下，当地百姓富有的纷纷慷慨解粮，不富有的纷纷勒紧腰带挤粮，实在没粮的帮着征集柴草，很快李世民大军的粮荒就迎刃而解。之后，后方的粮草相继运到，李世民度过了粮荒这一关。对此，一向机敏的宋金刚却无动于衷，没有进行阻拦，结果白白错过了一举击溃李世民的机会。

这个时候，雪越下越大，天气越来越冷，轮到宋军等不起了，是啊，唐军可以躲在占据天时地利人和的城里"成一统"，而宋军却要顶着风冒着雪在城外"陪读"，自然陪不起了。也正因为这样，眼看这仗还没打，就快要冻死了，宋金刚选择了"退一步海阔天空"的策略——很快把大军撤回了浍州。

这样，两军的距离拉远了，变成了"牛郎对织女"，接触战变成了拉锯战。

坐镇太原的刘武周急了，他马上使用"糖衣炮弹"的攻心策略，唆使盘踞于安邑（今山西夏县）一带的"魏王"吕崇茂和雄踞于蒲州（今山西永济）一带的"大王"王行本对唐朝的地盘进行骚扰，以分散唐军的注意力，给自己制造浑水摸鱼的机会。

对此，李渊采取了分兵抗击的方法，秦王李世民安心和宋金刚进行决斗，永安王李孝基平息不安分的吕崇茂。

李孝基是李渊的堂弟，李世民的堂叔。他之所以得此重任，完全是因为"裙带关系"。他挂帅后，率军直奔安邑。然而，在选择攻城策略上，李孝基却陷入了左右为难的尴尬境地，因为手下分成了主战派和防守派。

1.主战派。

代表人物：陕州（今河南陕县）总管于筠。

主张：马上攻城。

理由：兵贵神速，速战速决，拿下安邑再说。

2.防守派。

代表人物：工部尚书独孤怀恩。

主张：围住城慢慢打。

理由：攻城为下，攻心为上，敌人围困久了，军心乱了，城池自然就破了。

应该说赞成主战的将士还是占了绝大多数，然而不懂军事的李孝基却采纳了独孤怀恩的意见，对安邑围而不攻。大伙问为什么，他的回答令人哭笑不得：大伙都知道的那不叫真理，因为真理往往掌握在少数人手里。

李孝基的缓攻给了吕崇茂喘息的机会，他马上派使者向宋金刚紧急求援，宋金刚二话不说，马上派部将尉迟敬德和寻相率援军火速支援吕崇茂。

于是，唐朝的又一位超级牛人尉迟敬德登场了。他不光是《隋唐演义》中的第十四条好汉，也是后来李世民麾下的名将，为李世民的登基立下大功，更和秦叔宝一道，成为中国民间家家户户过新年的守护神！

尉迟敬德一来，李孝基哪里抵挡得住，更为雪上加霜的是，此时的"困兽"吕崇茂见援兵到了，马上来了精神，率军从城里冲杀而出，唐军腹背受敌，不说还手之力，连招架之功都没有了，只有束手被擒的份，结果李孝基、独孤怀恩、于筠、唐俭及行军总管刘世让等人都成了阶下囚。

李孝基败了，李世民当然不会坐视不管，马上就来给叔父报仇了。他选择在尉迟敬德和寻相班师回朝的路上美良川设伏。结果刚刚获胜凯旋的尉迟敬德和寻相在毫无防备的情况下，被李世民打了一个措手不及，手下将士死了两千余人，被俘三四千人，伤者更是无数。

回浍州的尉迟敬德发出了这样的感叹：棋逢对手，将遇良才，美良川终于遇到了一生中可敬可怕的对手了。李世民啊李世民，打败你没商量。

说完这句话，尉迟敬德又得出发了，不是去找李世民决一死战，而是去解"独在蒲州为异王"的王行本的围。这时的王行本因为不安分，也正被唐军围攻，正处于十万火急、急需救援的境地。

"救火队员"尉迟敬德不会料到，当他行到半路安邑时，又碰到了李世民。这不是巧遇，也不是偶遇，而是一次精心设计的围点打援。

李世民深谋远虑，有备而来，以逸待劳。

尉迟敬德救死扶伤，心急如焚，毫无斗志。

结果可想而知，尉迟敬德大败，败得不能再败，只和大将寻相两人逃脱，手下士兵非死即伤，或者投靠了唐军。

两次伏击成功后，李世民不但一举扭转了被动的局势，而且很好地鼓舞了己军的士气，于是将士们纷纷请求和宋金刚进行最后大决战。李世民的头却摇得像拨浪鼓，半晌才幽幽地道："不是不战，时候未到。"众人又问："现在我军大胜还不是时候，要等到什么时候呢？"李世民却笑而不答。

光阴荏苒，很快到武德三年（公元620年）四月底了，这时的李世民和宋金刚已大眼瞪小眼地相望了大半年。半年，这是一段多么漫长的烽火岁月，这是一段多么难熬的艰苦岁月，这是一段多么感怀的激情岁月。从寒冬腊月到春暖花开，从步步为营到步步为赢，李世民除了伏击尉迟敬德导演两次半路惊魂，一直率军龟缩在壕沟以内的柏壁城，这需要何等超人的忍耐力。

而这半年，宋金刚原本像金刚一般高大坚韧的身躯，被岁月无情地打磨得一点一点萎缩，一天一天凋零，显得毫无生机，整天在浍州长吁短叹。

的确，他手下的将士是很困难，因为在这近半年的僵持中，军中的粮草早已消耗殆尽，没有粮草，意味着什么？意味着军心开始浮动。军心开始浮动，意味着什么？意味着特别不能战斗。

特别不能战斗，对李世民来说，意味着大决战的时机到了。

的确，李世民等了好久，等的就是这一天，决战开始后，局势很快就呈一边倒，宋金刚没命地跑，李世民拼命地追。在雀鼠谷，两军进行了残酷的阵地战，一日八战，李世民的唐军展现的是豹一般的爆发力，共斩敌伤敌擒敌数万人。

宋金刚"不羞遁走"后，尉迟敬德接过了他手中的帅印，收集了残兵败将，固守在介休城（今山西介休）做最后的抵抗。

这一次，李世民对介休城采取的策略是不围也不打，派任城王李道宗和宇文士及去劝降尉迟敬德。

这个时候的尉迟敬德是很不甘心的，很想卷土重来的，也是很无奈的，他知道凭他的一己之力想要改变最后失败的命运已是不可能，最多可以做一个"城在人在，城破人亡"的愚忠。选择愚忠还是新生，最终，尉迟敬德还是选择了后者。

尉迟敬德做这个选择痛并快乐着，痛苦很好理解，忠臣不事二主嘛。快乐，那是因为他通过和李世民交手，发现李世民是个人才，是个贤主，是个值得托付终身的人。之后，他一生追随李世民，在"玄武门之变"中立下大功，为大唐中兴作出了巨大贡献！

尉迟敬德投降后，刘武周知道一切已经无法挽回，于是赶紧带着宋金刚逃到了突厥，想在那里获得新生。然而，到了那里，很快体会到了什么叫现实与理想的差距。郁郁不得志的刘武周和宋金刚没多久就过不惯了，想逃回老家去，结果被突厥人发现，双双被送上了断头台。

冲冠一怒为红颜的刘武周就这样陨落了。这一年是唐武德五年（公元622年）。

（4）步步为营

屠掉了"屠龙帝"宇文化及，打掉了"西秦霸王"薛举，灭掉了"眼中钉"刘武周，稳定了西部和北部的局势，消除了后院起火的顾虑，李渊的野心更大了，把目标定在了中原的王世充身上。

的确，王世充就是李渊挺进中原的一只拦路虎，不除掉这只虎，想要扫荡群雄、一统天下就等于痴人说梦。其实这个时候的王世充是极不安分的，他趁唐军主力被刘武周牵制时，对唐朝展开了一系列军事行动，并接连取得胜利，杀掉了唐军大将张善相、李公逸等人。

因此，征伐王世充对于李渊来说，于公于私，于情于理都是理所当然的事。

武德三年（公元620年）七月，李渊派出东征大军，元帅依然是李世民。

这一次，李世民出关抵达谷州（今河南新安县）后，早已胸有成竹的他马上派出大将罗士信为先锋，向王世充的边城慈涧（今洛阳西）进军。出发时，李世民给了罗士信一个锦囊妙计，说是到了慈涧时再打开。

罗士信到了慈涧后，急急打开锦囊看，但见上面写道："虚张声势，大张旗鼓，围而不攻，围点打援。"意思很简单明了，就是告诉罗士信，围住慈涧，故意攻而不下，引诱王世充前来救援，再设伏歼灭来援之敌。

事实证明，李世民的确是军事天才，他算准了王世充的软肋，肯定会来救援。果不其然，王世充听说唐军围攻慈涧后，决定亲自去救援。救援之前，为了确保东都洛阳万无一失，他进行了"围绕一个中心，放眼三个重点，坚持五个基本点"的军事部署。

一个中心很好理解：洛阳。

三个重点就是洛阳外围门户：襄阳、虎牢关、怀州。具体分工是：魏王王弘烈镇守襄阳，荆王王行本镇守虎牢关，宋王王泰镇守怀州。

五个基本点就是洛阳的外城：洛阳南城、皇城、东城、含嘉城、曜仪城。具体分工是：齐王王世恽巡逻洛阳南城，楚王王世伟镇守皇城，太子王玄应镇守洛阳东城，汉王王玄恕镇守含嘉城，鲁王王道徇镇守曜仪城，

列位看官看到这里也许奇怪了，怎么这"三个重点和五个基本点"的守将都姓王，这当然不是"纯属巧合"，而是王世充的"精心打造"。他们中有四人都是王

世充的侄子辈，王世充之所以这么做，原因只有一个，关键时刻，最可靠的还是家里人。

这样保险是保险了，可靠是可靠了，但别忘了他们是纨绔子弟，吃喝嫖赌样样精通，唯独行军打仗一窍不通，隐患就此埋下。

部署完毕后，王世充率领三万精兵火急火燎往慈涧赶，他这么火急火燎，一是救火的需要（慈涧不能落入敌手啊），二是添火的需要（如果能打败唐军，既给唐军一个下马威，又很好地提升了己军的士气）。

俗话说：敌不动，我不动；敌欲动，我先动；敌若动，我如山动。在谷州的秦王李世民密切注视着王世充的一举一动，眼看王世充率部向慈涧进发，他的大军来了个"如山动"，王世充前脚刚到慈涧，李世民后脚便也到了。王世充带的是三万人，李世民带了五万人，再加上罗士信的先锋军万余人，总兵力超过了六万。六万对三万，比例为2：1。

这是一场实力相差悬殊的PK，王世充是个聪明人，哪里还敢火拼，马上来了个火速撤军回洛阳。结果，慈涧几乎不费吹灰之力便成了李世民的囊中物。接着李世民采取了"围绕四个基本点，包围一个中心点"的战略部署，开始清理王世充的外围。

四个基本点部署为：行军总管史万宝进军龙门，将军刘德威进攻怀州，将军王君廓进攻洛口仓，怀州总管黄君汉进攻回洛城。一个中心点当然是洛阳了，这一路由李世民带领主力部队完成。

结果，王君廓这一路军首先传来捷报，他出其不意，一举占领了洛口仓。

要知道，洛口仓是天下最大的两大粮仓之一，也是洛阳城的"衣食父母"，洛口仓丢了，等于掐断了洛阳的粮道，从此王世充的军队温饱都麻烦了。

果然，洛阳城的军民不久便开始吃草根树皮，草根树皮也没了，只好吃黄土泥沙，最终演变成人吃人的悲惨一幕。

眼看形势不妙，王世充在想不出好办法拯救手下大兵时，想出一招绝招——忽悠，想用这种方式让李世民退军。武德三年（公元620年）八月，王世充和李世民进行了一次谈判。

王世充首先发言，他的话表达了三层意思：

第一层：你走你的阳光道，我走我的独木桥。解析：隋朝政权倒台后，天下乱成了一锅粥，各地英杰纷纷占地为王，我没有什么野心，只想守着我这一亩三分地，过自己的平淡生活。你们来侵占我的领土，这太不厚道了吧。

第二层：度尽劫波兄弟在，相逢一笑泯恩仇。解析：虽然我们之前有过一些小摩擦，那是年少轻狂的缘故，人生如白驹过隙，匆匆而过，何必争来争去，到头来又得到了什么。我们还是和解吧，做个永结友好盟约的好邻居。

第三层：狗逼急了会跳墙，人逼急了会跳护栏。解析：你不远千里跑到我这里来，可惜我这里条件有限，不能好好地招待你，你手下这么多士兵要吃饭穿衣，恐怕时间长了接济不上吧，这样打下去，输赢还是个未知数。

总结陈词：将军没必要和我拼个你死我活，两败俱伤，还是退兵吧。

面对王世充的忽悠，李世民显得很镇定，同样回了三句话。

第一句话：王者伐道顺民心。解析：洛阳一带的百姓处于水深火热之中，他们都在翘首期盼我李唐仁义之师来拯救他们。

第二句话：四海之类皆兄弟。解析：如今四海之内，都在接受王道，唯独你王世充却逆天而行。你不是兄弟，而是敌人。敌人是用来打的，不是用来笑的。

第三句话：亡羊补牢犹未晚。你现在已经到了穷途末路了，如果你识时务，现在就投降，还能保全富贵，如果你继续顽抗，将死无葬身之地。

总结陈词是：废话少说，是降是打，你自己决定吧。

和谈就这样失败了，接着开打。九月，李世民与王世充开始了"真情对对碰"。正在这个节骨眼上，坏消息一个接一个传到王世充耳中。

九月十三日，显州（今河南泌阳）总管田瓒投降。

九月十七日，轩辕（今河南偃师东南）失守。

随后，唐军先后攻占龙门、回洛仓、洛口、虎牢等要地，王世充只剩下洛阳这个孤零零的防守区了。他的"围绕一个中心，放眼三个重点，坚持五个基本点"部署几乎在一夜之间烟消云散了。

　　无奈之下，王世充只好向河北的窦建德进行紧急求援。这是王世充保命的最后一招了，那么，"混世魔王"窦建德会来相救么？

第十七章

英雄无泪

（1）平地一声雷

以下，是初唐牛人窦建德的个人简历。

姓名：窦建德。

出生：贝州漳南（今河北故城东北）人。

家庭背景：世代务农，稍有积蓄，自言汉景帝太后之父安成侯窦充的后裔。

个性特点："重然许，喜侠节。"（《新唐书·窦建德列传》）

绰号："四好"先生。

绰号来源：

一是心肠好。典型事例：有一次乡里有家人丧亲，因家贫无法安葬。窦建德当时正在田中耕种，听闻之后长叹一声，将自家的耕牛捐给了乡人，当作发丧的费用。要知道，那个时代耕牛是老百姓家中最珍贵之物，窦建德为了他人如此急公好义，很快赢得了乡亲们的敬重。

二是身手好。典型事例：一天，有几个不识时务的盗贼乘着夜色光顾了窦家，结果被窦建德发现了，他潜伏在门后边，等待盗贼进屋后，便来个"关门捉贼"。当然，贼也不是那么好捉的，贼人仗着人多和他干了起来，窦建德拳打脚踢，很快打死了三个贼。其他的盗贼吓得不敢再进屋来。碰到这样的硬对手，他们只好自认倒霉，请求窦建德将三人的尸首交还。窦建德说："可投绳系取之"（《新唐书·窦建德列传》）。盗贼于是将绳投进屋里，窦建德将绳系在自己身上，冒充尸体让盗贼拽出。结果他这一招现实版的"借尸还魂"收到了奇效，窦建德趁贼们不备，跃起持刀再杀数人，从此名声威震四方。也正是因为这样，行侠仗义的窦建德很快摇身一变，成了一名"公务员"——乡里的里长。

三是政治好。典型事例：窦建德是个眼里容不下一粒沙的人，因此，他很快就砸掉了手中的铁饭碗，过起了漂泊流浪的生活。原因是犯了法。原来那时已是隋文帝晚年，隋朝统治日益昏暴。隋文帝建仁寿宫，杨素主持营造，"夷山堙谷，营构现宇。崇台累榭，宛转相属"，日夜施工，役夫死者不计其数，杨素竟然令官吏将路上尸骨焚烧，又将"疲敝额仆者，推填坑坎，复以土石，因而筑为平地"。而刑法严峻，骇人听闻：隋文帝"命盗一钱以上皆弃市，行旅皆晏起晚宿，天下懔懔焉"，甚至"四人共盗一榱桷，三人同窃一瓜，事发，即时处决"，因而激起了人民的强烈反抗，在迫使隋文帝废除"一钱弃市法"运动中，窦建德来了个"以下犯上"，只得弃官逃亡。

四是人品好。典型事例：这段逃亡生活对窦建德日后的生活影响很大，因祸得福，他在逃亡途中结识了很多在绿林中闯下响亮名头的朋友。不久后继位的杨广大赦天下，窦建德这才得以重回故里，这时候的窦建德已经声名赫赫。他父亲死的时候，居然有一千多人赶来送葬，然而，他却将礼金全部推辞不受，充分显示了其超人一等的高风亮节。

革命之路：四好先生很快回到隋朝重当公务员。隋大业七年（公元611年），杨广第一次讨伐高丽，向天下征兵，精兵强将齐聚辽东，郡县内显得空虚，要补充新的力量，于是开始高薪招聘兵员。四好先生窦建德被选为二百人长，成了一个小军头，相当于今天的连长。事实证明，"二进宫"的窦建德只是把这个当成人生的跳板，成功地跳到了"革命"的大军中。

引路人是他的朋友孙安祖。与窦建德的自愿当兵不同，孙安祖是被逼当兵的。当时孙安祖家里遭遇了一场水灾，妻儿都被饿死了。正在孙安祖悲伤泪流成河时，县令看上了孙安祖的骁勇，想把这样难得的人才招入军中。孙安祖接到县令的聘书时，马上进行了委婉的回拒。两层意思：一是谢谢县令对我的厚爱；二是我不想当兵，请县令另择贤才。县令接到回信勃然大怒，认为这是敬酒不吃吃罚酒，二话不说，马上把孙安祖抓了起来，然后用鞭子把孙安祖抽得鲜血淋漓，体无完肤。孙安祖一气之下杀死了县令，然后投奔了窦建德。

窦建德知道自己这里也非久留之地，于是给孙安祖指明了一条阳光大道——去附近的高鸡泊（今河北故城西南）落草。

因为有窦建德这个强大的"庇护伞"撑腰，孙安祖的强盗团伙慢慢壮大了起来，他自称将军，取了一个响当当的头衔叫"摸羊公"。

官匪联合，窦建德在江湖上的"万儿"越闯越响亮。隋朝末年，天下大乱，军阀割据，无数贫苦农民流离失所，家破人亡。当时群盗纷纷起事，清河鄃县（今山东夏津）人张金称纠集百余人，渤海蓓县（今河北景县）人高士达率千余人起事，高士达往来漳南一带，所过之处烧杀抢掠，唯独对窦建德家例外——不闻不问不打搅。

郡县怀疑窦建德与他们私通，乘窦建德带兵在外，逮捕并杀害了他全家。这下把窦建德逼上梁山了，窦建德开始了他的第二次逃亡生涯，他投奔了革命队伍中的"潜力股"高士达。从此，窦建德的人生翻开了崭新的一页。

（2）十全九美

如果只用一句话来形容窦建德的革命生涯，那就是十全九美，他在革命中收获了十桶金，唯一美中不足的是没有收获幽州这一桶最大也是最重要的金，这也为他的悲剧人生埋下了伏笔。

话说东海公高士达对窦建德仰慕已久，立马封他做了"司兵"。这时，本着一山不容两虎的原则，孙安祖和张金称进行了"窝里横"的火并，结果孙安祖横尸沙场，所部数千人在走投无路的情况下，选择了投奔恩人窦建德。至此，窦建德势力大增，很快壮大到万人集团。

窦建德收获了革命后的第一桶金。

当时山东河北地区"盗贼"蜂起，大业十二年（公元616年）十二月，隋朝马进行了一场大规模的剿匪行动，分别由两个人指挥，一个是太仆夺卿杨义臣，他率辽东还军数万进攻张金称；一个是涿郡通守郭绚，他率领万余兵马征讨高士达。

为了抗敌，高士达立马封窦建德为"军司马"，把军队的指挥权都交给他。窦建德感动之余，马上想到了感恩，想出一招破敌妙计——苦肉计。他先请高士达负责看守辎重，然后亲率精兵七千前去抵抗郭绚。这七千士兵在行军途中，除了走路，还得干一件事，那就是四处散播传言，说窦建德与高士达不和，要重新投归隋军。

为了让戏演得更真实些，高士达按窦建德的计划，也开始四处散播传言，说窦建德背信弃义投降隋军，为此，还以实际行动进行了证明，将一个掳获的妇人假充窦建德的老婆给杀了。

窦建德和高士达的双簧演得天衣无缝，很傻很天真的郭绚甚至连调查取证的程序都直接免了，就相信了这些小道消息的准确性。

窦建德开始出招了，他马上送上了降书，两层意思，一是诚心归顺，二是戴罪立功。并说自己愿意作为先锋，带郭绚去攻打高士达。郭绚觉得这个办法很好，于是马上率兵到长河（今山东德州东）界地与窦建德会合，共图高士达，结果被窦建德打了个出其不意，郭绚全军覆灭。

窦建德收获了革命后的第二桶金。

失之东隅收之桑榆，郭绚败了，隋朝的另一路大军杨义臣却胜了。他在成功击杀张金称之后，马上掉转马头进入高鸡泊，又来对付高士达。窦建德马上对高士达献计：避其锋芒，击其堕归。理由：一是杨义臣善于谋略，用兵诡诈狠辣，正面交锋很难对付；二是隋军刚刚消灭了张金称，士气正盛；三是先坚守不出，令他们欲战不能，欲退不能，消磨他们的锐气，拖累他们后，再趁机袭击，大功可成。

然而，这一次高士达显然是被胜利冲昏了头脑，他沉默了半晌，才回了一句：兵贵神速，岂能延误。说完这句话，留窦建德守营，亲自率精兵主动出击。高士达憋着一股劲，一定要击败杨义臣，初次交锋便猛冲猛打，让杨义臣吃了点小亏，心下大喜，大摆筵席庆祝胜利。窦建德听说高士达这么干，对手下说："东海公还没完全打败敌人就如此自大，祸事不远了。如果隋兵乘胜追杀，我们这里独木难支。"说完，留下老弱守营，自己率领精锐把守险要。

事情的进展果然不出窦建德所料，五天后，高士达便被杨义臣所杀。杨义臣乘势追击窦建德，欲将窦建德所部全歼。窦建德一看大势已去，于是率领百骑逃走。杨义臣看高士达已死，觉得窦建德不过是个小虾米，也就没有穷追，窦建德因此逃出生天。

杨义臣破敌后向杨广汇报战果，却被奸臣虞世基诬陷他可能拥兵自重。结果糊涂的杨广将杨义臣召回朝廷，将其所部全部解散，帮助窦建德除掉了一个死敌。

窦建德逃到饶阳县后，选择了"弱者回首便变强"的奋起之旅，他乘隋军没有防备，攻陷饶阳县城，又收纳降军三千人，暂时稳住了阵脚。此后他返回平原，召集高士达所部的散兵，又安葬高部战死者，大张旗鼓地为高士达发丧。窦建德在高士达军中本来就是二号首长，此时败而复胜，军威得以重振，窦建德也因祸得福，摇身一变，变成了"一号首长"——自称将军。

窦建德收获了革命以后的第三桶金。

此时周边起义军势力纷纷被官军击破，残部纷纷投奔窦建德，使得窦建德的势力越来越大，此后四处攻略、摧城拔寨自不用多说。窦建德在起义军发展的时候显示出了一个领导人优秀的素质。起初，绝大部分农民起义军见到隋朝的官员及士人一律杀掉，导致双方矛盾愈演愈烈，对起义军的危害非常大。而窦建德非常注意争取这些官吏，并不随便杀人，所以隋郡县的许多官员都主动归附，很多城池都不攻自破。很快，革命军达到了十万人之众。

窦建德收获了革命后的第四桶金。

大业十三年（公元617年）正月，窦建德在河间郡乐寿（今河北献县）筑坛，自立为长乐王，年号丁丑，设置百官，分治郡县。之后攻占信都（今河北冀县）、清河（今河北清河县）诸郡，并俘斩隋将杨善会于清河。同时，还击败隋军左御卫大将军涿郡留守薛世雄的征剿大军，军心大振。

窦建德收获了革命后的第五桶金。

大业十四年（公元618年），窦建德见时机成熟（最强大的瓦岗义军已经失败，李密也降于唐朝），建国号夏，改元五凤，自称夏王。

窦建德收获了革命后的第六桶金。

窦建德建立政权后，便开始对河北其他革命军发起兼并战争，他将目标定在了魏刀儿部。当时上谷人王须拔、魏刀儿聚众起义，王须拔自称"漫天王"，国号燕，魏刀儿称"历山飞"，此二人各率革命军十余万，活动在今河北、山西一带。后王须拔革命军克高阳城（今河北高阳东），又率部攻涿郡，中流矢牺牲。杨广令虎贲郎将王辩率步骑兵三千击败魏刀儿部。魏刀儿收二部革命军，入据深泽（今河北深泽县）为根据地，自称魏帝，转战于博陵（今河北定州市）、信都等地，又将势力发展到十余万人。二人同在河北，魏刀儿对于窦建德来说就是"卧榻之侧，岂容他人酣睡？"是一定要除之而后快的。于是窦建德假装跟魏刀儿结盟，然后突然袭击，斩杀魏刀儿，收其部众，势力再次实现了突飞猛进。

窦建德收获了革命后的第七桶金。

唐武德二年（公元619年）闰二月，窦建德率十万大军进攻宇文化及，连战皆捷，宇文化及被迫退守聊城。窦建德用撞车、抛石，四面急攻，此前诈降宇文化及的农民军首领王薄开城引建德军入城，俘宇文化及，悉虏其众。由于是以为隋炀帝报仇为由，所以窦建德入城后先拜见萧皇后，并穿素服为隋炀帝哭丧尽哀，接着将传国玉玺及卤簿仪仗收为己有，然后安抚被俘的隋朝官员，并将宇文智及、杨士览、元武达、许弘仁、孟景等人全部斩首，将宇文化及及其子宇文承基、宇文承趾押至襄国斩首。灭掉宇文化及之后，窦建德获得了极高的声望。另外，因为远嫁突厥的隋义成公主派使者来迎接萧后和杨广的孙子杨政道，借此，窦建德与突厥也拉上了关系。

窦建德收获了革命后的第八桶金。

随后，窦建德又连克易州（今河北易县）、定州、冀州（今河北冀县）、邢州（今河北邢台）、沧州（今河北沧州东南）、洺州（今河北永年）……河北地区成了他的一亩三分地。窦建德把都城从乐寿（今河北献县）迁到了洺州，这时的窦建德达到了他的全盛时期。

窦建德收获了革命后的第九桶金。

窦建德之所以在革命后攻无不克，战无不胜，除了他的胆识和谋略外，还有五大优势。

一是不谋利。每次攻克城池后，所缴获的资财全部分给将士，自己一无所取。

二是不谋私。窦建德的生活非常简朴，因为他不喜欢吃肉，常食菜蔬、脱粟之饭。其妻曹氏的穿着也同样简朴，手下的婢妾也只有十几人。

三是不好色。攻克聊城后俘获的宫女多达千人，并且都有姿色，但窦建德将宫女全部释放。

四是不嗜杀。对隋朝的文武和万余人"骁果"都听其自去。

五是不嗜情。对有才能的旧隋官吏，窦建德都加以重用：以隋黄门侍郎裴矩为左仆射，掌选举，裴矩替窦建德"创定朝仪，权设法律，建德大悦，每咨访焉"（《旧唐书·裴矩传》），对夏政权的发展具有一定的影响；还以兵部侍郎崔君肃为侍中；少府令何稠为工部尚书；右司郎中柳调为左丞；虞世南（大书法家）为黄门侍郎；欧阳询（没错，就是那位楷书四大家之一的欧阳询）为太常卿。愿意留下来的，视才录用。愿去长安（李渊处）、洛阳（王世充处）或突厥（义成公主处）的，窦建德给足盘缠并派兵护送出境。

也正是因为这样，窦建德手下吸引了许多能人异士相助，这其中最著名的有后来成为贞观重臣的魏征。

四好五优先生窦建德并没有停下前进的脚步，把目光瞄准了军事要地幽州（今北京城西南），欲收获革命生涯中的第十桶金。

幽州一来地理位置相当重要，西南方可直奔长安，西方可直奔李渊的老巢山西，占领了幽州就等于打通了通往大唐的门户。二来物产相当丰富，囤积了大量杨广征高丽时期的粮草和装备，得了幽州丰衣足食，衣食无忧。

然而，窦建德的快速扩张步伐最终停在幽州，虽然他充分发挥不灰心不气馁的精神，来了个四攻幽州，但这一桶金却成了窦建德心中永远的痛。

打败他的人叫罗艺，《隋唐演义》中第七条好汉罗成的老爸。不过，罗成只是个小说家虚构的人物，民间把很多罗艺的事迹演绎在罗成身上了。所以，你可以大致想象一下罗艺的形象：面如冠玉，英挺俊朗，胯下白龙马，手中烂银枪——一位超级"高富帅"！

为了攻克幽州，窦建德先礼后兵，派人去招降大唐幽州总管罗艺，一句话，跟着我走没错。结果遭到罗艺的拒绝：忠臣不事二主。眼看软的不行，窦建德只好来硬的了。武德二年（公元619年）十月，窦建德率十万人进攻罗艺。罗艺采取部将薛万钧的战略，采取半渡而击之的战术，一举打败了屡胜而骄的窦建德。

窦建德第一次攻幽州以失败告终。

十二月，窦建德眼看正面攻打幽州城不行，采取了曲径通幽的策略，分兵攻打霍氏城堡和雍奴（今河北武清西北）等地，罗艺派兵救援，又将其击败。双方对峙百余日，窦建德终未得手，只好班师回乐寿。

窦建德第二次攻幽州同样以失败告终。

武德三年（公元620年），窦建德派部将高士兴第三次攻打幽州，结果罗艺采取坚壁清野、只守不攻的战略，弄得高士兴空有雄心壮志，却无处借力，只能是望城兴叹。僵持月余后，高士兴眼见粮草殆尽，只好退军笼火城（今北京丰台南）。罗艺趁机率军奔袭，结果大破敌军，斩杀敌人五千余。

窦建德第三次攻幽州仍然以失败告终。

十月，窦建德再次率兵二十万攻打幽州，这次窦建德准备比较充分，一举打到幽州城下，攻城的士兵甚至已经爬到了城楼上。就在幽州城岌岌可危的时候，薛万钧、薛万彻两兄弟率领死士百人采取"地道战"，从后方突袭窦建德的军阵，使窦建德军惊慌失措而溃败。

窦建德第四次攻幽州还是以失败告终。

一年之内击退优势敌军四次狂攻，幽州城牢牢掌握在大唐帝国手中，罗艺获得了"守城名将"的美称，一如1927年坚守涿州100天的傅作义。

攻打幽州受挫后，窦建德随即转变进军方式，于唐武德四年（公元621年）二月，进攻在河南掠地的孟海公义军，并且很快攻克周桥（今山东曹县东北），俘孟海公，将其手下三万义军收编。

至此，窦建德终于收获了革命后的第十桶金。

然而，幽州没有拿下，却成了窦建德破茧成蝶进一步发展壮大的桎梏，当真印证了这样一句话，十全九美。

（3）一意孤行

李渊在灭薛举父子和刘武周后，为统一天下，决定采取各个击破的方针，一边派秦王李世民率军东征王世充，另一边遣使与窦建德握手言和。

对于李渊的心计，窦建德开始还没有什么察觉，他本来打算"坐山观虎斗，两耳不闻窗外事"，听任他们两败俱伤。然而，危机中的郑王王世充还是决定争取他这张牌，因此派其侄王琬与长孙王安世等向他求援。

救还是不救，窦建德陷入了深思。就在这个关键的时刻，中书侍郎刘彬进行了劝说："唐据陕西，郑国有河南，我们有河北，已成三足鼎立之势。现在唐强郑弱，如唐灭了郑，我们就难保了。不如现在发兵助郑，合两国之力，则唐必败，郑必弱，我军趁机赶走唐军，灭掉郑国，再趁势兵入陕西，直捣长安，天下可得矣。"

为了论证自己的观点，他还说了两个关键词。

第一个关键词：唇亡齿寒。解析：王世充灭亡了，唐朝的下一个目标就是我们了。

第二个关键词：浑水摸鱼。解析：现在出兵，既解了王世充的围，又把局势搅乱了，这给了我们趁火打劫、捞取利益的大好时机啊。

结论：救王世充等于救自己。

这样一来，窦建德心动了，马上发兵。十万大军，浩浩荡荡，英气逼人，势如破竹，结果连克唐朝的管州（今河南郑州管城区）、郑州（今河南荥阳）、阳翟（今河南禹县），来到了洛阳城外虎牢关东边的广武山，并在板渚（今河南荥阳高村西北牛口峪附近黄河南岸）安营扎寨。窦建德还是采取老战术，先礼后兵，写了一封书信给秦王李世民，信分两层意思。

一是强烈谴责唐军这种侵略他国领土的非法行为和卑鄙手段。

二是强烈要求唐军退至潼关，把侵占之地交还于王世充。

李世民回给窦建德的大礼却是枪林弹雨。他采取分兵拒之的策略，留齐王李元吉和将军屈突通等人继续围困洛阳，亲自率精兵步骑三千五百人于二十五日进驻虎牢关。

占着天时、地利、人和，李世民成功地把窦建德军阻于虎牢关东面不得西进，几次小仗都是以李世民的胜利而告终。

采用"拖"字诀成功拖住窦建德前进的脚步后，李世民第二步来了个"袭"字诀。四月三十日，李世民派部将王君廓率轻骑千余截击窦建德运粮队，俘其大将军张青特，此战的胜利，使窦建德军更陷于不利境地，将士开始思归。

进又不能进，粮草也被唐军破坏，窦建德面临何去何从的尴尬境地。退兵不是窦建德的风格，坚守又看不到任何光明。就在这时，他手下的国子监祭酒凌敬挺身而出，前来解惑了，只一句话就让窦建德眼前一亮："咱们不用退兵，也不用死守，咱们还有一条阳光大道可走。"凌敬马上说出了计谋：声东击西，围魏救赵。

具体策略，三步走。

第一步：大军渡济河，先取河阳，遣重将据守。

第二步：率众鸣鼓擎旗，穿越太行，进入上党（今山西长治），先声后实，传橄而定。

第三步：渐趋壶口（今山西吉县壶口），稍骇蒲津（今陕西大荔东），占领河东之地。

理由同样有三：

一、河东现在就像"无人防守区"，我军进军没有任何风险。

二、我们可开拓新的疆土，得到更多的军民支持。

三、我们攻占了河东，就可直接威胁长安，唐军一定会心虚，马上派兵来围剿，这样王世充之围将自解。

这是个好计谋，窦建德听了很心动。然而，就在他准备行动时，绝大多数部将却站出来反对，理由很可笑："凌敬不过一介书生，他懂什么军事，只不过是纸上谈兵罢了。现在不联合王世充夹击唐军，一旦王世充失利了，我们灭亡也不远了。"

介将之所以这样坚决反对凌敬，不是凌敬的计谋不行，而是王世充的金钱贿赂太行，他们都收了王世充使者送来的好处，拿人钱财，与人消灾，天经地义。

生死悬于一线间，窦建德的选择很关键，然而，这个时候，决定窦建德的不是智谋，而是性格。那么，窦建德的性格是什么呢？

两个字：愎谏。

愎谏的意思就是坚持己见，不听规劝。《左传·昭公四年》："汰而愎谏，不过十年。"《韩非子·亡征》："很刚而不和，愎谏而好胜，不顾社稷而轻为自信者，可亡也。"

前面已说了窦建德很多优点，是不折不扣的四好男人，五优先生。然而，他有一个致命的弱点：生性多疑，爱信谗言，优柔寡断，难辨是非。有一个经典的故事，窦建德还在河北经营和扩张地盘时，其手下大将王伏宝随窦建德征战多年，勇冠三军，功绩在诸将之上，结果遭到诸将的忌妒，被诬蔑说谋反，众口铄金，积毁销骨，窦建德眼看处决王伏宝的呼声越来越高，不问清楚便将他送上了断头台。结果，王伏宝临死时还在叫冤："我没有罪啊，我没有罪啊，大王怎么能听信谗言，而砍掉自己的左右手呢！"

王伏宝死后，窦建德军便由屡战屡胜变成屡战屡败了，才会四攻幽州一败涂地，可怕的是窦建德还没有意识到自己的失误，很快又听信谗言，将好直谏的大谋士宋正本处死，结果弄得手下人人自危。有了前车之鉴，从此没人再进忠言，不可一世的窦建德开始呈直线下坡的趋势。

此时，一面是凌敬的绝世妙计，一面是众将的齐声反对，耳根子软的窦建德再次展示其柔和的一面，听从了大家的话，拒绝了凌敬，并且直接说了一个关键词：少数服从多数。解析：现在我军上下团结一心，士气正旺，这是冥冥之中老天在帮助我们啊。凭着这股势不可挡的锐气，与唐军进行大决战，肯定会战无不胜。现在我已铁了心要跟随大家的建议决战，对不起，这一次不能听您的计谋了。

"不听我之言，祸不远矣。"凌敬还在进行最后的努力。

"放肆！闭嘴，给我轰出去。"窦建德勃然大怒，命人将凌敬轰出大堂。

其实这个时候，窦建德还有亡羊补牢的机会，因为他的夫人曹氏进行了善意的劝说："凌敬的计谋很好啊，大王怎么不采纳呢？"

然而，窦建德却冷冷地回了一句"妇人之见"，便拂袖而去。

曹氏只有流泪的份了。

性格决定命运，果不其然。就这样，一心决战的窦建德彻底走向了不归路。

"天作孽，犹可活。自作孽，不可活。"窦建德的行为最好地为我们诠释了这六个字。

窦建德想要决一死战，李世民也很配合，从此，唐军隔三岔五便把战马拉到黄河以北放牧，引诱窦建德出击。

果然，窦建德得到这一情况，马上进行了分析，最后得出这样的结论：李世民的大军粮草供给出现了问题，这正是和唐军进行决战的大好时机。

武德四年（公元621年）五月二日，窦建德率大军自板渚西出，在汜水东岸布阵，北依大河，南连鹊山（今河南荥阳西南），正面宽二十里，擂鼓挑战。

李世民率军在汜水西岸列阵相持，采取的策略是大部队按兵不动，只派小部队与窦建德军打游击战。

窦建德才不屑小部队接触，休想把我的十万正规军打成游击队。他列开大阵等唐军决战，左等也不来右等也不来，从早晨七八点一直等到中午一点多，四五个钟头，这哪里是打仗，简直是在搞列队检阅。四五个小时过去了，大家都累了，算了，别装了，还是消停消停吃点饭吧。

于是很多人都坐了下来，嚷着要吃饭，争着要喝水，顿时乱得像一锅粥。就在这时，李世民吹响了总攻的号角，养精蓄锐、以逸待劳的唐军铺天盖地地杀将而来。没有悬念，窦建德大军兵败如山倒，只能机械地选择一个动作：逃。

唐军当然不会再给他们喘息的机会，也机械地选择了一个动作：追。这场古代马拉松赛中，窦建德跑了三十里，唐军也追了三十里，结果两者几乎同时冲过终点线牛口渚（今河南荥阳市西北黄河南岸）。

"豆入牛口，势不得久"。窦建德这粒"豆"到了"牛口"，也就注定无路可逃了，被唐军大将白士让和杨武威抓获。

据说，李世民马上对窦建德进行了突击审讯。

"我打的是王世充，关你屁事，你没事跑过来瞎搅和干吗？"李世民问。

"我和你距离太远，为了免去您的劳顿之苦，所以就自己送上门来。"窦建德的回答令人啼笑皆非，让人想起泰戈尔那首著名的《世上最遥远的距离》。

当然，成为阶下囚的窦建德之所以回答得这般懦弱，目的就只有一个：乞命。

然而，尽管他这般委曲求全，尽管他这般阿谀奉承，尽管他这般低三下四，最终还是没有得到李渊的宽恕。武德四年（公元621年）七月十一日，成了一代名将窦建德的忌日，他被斩于长安，终年49岁。

第十八章

怒剑狂花

（1）多米诺效应

在一个相互联系的系统中，一个很小的初始能量就可能产生一连串的连锁反应，人们称之为"多米诺骨牌效应"或"多米诺效应"。

干了十一年革命工作的窦建德被俘后，带来的多米诺效应有四点：

一是无可奈何花落去。窦建德失败后，夫人曹氏和左仆射齐善行率数百人逃回洺州，窦建德部下欲立他的养子为主，厚道的齐善行说："夏王平定河朔，士马精强，一朝被擒如此，岂非天命有所归也？不如委心请命，无为涂炭生灵。"于是曹氏与齐善行将府库的财物全部分给士卒，让他们各行其道，各谋生路。然后齐善行与右仆射裴矩、行台曹旦率部属举山东之地，奉传国等八玺降唐，窦建德所建夏国，就此烟消云散。

李渊得到降表后大喜，任命齐善行为秦王府左二护军，还厚赏了他许多财物，裴矩则被调往长安任职。这样才保全了欧阳询、虞世南这两位大书法家，使他们挺拔秀丽、余韵无穷的毛笔书法能流传到一千年后的今天。无可奈何花落去，曹氏和齐善行以这样方式，让悲剧变成了喜剧，一句话，皆大欢喜。

二是两害相权取其轻。窦建德被俘后，唐军主力回师洛阳，王世充见大势已去，想突围南走襄阳（今湖北襄阳），但这时，他已是强弩之末，手下士兵已无斗志，都摇头叹息道：我们依靠的是夏王，现在夏王已灭，事已至此，就算突围成功了，又能如何？除了被无穷尽地追杀外，还有东山再起、卷土重来的机会么？

王世充彻底绝望了，他知道一切已经无法挽回，一切都将成为历史。为了成全自己也成全属下，王世充放弃了抵抗，选择了投降。武德四年（公元621年）五月九日，王世充打开了洛阳城门，他一袭白衣，带领太子王玄应以及文武百官两千余人投降。

降后，王世充的部下多被斩杀，他本人则被送到长安。

按照李渊的惯例，投降后的"大哥大"通常都要被直接送上断头台，因此，在对王世充下达诛杀令前，李渊会见了混世魔王王世充。

"你还有什么话说吗？"李渊问。

"我无话可说。"王世充道。

"你该死吗？"李渊问。

"我罪大恶极，的确该死。"王世充坦言道。

"那我把你送上断头台，你应该不冤枉了。"李渊问。

"我冤枉。"王世充说着，话锋一转道，"您不能杀我。"

"为什么？"

"因为您的儿子李世民已经许下诺言发下重誓不杀我。"王世充道。

对话到此结束，结果，精通"厚黑学"的王世充以语不惊人誓不休的气概震住了李渊，李渊居然网开一面，赦免了王世充的死罪，将他流放于外。不过，王世充最终在流放途中被仇人所杀。诛杀他的，会不会是1980年代以几毛钱一张的电影票创造了亿元票房的电影《少林寺》中的觉远和尚呢？

王世充最终还是没有逃脱命运的轮回，他当年欠下的账，终究是要还的。

三是人生得意须尽欢。因为平定窦建德和王世充立下大功，李渊封李世民为天策上将、陕东道大行台，位在三公之上；增邑三万户，赐金辂一乘，衮冕之服，玉璧一双，黄金六千斤……

李世民对这些并不热衷，他似乎厌倦了整天舞刀弄枪，开始舞文弄墨起来，不久，他开设的文学馆挂牌成立了，揽行台司勋郎中杜如晦等十八学士于馆中，乐朝夕与之共。人生得意须尽欢，莫使金樽空对月，李世民不恋美色恋人才，不羡鸳鸯羡书生，为他日后争取太子之位，打下了良好的政治基础。

四是冤冤相报。令人最头疼。李世民想过太平盛世的生活，但偏生有一个人不让，这个人便是窦建德的部下刘黑闼。

窦建德在河北山东一带的声誉很好，杀了他就失了民心，那年月山头遍地，老百姓可不管你是不是正统，谁对他好，他就跟谁干。窦建德对他们好，他们便也拥护夏政权，窦建德被杀，他们也不服，只要有个挑头的，呼啦一下就闹起来了。这个挑头的就是刘黑闼，他用实际行动告诉李渊：大夏国没亡，它还精神着呢！

树欲静而风不止！刘黑闼的出现，又会给唐朝制造出什么麻烦呢？

（2）一呼百应

刘黑闼，贝州漳南（今河北故城东北）人。这个地名很熟悉呀。没错，刘黑闼和窦建德是同乡，两人从小光屁股长大，死党。

优点：骁勇、机智。

缺点：酗酒、好赌。

特点：月光族的先驱者。

座右铭：得即高歌失即休，多愁多恨亦悠悠。今朝有酒今朝醉，明日愁来明日忧。

支撑点：窦建德因为是铁哥们，常常资助他。刘黑闼拿到钱后，却很快地将钱挥霍掉，连窦建德对他也没有办法。

起点：隋末天下大乱后，他先做强盗，后来觉得总干这没本的买卖不能长久，便投靠李密为将。

转点：李密失败后，刘黑闼成了王世充的俘虏。王世充知道他是个人才，便任命他为骑将。然而，刘黑闼并不喜欢王世充的为人，常常在背后说王世充的坏话，结果王世充闻到风声后，把他派到新乡去当总管。结果他这一去就不复返了——投奔了老相好窦建德。窦建德知道他的本领，马上封他为将军、汉东郡公。

沸点：刘黑闼由于在几支义军中都任过职，积累了丰富的经验，所以善于观察时局变化。他不但骁勇善战，而且多智谋，作战时常率奇兵对敌军进行包抄；窦建德率军外出略地时，必令刘黑闼化妆潜入敌后侦察敌情，然后出其不意，乘机发动进攻，每战多有斩获，军中号为"神勇"。

拐点：窦建德死后，旧将多散落于民间。李渊为了斩草除根，耍开了阴谋，一边拿着刀满世界寻找流落四方的夏军将领，一边大声呼喊：归来吧归来哟，浪迹天涯的游子；归来吧归来哟，别再四处漂泊……

听到李渊千里追人的启示和万里传音的呼喊，窦建德故将范愿、董康买、曹湛及高雅贤很是恐慌。他们原本想过上小隐隐于野的生活，看来很难了。于是他们坐在一起召开了一次紧急商讨会议。

会议中心思想只有一个，何去何从？

会议最终达成如下共识：以前夏王抓到了唐朝的淮安王李神通，不但没有杀他，反而发给他返还的路费，派专人送到家，仁义之极。而唐朝抓到夏王后，二话不说，就把他杀害了。我们都是夏王的旧部，一旦被抓到长安，必死无疑。与其这样白白去送死，还不如起兵为夏王报仇雪恨。

达成造反的共识后，接下来又一个难题出现了：谁来当带头大哥。

这位带头大哥必须有一呼百应的气魄和能力，才能在极短时间集聚人气，壮大声势。结果范愿、董康买、曹湛及高雅贤四人都觉得自己才短识浅，不能胜任带头大哥一职。

在没有办法之际，他们采取占卜的方式。结果卜卦显示，以姓刘的人为首领最吉利。

"四人帮"首先想到的是漳南的窦建德旧将刘雅，于是盛情邀刘雅出山，结果出人意料，刘雅婉拒了他们的美意，说了这样一句话："现在天下大局已定，我甘愿守在自己的一亩三地里当农夫自由自在地生活，不想再干刀尖舔血的营生了。"

"四人帮"一听又气又怕，气他不念旧主恩情，怕他泄露计划，于是，一不做二不休，索性给了刘雅一刀，送他到西天去了。

这时范愿又说："汉东郡公刘黑闼果敢多奇略，宽仁容众，恩结于士卒。吾久常闻刘氏当有王者，今举大事，欲收夏王之众，非其人莫可。"于是"四人帮"又来到刘黑闼家中，将计划告诉了刘黑闼，并推刘黑闼为首领，刘黑闼一听很高兴，当时正在菜地忙农活的他，当即宰杀一牛，摆下酒宴，来了个菜园五结义。席间，五人共商大计，制订了作战计划。随后刘黑闼告知乡人，立有百人响应。

刘黑闼就以此为起点，从这里出发。

这个故事，是不是很像理查德·波顿、罗杰·摩尔和理查德·哈里斯主演的、在中国曾风靡一时的《野鹅敢死队》？

（3）水能载舟，亦能覆舟

唐武德四年（公元621年）七月十九日，刘黑闼率这支一百多人的队伍，占领了漳南县，重新树起革命大旗，然后大肆招兵买马。

对此，李渊惊了，当即采取了"防"的措施，在洺州设置了山东道行台，又于魏（今河北大名县东北）、冀、定、沧4州并置总管府，加强河北防务。防民胜于防川，李渊这一招柔中带刚。

八月十二日，刘黑闼率义军攻陷鄃县（今山东夏津）。

对此，李渊怒了，马上采取了"堵"的措施，派贝州（今河北清河县）刺史戴元祥、魏州刺史权威立即率州兵堵住刘黑闼前进的步伐，结果成了刘黑闼祭刀的刀下鬼，一千多名唐军被俘后加入了革命队伍，刘黑闼部迅速发展到两千人。剿匪越剿越多，李渊这一招多少有点大意失荆州。

两战告捷后的刘黑闼在采取"攻"字诀时，马上使出了"祭"字诀。为了进一步凝聚人心，刘黑闼率军在漳南筑起高坛，自称大将军，隆重祭奠窦建德的亡灵，宣布起兵的意图便是要为夏王复仇。随后传檄四方，闻讯归降者络绎不绝。

对此，李渊急了，马上采取了"剿"的措施。急忙诏发关中步骑三千人，命将军秦武通、定州总管李玄通率军征讨，又命幽州总管罗艺引兵会剿，没想到，"守城名将"出战，都依然阻挡不了刘黑闼前进的步伐。

二十二日，刘黑闼攻陷历亭县（今山东武城东北），诛杀唐屯卫将军王行敏，势力大增，使唐在河北的统治受到严重威胁。

刘黑闼面对李渊声势浩大的"剿"，还使出了"联"字诀。刘黑闼想结缘的人叫徐圆朗。徐圆朗原本是个占山为王的土匪，后来归顺了窦建德，夏亡后，他无奈之下选择了委曲求全地投降唐朝，结果被封为兖州（今山东兖州）总管、鲁郡公爵。但这显然不是徐圆朗想要的，他有雄心，也有壮志。也正因为这样，刘黑闼的使者前脚刚到，他后脚便跟着参加了革命。徐圆朗那是怎样的人物，一呼百应啊，豫鲁一带的兖州、郓州（今山东东平）、陈州（今河南淮阳）、杞州（今河南滑县）、伊州（今河南汝州）、洛州（今河南洛阳）、曹州（今山东菏泽）、戴州（今山东成武县）八州英雄豪杰纷纷杀其长吏响应。鄱阳（今江西鄱阳）人楚元逊刺杀深州总管裴希，把深州献给了刘黑闼，刘黑闼的联军政策取得了良好的效果。

对此，李渊傻了，马上采取了"调"的措施。九月初，大唐朝廷调集了一支五万人的大军，由淮安王李神通和幽州总管李艺（原名罗艺，后赐姓李），联合邢州（今河北邢台）、洺州、相州、魏州、恒州、赵州（今河北赵县）等州人马，共计五万余人，前去剿灭刘黑闼。双方在今天的河北饶阳城南举行会战。李神通布阵长达十几里，刘黑闼兵力少，只能背靠着饶河堤岸，排成单行抵抗，与唐军相比，一个显得过于单薄，一个显得过于厚重。

李神通趾高气昂，见状轻敌之心渐起。正在这时天气骤变，刮起了大风，又下起了大雪，李神通见是顺风，乘势向刘黑闼发动攻击，双方短兵相接，展开肉搏，正厮杀间，忽然风向大变，来了个一百八十度大转弯，变成逆风。刘黑闼乘着风势大举反攻，李神通大败，只恨爹娘少生一条腿，一溃几里，死伤达三分之二。李艺在西边和高雅贤交战，已经把高雅贤击破，追逐了好几里，听说大军失利，急忙退回廉州（今河北藁城）；刘黑闼乘胜攻城，"守城名将"李艺竟然抵挡不住，只好率军逃回幽州。至此，李渊的"剿"宣告失败。

饶阳大胜后，刘黑闼采取了"追"字诀，一边传檄黄河两岸，号召窦建德旧部和民众反唐，一边率军向河北地区继续深入前进。

随后一鼓作气，击杀瀛州（今河北河间）刺史卢士睿、观州（今河北东光、阜城一带）刺史雷德备、毛州（今河北馆陶）刺史赵元恺、定州总管李玄通、冀州刺史麴棱、杞州刺史王文矩，魏州总管潘道毅，相州刺史房晃等唐朝官吏。

眼看刘黑闼的革命军势如破竹，势不可挡，坐镇黎州（今河南浚县东北）和卫州（今河南淇县东）的剿匪总司令李艺使出一招绝招：三十六计，走为上计。这样一来，仅仅半年时间，刘黑闼率军尽复窦建德原先占有的地盘。

心有多大，梦想就有多远，这时的刘黑闼已不满足于"复仇"，而是做着革掉李渊的命、统一中国的皇帝梦。于是，刘黑闼马上来了"双管齐下"。

第一步，使出的是"请"字诀。请突厥来帮忙，想请突厥人可不那么容易，他一给突厥以利：送金银珠宝。二给突厥以名：主动称臣。

果然，名利双收的突厥颉利可汗马上派俟斤宋邪那率领铁骑二千前来助战，一是作为回报，二是想来分这乱世的一杯羹。

第二步，使出的是"封"字诀。手下将士这般为他卖命，最终目的都只有一个：封妻荫子。武德五年（公元622年），刘黑闼组建了新一届中央政府领导班子。他自称为汉东王，改元天造，定都洺州。手下重要将领分封如下：一是新加入的名将，封范愿为左仆射，董康买为兵部尚书，高雅贤为右领军，王琮为中书令，刘斌为中书侍郎。二是窦建德时期的文武百官都官复原职。立法与行政完全仿效窦建德的"老路"走。

刘黑闼的势力如水涨船高，突飞猛进，河北沦陷后，他的下一步目标就是唐朝的核心长安。

眼看政权遭到严重威胁，唐高祖李渊采取了"攻"的战术，再次祭出百试百灵的终极武器——秦王李世民出战了。

武德四年（公元621年）十二月十五日，李渊以秦王李世民为主帅，齐王李元吉为副帅，挥军讨伐刘黑闼。

刘黑闼知道"大杀器"李世民的厉害，采取了"以退为进"的战术，见李世民大军到来，他立刻收缩兵力，主动放弃相州，退守其老巢洺州。李世民顺势攻取相州，在沿岸扎营，兵锋直指刘黑闼老巢洺州。而幽州总管李艺也重整旗鼓，再次领本部兵马会同李世民讨伐刘黑闼。

刘黑闼闻讯之后，于武德五年（公元622年）正月二十七日留下一万兵力，命范愿守洺州，自己率军攻击李艺。当夜，他的主力在距洺州城几十里外的沙河宿营。

李世民发现敌军主力已北上，便马上采取声东击西的战术，急令将领程名振率军携带六十具战鼓，在洺州城西二里外的长堤上擂起战鼓，上演了一场激情四射的"音乐会"，洺州城都被他们搅得大有地动山摇之势。守将范愿惊慌失措，以为唐朝大军将要攻城，急派飞骑报告刘黑闼，刘黑闼闻报害怕都城有失，急忙返回，派他的弟弟刘十善和行台张君立率领一万兵马在鼓城（今河北晋州）阻截李艺。正月三十日，双方在徐河（今河北徐水南）会战，结果刘十善、张君立大败，八千人死亡或被俘。

吃了亏的刘黑闼采取了"坚守不出"的策略。他率大军在邺县东三十里，与洺州为掎角，和李世民对峙。然而，只坚守了半个月，刘黑闼又遭遇一记闷棒：内部出了叛徒。

原本就对刘黑闼心怀不满的洺水城（今河北周曲东南）守将李去惑、李开弼、李潘买等人，发动政变占领了城池，然后献给了唐朝。李世民接到这个天上掉下的馅饼，马上派彭公王君廓率一千五百名骑兵入城与李去惑共同守城。洺水城是洺州的战略要地，位于肥乡以北，洺州城以东，洺水与漳水交界之处。

就是这样一个小小的插曲，彻底扭转了整个战局。此时李艺在北，李世民在南，已经呈两面夹击的包围态势，而刘黑闼所能控制的地区全在东面，唐军得到了洺水城，不但等于控制了漳水东岸，而且掐断了刘黑闼军与东面各州的联系。

（4）孤掌难鸣

情知不妙的刘黑闼闻讯后，第一反应就是马上夺回洺水城，无论花多高的代价。于是，孤注一掷的刘黑闼亲自出马去攻打洺水城。

李世民早已算到刘黑闼这一步棋，派秦叔宝在半路设伏截击。二月二十一日，刘黑闼行至列人县（今河北肥乡县东），被以逸待劳的秦琼打了个措手不及，刘黑闼军队伤亡惨重。

此时的刘黑闼是死了也要夺回洺水城。于是，他摆脱了秦琼的穷追猛打，带着残兵败将，继续围攻洺水城。

洺水城四面都有护城河，护城河宽五十多步，易守难攻。对此，刘黑闼也来了个声东击西，一边大张旗鼓地佯装攻城，另一边在城东北开始挖掘通往城里的地道。

唐军乘刘黑闼死咬洺水城之际，迅速扩大外围战果，李世民收复邢州、井州（今河北井陉）。李艺亦夺取了定、栾（今河北隆尧东）、廉（今河北藁城）、赵（今河北赵县）四州，抓获刘黑闼尚书刘希道，与唐军主力会师于洺州。

然而，尽管如此，洺水城的重要性仍不言而喻，乃兵家必争之地，绝不能失，李世民不能坐视不管啊。然而，他三次率军火急火燎地前往救援，都被顽强的刘黑闼军队筑下的栅拦截住，无法继续向前推进。

眼看形势不妙，李世民马上召集手下进行了一次紧急会议，商议破敌之策。得出的结论是，不惜任何代价，也要确保洺水城万无一失。理由是：刘黑闼的地道修成之日，便是洺水城陷之时。计谋是：李代桃僵。具体做法是：让行军总管罗士信代替"文弱书生"王君廓前去守城。

这是没有办法的办法，换一员猛将去守城，能多坚持一天都是好的。

然而，要想让罗士信成功进入洺水城，也不是一件容易的事，那时又没有直升机。李世民采取了双管齐下的办法。他亲自登上城西南的一座高丘，一方面做总调度，另一方面用军旗召唤王君廓出城，王君廓率部下奋勇攻击，终于溃围而出。罗士信率敢死队员二百人冒死杀入城中。

然而，罗士信不会料到，他这一次是自己把自己送到了绝路。

刘黑闼岂能容唐军在他的眼皮底下进出自如，开始了不分昼夜高举高打的猛攻。正在这个关键时刻，老天开始作美了，下起了鹅毛大雪。李世民的援军被阻碍在城外郊无法接近，结果，罗士信虽然顽强地坚持了八天，但还是没能阻挡住刘黑闼前进的脚步。二月二十五日，洺水城被刘黑闼攻占，罗士信被俘。刘黑闼曾经和罗士信共同做过李密的部下，平素很佩服罗士信的英勇，便想劝降他，结果罗士信威武不能屈，富贵不能淫，最后没办法，刘黑闼只好将年仅二十岁的罗士信斩首示众。

四天后，天终于放晴，李世民率大军进行了疯狂反扑，都说哀兵必败，与唐军的勇往直前相比，刘黑闼的军队却被罗士信的坚守拖得筋疲力尽，这是一支疲惫之师，结果，洺水城再次易手。占领洺水城后，李世民做的第一件事就是安抚重臣，把罗士信的尸体运回洛阳，埋葬在北邙山裴仁基的墓旁。随后大军向刘黑闼的老巢洺州进军。

三月初，李世民和李艺会师在洺水城外。刘黑闼已如困兽，他选择了宁鸣一死，不默而生，三番五次向唐军挑战，以求决一死战。然而，李世民采取的战略是隔岸观火，明地里坚守不出，暗地里又派出奇兵，断绝了刘黑闼的粮道。

李世民这一招够绝，想让刘黑闼不攻自破，对此，刘黑闼使出的是三十六计中的"抛砖引玉"。他抛出的"砖"是高雅贤。三月十一日，刘黑闼任高雅贤为左仆射，然后军中大摆酒宴，一来表示己方不缺粮，二来引李世民这块"玉"出来。结果李世民没引来，却引来了李世民手下的大将李世勣（原名徐世勣，归降唐朝后，被李渊赐姓李）。李世勣认为这是个大好机会，趁机袭营，结果正中刘黑闼的下怀，李世勣偷营不成反而损兵折将。

接下来，李世勣充分发扬不抛弃不放弃的精神，两日后再次袭营，结果还是败得一塌糊涂。接连碰壁后，李世民下令："凡有擅自出战者，一律格杀勿论。"

于是唐军坚守不出，刘黑闼为了解决将士们的温饱问题，派兵从冀、贝、沧、瀛各州运粮而来，水陆并进，被李世民的部下程名振发现，程将军带着一支上千人的奇兵发动突袭，将粮船全部凿沉，将运粮车全都烧毁。于是，刘黑闼的军队渐渐地断了粮。

这一回合PK打平后，吃一堑长一智的李世民估计刘黑闼的粮食快要吃完，必定会前来寻求唐军决战，便派人在洺水上游筑起了一道堤坝。他指示看守堤坝的军官说："等我与敌人交战，派来使者，你便立即将堤坝扒开。"

三月二十六日，刘黑闼果然出动了，他率步骑二万南渡洺水，紧邻着唐军营栅列下军阵。

李世民有意将出战的时间向后拖延，一直等到唐军吃过午饭，才令唐军出动。他亲率精锐骑兵向刘黑闼的骑兵发动冲击，决战开始了。双方尽遣精锐部队，战场上杀声震天，打得天昏地暗，日月无辉，历经几个回合，不分胜负。

刘黑闼的亲信王小胡是个机灵的人，打着打着，突然发现李世民及主要将领都没有踪影，情知不妙，马上请求刘黑闼撤军。刘黑闼大手一挥，刚喊出撤兵二字，就见大水排山倒海而下，洺水暴涨，深一丈有余，背水一战的刘黑闼军猝不及防，终于溃败，战死万余，溺死数千人。

刘黑闼与范愿等人率两百骑逃奔突厥，河北各地全被唐军平定。

李世民随即率军南下进剿徐圆朗，孤掌难鸣的徐圆朗苦苦支撑也是无力回天，最终以战死沙场的方式，报答了刘黑闼的"知遇"之恩。

（5）不死鸟

子贡问政。子曰："足食，足兵，民信之矣。"子贡曰："必不得已而去，于斯三者何先？"曰："去兵。"子贡曰："必不得已而去，于斯二者何先？"曰："去食。自古皆有死，民无信不立。"

——《论语·颜渊》

隋是唐非

这段话翻译成白话文就是：子贡问怎样治理国家。孔子说，"粮食充足，军备充足，老百姓信任统治者。"子贡说："如果不得不去掉一项，那么在三项中会先去掉哪一项呢？"孔子说："去掉军备。"子贡说："如果不得不再去掉一项，那么这两项中去掉哪一项呢？"孔子说："去掉粮食。自古以来人总是要死的。如果老百姓对统治者不信任，那么国家就不能存在了。"

当然，如果你认为刘黑闼逃亡到突厥后，就此一去不复返，那就大错特错了。没过多久，刘黑闼向突厥颉利可汗借了数千骑兵，开始了卷土重来之旅。他的旧将曹湛、董康马上又起兵响应。

李渊听到这个消息，笑了，刘黑闼将成为窦建德第二，自己上门来送死了。于是派淮阳王李道玄和总管史万宝率三万大军前往征讨，唐军与刘黑闼军在下博（今河北深县西南）对阵。过程激烈有余，都精彩不足，结果唐军很受伤，李道玄被杀，史万宝溃逃。

这一战的连锁反应是，河北各州又相继反叛，不到半个月的时间，刘黑闼便收复了旧地，重回洺州当大王。

李渊听说这个消息后，怒了，看来这个刘黑闼还有几分本领啊。于是派齐王李元吉去剿匪。结果李元吉只在外围徘徊，并不敢深入，勉强弄了个僵持的局面，赢得了"难分伯仲"的美誉。

李渊傻了，最会打仗的二儿子李世民没能彻底征服刘黑闼，后起之秀四儿子李元吉也拿不下刘黑闼，这个刘黑闼是不是有三头六臂？难道非要自己亲自出马才能拿下来吗？正在这时，太子李建成站出来说话了。

"儿臣愿带兵去征讨刘黑闼。"

"你去我不放心啊！"

"生又何欢，死又何惧？"李建成道，"男儿志在四方，儿臣愿为父皇分忧。"

"你可有何良策破敌？"李渊问。

"攻城为下，攻心为上。"李建成胸有成竹地答。

李渊满意地点了点头。

武德五年（公元622年）冬十一月七日，太子李建成率军出征河北前线。过去那些属于李世民权限内的，现在一律归李建成掌管。李建成还被授予了临场决断、不必请示的特权。

太子李建成之所以这么胸有成竹，是因为他得到了贵人指点，这个人的名字叫魏征。

魏征，字玄成，唐钜鹿（今河北邢台市巨鹿县）人，从小丧失父母，家境贫寒，但喜爱读书，不理家业，曾出家当过道士。隋大业末年（公元618年），魏征被隋武阳（今河北大名东北）郡丞元宝藏任为书记。元宝藏举郡归降李密后，魏征又被李密任为元帅府文学参军，专掌文书卷宗。

唐武德元年（公元618年），李密失败后，魏征随其入关降唐，但没被任用。次年，魏征自请安抚河北，被批准后，乘驿马飞奔到黎阳，劝黎阳守将徐世勣归降唐朝。不久，窦建德攻占黎阳，魏征被俘。窦建德失败后，魏征与裴矩一道西入关中。李建成很久便听说了魏征的大名，于是请他做了太子洗马，对他十分尊敬。魏征受恩感激，尽心竭力侍奉太子。

李世民南征北战，立下了不少功劳。魏征看在眼里，急在心里。此时见刘黑闼又卷土重来，马上教会了李建成一个典故："意虎之食人，先被之以威。而不惧之人，威无所施欤？"

解析如下：

一、殿下过去很少率军出战，您之所以登上太子这位，不是靠功绩，而是凭资历（年岁最大）。

二、殿下为人仁爱，厚德载物，却幽香于谷，天下没有多少人知道，在外人眼里只是一头纸老虎罢了。

三、秦王功盖天下，中外归心，这样下去，殿下您的宝座很难保啊。

四、刘黑闼现在已是强弩之末了，他手下只有残兵败将，再加上资粮匮乏，如果大军前去攻击，必定势如摧枯拉朽，不需要打几次仗，便可将刘黑闼消灭！

五、殿下如果亲自出征，既可建立功业，树立名望，又可乘势培植实力，结交山东豪杰。

"听君一席话，胜读十年书。"对此李建成只有点头赞成的份了。

到了前线后，魏征马上又教会了李建成一个关键词："自古皆有死，民无信不立。"

解析：我们平定窦建德后，本来大局已定。然而朝廷做了两件极端的事。一是斩杀了人气指数很高的窦建德，引起了民愤。二是对窦建德旧部采取了一网打尽的政策，将他们逼上了梁山。刘黑闼在失败后，之所以能这么快卷土重来，告诫我们这样一个道理：靠杀戮和严刑峻法是解决不了问题的，只有赦免造反者、安抚人心，才是彻底平息叛乱之道。

李建成听从了他的建议，立即做了两件事。

一是坚守。这个很容易理解，就是守在自己的一亩三分地里，不和刘黑闼进行决战。这一来可以消磨刘黑闼的锐气，二来可以消耗刘黑闼原本就紧缺的粮草。

二是放人。释放全部俘虏和刘黑闼手下将士的家属，向他们说明局势，好生安抚，再送上盘缠让他们走。这一招的结果是，李建成这边天天放人，刘黑闼的队伍却天天走人，原因是李建成的赦免书让他们看到了光明的前途，有谁还愿意跟着刘黑闼往死胡同里走呢？

李建成按魏征所说行事，果然，很快刘黑闼的粮食就吃完了，手下逃兵与日俱增。

刘黑闼眼看再这样下去，便要成为光杆司令了，马上下令大撤退，退到了运河以南的屯州（今河北馆陶）。

早就在"盯梢"的李建成随后就追来，双方进行了第一次面对面的接触战，军心不稳的刘黑闼大败，仅仅带着几百名骑兵逃走。

李建成派骑将刘弘基追击。武德六年（公元623年）春正月三日，刘黑闼逃到饶阳，身边只剩下一百多人，个个饿得头昏眼花。刘黑闼任命的饶州刺史诸葛德威出城迎接，力邀他入城，说是吃顿饭休息一下再走也不迟。刘黑闼怀有提防之心，不肯赴约。诸葛德威流着眼泪一再请求，刘黑闼才勉强接受，但只敢走到城墙旁边的市场中间暂时歇息一下。诸葛德威立即送来了饭食，刘黑闼等人饿虎扑食般大吃特吃起来，结果饭还没吃完，人已成为诸葛德威的阶下囚了。

刘黑闼被押送到洺州后，李建成立即把刘黑闼和他的弟弟刘十善一道送上了断头台。对此，刘黑闼在无可奈何之时，发出了这样的感叹："我本来在家中好好种菜除草，被高雅贤那帮人害我到如此地步啊！"

就这样，经过三个月的"革命与反革命"，刘黑闼叛乱全被平定。

第十九章

四海臣服

（1）萧萧风中一匹狼

在北方唐、郑、夏这场"三国演义"中，最终唐朝"许三多"李渊凭着强大的军事实力"剿灭了"郑国王世充和夏国窦建德及刘黑闼。三归一后，李唐一方独大，统一天下的局势日渐明朗。

然而，行百里路者半九十，平定了北方，李渊还得去平定一个地方，那就是江南。江南虽然小诸侯多如牛毛，一尊独大的却是萧铣。只要消灭了萧铣，平定江南也就是板上钉钉的事了。李渊很快把手中的三尺利剑指向了萧铣这匹野狼。

那么，这个萧铣又是何许人也？

萧铣和李渊一样，是个不折不扣的官二代。他的祖宗可以追溯到梁武帝萧衍。梁武帝萧衍遭遇"侯景之乱"而崩颓，子孙后代因而过上了"水深火热"的生活。萧锐的祖父萧岩不甘堕落，便干了一件轰轰烈烈的大事，以威逼利诱的办法，裹挟后梁百姓十万人口来了个千里大挪移——归降了江南陈朝。很快，杨坚的脚步也追到了南陈，在平定南陈的同时，萧岩也光荣地成了阶下囚。萧岩不但自己被送上了断头台，而且还连累了九族——被降为平民。

最直接的受害者就是萧铣。他是遭人白眼的单亲家庭（很小失去了父亲），靠教书来维持生计。

不过，萧铣也有三好先生之称。

一是性格好：宽和仁厚，善于交际。

二是素质好：酷爱读书，知书达理，

三是人品好：事母至孝，颇有声闻。

转机出现在隋文帝册立萧铣的叔伯姑母萧妃为皇后之后，萧铣以外戚的身份被擢升为罗川（今湖南湘阴东北）县令。

隋大业十三年（公元617年）十月，巴陵郡（今湖南岳阳）的军官董景珍、雷世猛、郑文秀、许玄彻等人看到天下大乱，决定来个"火中取栗"——革命。干这样的大事总得有个头目啊，为此，众人一致推举董景珍当"带头大哥"，然而，董景珍坚决地拒绝了，理由很简单：出身低微，不能服众。随即他提了一个建议，同样只有八个字：罗川萧铣，足当此任。理由是萧铣出身高贵，是梁国皇帝后代，而且品质好，德高望重。

大家一听都觉得有道理，于是马上去请萧铣出山。这个萧铣和刘黑闼一样，也是有远大理想和抱负的人，先是做一个低微的教师混口饭吃，后来靠裙带关系才当上罗川令这样小小的芝麻官，正在郁闷怀才不遇呢，众人的好意不正是他实现理想的大好时机吗？于是当即答应下来。

说干就干，当天，萧铣就打出"伐逆"的旗号，招募了数千士兵。

然而，萧铣很快就遭到当头一棒，给他这一记闷棒的人是颍川（今河南禹州）的割据势力首领沈柳生，萧铣的革命引起了他的注意。他带着手下杀向了罗川。萧铣刚刚才招募到几千人，都没有经过正规的军事训练，所以吃了败仗。

首战失利，众人皆忧，唯独萧铣大喜。就在众人惊愕时，萧铣说话了，一句石破天惊的话：我想称王。

才几千人，又刚刚吃了败仗，还想称王，称王八蛋还差不多。就在众人恼怒之际，萧铣开始解释了：

1.不封王，不足以服众。现在天下已不是隋朝的天下了，各地英豪四起，巴陵的英雄豪杰们已推我当领袖。我的先人昔日在此地定都，天时地利人和皆利于我，定能成就大业，如此到时大家都是开国功臣啊。

2.如果我称了王，可以拿光复梁朝来招降沈柳生，他肯定会闻风而归。

众人一听，热血沸腾，有名利可图，自然都答应不迭。

于是，萧铣自称为梁公，改旗易帜。

果然不出萧铣所料，很快，沈柳生便率领手下归附了萧铣，萧铣立马封沈柳生为车骑大将军。

事实证明，萧铣太有人格魅力了，革命刚刚五天，四面八方来投靠的人就有了好几万。

随着革命军迅速壮大，萧铣马上废"公"称"王"了。十月十九日，他在巴陵重建梁国，自称"梁王"，建元为"鸣凤"。

唐武德元年（公元618年）四月下旬，萧铣又更上一层楼，登基称帝，迁都江陵（今湖北荆州），封赏功臣，董景珍等七大功臣皆封为王爵，朝中一切都按照梁朝的旧制行事。

杨广死后，江南各地的革命队伍纷纷寻找萧铣为依靠，这其中包括江西一霸林士弘、隋朝名将张镇州和宁长真等人。

接下来，萧铣调兵遣将，四面出击，开始了扩张疆域的征途。捷报频传：宋王杨道生攻占了南郡（今湖北江陵），齐王张绣夺取了岭南（今广西一带），部将苏胡儿攻拔了豫章（今江西南昌）……

很快，萧铣便多了一个响当当的外号：萧三多。哪三多呢？

一是地多。梁国疆土东至九江，西抵三峡，北至汉水，南尽交趾（今越南），占了南方大片土地。

二是兵多。麾下雄兵四十万。

三是将多。董景珍、雷世猛、郑文秀、许玄彻等"七小虎"，再加上后来投奔的沈柳生等新贵，手下人才济济。

然而，就在萧铣顺风顺水，一路风雨兼程、高歌前行时，一场来自梁国的内乱改变了整盘棋的格局。

原来，萧铣的梁国功臣们因为接连的胜利和小农思想的制约，自恃有拥立之功，表现都很另类。一是专横恣肆，二是随意杀戮，三是目空一切（连皇帝萧铣都不放在眼里）。

对此，萧铣又恼又怒，冥思苦想，想出一招"务农释兵权"妙计，想通过"为民减负，发展农业，裁减军队，解甲归田"的幌子，达到削夺众将帅兵权的目的。

大司马董景珍的弟弟是个直来直往的人，他自然明白萧铣心里打的小九九。对此，他选择了走黑道——谋反。结果因为保密工作没有到位，阴谋败露，萧铣来了个先下手为强，将计就计把他给杀了。

可能萧铣觉得这样还不过瘾，于是马上下了一道诏书，请正在长沙征战的董景珍回巴陵叙旧。董景珍听闻弟弟被诛杀，本来就惶惶不可终日，接到了萧铣的诏书后，觉得去巴陵很危险，索性带兵向唐将李孝恭投降了。

萧铣怒发冲冠，当即派遣齐王张绣率军讨伐董景珍。董景珍和张绣是旧交，这一次见面，居然是各事其主，不免歃歃。

"苦海无涯，回头是岸。"张绣劝道。

"飞鸟尽，良弓藏，狡兔死，走狗烹。"董景珍答道。

谈判破灭，接着两人开打。结果打着打着，董景珍的部下不干了，合力把董景珍给杀了。

因为平叛有功，萧铣马上提升张绣为尚书令。得下这个一人之下，万人之下的职权，张绣笑了，于是他开始放纵了，开始专擅弄权了，开始为所欲为了。

结果萧铣又怒了，拔出剑来，把张绣给杀了。

就这样，萧铣大肆诛杀功臣，将士们惶惶不可终日，很多人选择了逃离，他们悄悄地走，挥一挥手，不曾带走一片云彩，带走的只是无尽的失落……对此，萧铣除了长叹息外，只能对他们行注目礼。

长此以往，梁国开始走下坡路。

（2）李靖值得期待

这时，唐高祖李渊已经成功剿灭了王世充、窦建德、刘黑闼等北方狼虎势力，萧铣成了他完成统一大业必须征服的一匹来自南方的野狼。

武德四年（公元621年）八月，唐高祖诏令李孝恭为荆湘道行军总管，李靖代理行军长史，率领巴蜀将士兵出夔州（今重庆奉节），平定江南。

李孝恭是李渊的侄子，这次出征派他当总司令很容易理解，带兵打仗还是自家人靠得住些嘛。那么这个身为参谋长的李靖又是何许人也呢？

至此，初唐又一位猛人横空出世了。

李靖于公元571年出生在一个关陇贵族家庭，祖父李崇义是西魏的殷州（今河北隆尧）刺史、永康公，父亲李诠是隋朝的赵郡（今河北赵县）郡守。

李靖不但长相美，而且有才华。他从小就显露出与众不同，少年老成、文武双全，不但精通书史，对于兵法更是有极深的造诣，用天才称呼他绝不为过。对此，他的舅舅韩擒虎这样称赞："现在能跟我讨论孙子、吴起兵法的也只有这个人了。"

然而，有才华的李靖的仕途生涯并不一帆风顺，可以用少年得志、中年失意来形容。

少年得志是因为李靖靠家族的"门荫"关系，十六岁就早早地坐上了长安县功曹（九品官员）的位置。锥处囊中，锋芒毕露，结果，天才少年李靖的才华很快便得到了朝廷大员们的褒奖，隋朝吏部尚书牛弘就对其大加赞赏，隋朝四大名将之首、左仆射杨素甚至拍着桌子对李靖说："我这个位子迟早是你的。"

工作干得很出色，人缘关系又好，李靖的仕途起初一帆风顺，从从九品的长安县功曹开始，历任正七品的殿内直长（负责皇室宫廷的宴饮集会等招待工作与宫廷日常性事务）、从六品的驾部员外郎（负责交通牲畜等后勤工作的官员），官位青云直上。然而，就在这个时候，李靖的噩梦降临了，他的长兄李药师在对突厥的作战中遭遇了惨败，被送上断头台，李靖也受到了牵连，被革了职——贬到汲县当了一个小县令，此后又历任安阳和三原县的县令。几经风雨，当李靖当上马邑郡丞的时候已经是一个四十六岁的中年人了。中年失意对他来说一点也不为过。

尽管郁郁不得志，但李靖在马邑充分展示了自己的能力，挥斥方遒，干得风生水起，做到了"以德安连，长城弛柝；运奇料敌，合境无尘。"

李靖的超强能力很快得到了李世民的关注，马上抛去了橄榄枝。可是这个时候，李靖却选择了对隋朝愚忠。李渊成功攻下长安之后，李靖也成了阶下囚，李渊要将不识时务的李靖斩首示众，李靖在受刑时，觉得自己怀才不遇，大喝一声："公兴义兵，欲平暴乱，乃以私怨杀壮士乎！"就是这一吼，李靖起死回生，被爱才的李世民救下，成了他手下一员猛将。

是金子总会发光，到了李世民麾下，李靖善于用兵打仗的才能渐渐得到了施展。武德三年（公元620年），他因在谷州抵御王世充有功，被授予独立开府领军的权力。萧铣在南方日益壮大时，李渊一方面派李世民等唐军主力征讨窦建德，另一方面派李靖去"骚扰"萧铣。李靖率军抵达峡州（今湖北宜昌）后，被萧铣的军队凭险固守拦住，很久都无法前进。

对此，李渊很生气，后果很严重，对峡州都督许绍下了密杀令，要他将李靖斩首。结果这个许绍十分爱惜李靖的才华，便上书为李靖讲明实情，请求宽恕，李渊这才收回了成命。后来李靖成功攻下夔州（今重庆奉节），斩杀了敌名将冉肇则，俘获蛮贼万余人……

对此，大喜之下的李渊公开发表声明，说了这样两句话。

1.功大于过，李靖值得重用。

2.既往不咎，李靖值得期待。

也正是因为这样，这次平息江南最强劲对手萧铣的战役中，李靖成为了行军长史。

八月，唐军的人员器械粮草战船都已就绪，李孝恭和李靖统帅南征大军自夔州顺流东下，对萧铣开始了正式讨伐。

九月，唐军将要东下三峡，众将都担心水势险恶，建议等水退后再出击。李靖摇了摇头，教会了大家一个关键词：兵贵神速。解析：我们此时集结大军，萧铣还没有察觉到，如果趁着江水上涨之际，以迅雷不及掩耳的速度抵达敌人城下，就可以打他一个措手不及，这样可以出其不意，一举擒获萧铣。

李孝恭采纳了他的意见，唐军一举攻克了萧铣的都城江陵（今湖北荆州）的门户荆门、宜都（今湖北宜都）二镇。

唐军的快速攻击，对敌人起到了震慑的作用。萧铣手下大将文士弘领精兵数万驻扎在清口，看到形势危急立刻率军增援，九月与唐军会战于夷陵（今湖北宜昌）。正当李孝恭要进行决战时，李靖出来制止了。直接说了两个关键词：避其锋芒、击其惰归。解析：文士弘不但骁勇善战，而且手下都是精锐部队，再加上他们这次是为了拯救危亡而来，士气正盛。我们现在应该将船停泊于南岸，避而不战，消磨他们的锐气，然后可以一战而定。

然而，这一次年轻气盛的李孝恭却拒绝了李靖的献计，理由令李靖差点喷血：你不是说行军要兵贵神速吗？如果我们避战不出，一来长了他人志气、灭自己威风；二来等萧铣各地的援兵都到了，我们就会吃不了兜着走了。

李孝恭坚持出战，结果大败。好在李靖已做好了迎接失败的准备，趁敌军获胜之后争夺战利品阵形散乱时，发动反攻，将敌军一举击溃，缴获了敌军战舰四百多艘，斩首及溺死近万人。

转败为胜的李靖采取了乘胜追击的策略，率精兵五千，接连打败了萧铣手下骁将杨君茂和郑文秀，俘虏了敌兵四千余人，一直杀到江陵城下。

兵临城下，形势逼人。当初为了削夺功臣的兵权，萧铣采取了裁军归农的政策，他不会料到自己酿的苦酒终究是要自己来品尝的。这时，京师江陵仅留下数千士卒担任戍卫，面临从天而降的唐军，萧铣虽然赶紧下了召集令，但归农的将士皆远在长江、五岭以南，路途遥远，非一两日能赶来。因此，当李孝恭率主力赶到江陵城下时，萧铣手边实在没有防御的兵力了，索性放弃城外阵地，收缩兵力全力防卫城池，唐军不费什么力气就占领了江陵的外城和水城。

水城是萧铣的水军基地，唐军在这里缴获了很多舟舰。众人都还沉浸在高兴之中时，李靖却下令将这些舟舰全部放到江心，让它们顺着长江水随波逐流。面对众将的不解，李靖马上进行了解析：

1.萧铣的地盘很大，南到五岭，东抵鄱阳湖。我们孤军深入，如果江陵久攻不下，敌人援兵四面围上来，我军腹背受敌，离灭亡也就不远了。

2.现在丢弃了这些舟舰，让它们在长江里随意漂流，敌人的援军看见了，必定以为江陵已经被我攻破，这样他们必然会迟疑不前，行军缓慢，等他们知道了确切消息时，几个月的时间已经耽搁了，那时我军早已攻下了江陵，他们也成了无本之木，很快便会土崩瓦解。

李靖的疑兵之计果然奏效，萧铣的援军半路上看见这么多舟舰，便都迟疑不敢前进。交州（今广西南部、越南北部一带）刺史丘和、长史高士廉等将领投降了唐军。

萧铣见京城被唐军紧紧围困，勤王救兵却是盼星星盼月亮就是盼不回，而城内又已是孤城，支撑不下去了，于是选择了开门投降。知道败局难挽，萧铣在投降时，也找了个台阶给自己下，他哭着对大臣们说了三句话：

1.非战之败，天不佑我。

2.万方有罪，罪在朕躬。

3.城门失火，殃及池鱼。

结论：为了城中将士和百姓，咱们还是开城投降吧！

武德四年（公元621年）十月二十一日，萧铣以猪牛羊三牲的太牢之礼告祭了宗庙，然后下令开城投降，守城的将士全都恸哭不已。萧铣率文武百官，身穿麻衣来到唐军营门，跪下对李孝恭说："所有的过错和罪过都在我萧铣一人身上，与百姓无关，希望你不要杀掠！"

李孝恭率军入城后，众将都向李孝恭请求道："萧铣的将帅因抵抗官军被杀的，罪行既然严重，就请将他们的家产抄了，赏赐给将士们。"李孝恭似为所动，但李靖坚决不同意，他说："王者之师出动，为的是吊民伐罪，应该将正义的名声传到四方。他们为了自己的主子而战死，乃是忠臣，怎么能像对待叛逆一样没收家产呢？现在我军刚刚攻下荆、郢一带，应该向敌人充分展示我军的宽大，招抚远方人的心；如果我军在江陵抄了他们的家产，恐怕从此以后南面的城池都坚守不降，事情就不好办了。"抄家的意见便这样被否定了。

在李靖的主持下，唐军纪律严明，秋毫无犯，人民安居乐业。数日之后，十几万前来保卫江陵的援军赶到了，听说萧铣已经投降，都脱下铠甲，归附了唐军。江汉各地的城池也都闻风归降。

随后，李孝恭将萧铣君臣送往长安。唐高祖对萧铣进行了直接问罪，结果萧铣义正词严地回了两句话：

1. 我没有罪。隋朝残暴不仁，失去了民心，才会使得天下英雄群起竞逐，您当初不也是这样的吗？

2. 我没有天命。不成功便成仁，老天不帮我，所以革命才三年，便成为您的阶下囚。

对此，李渊来了个"双管齐下"：

1. 直接把不服输的萧铣送上了断头台。

2. 封功臣李靖为上柱国，赐物二千五百段，代理荆州刺史，令他主持派人分道招抚南方各地。

（3）最后一个造反者

萧铣死了，江南最大的"绊脚石"烟消云散了，如果按正常情况，可以用一句话来形容：李渊和他的儿孙们从此过上了幸福美好的生活。

然而，李渊还正在高兴呢，淮南道行台仆射辅公祏却再度兴风作浪，公然打出了反叛的旗帜。

当然，辅公祏之所以反唐，是有原因的，四个字：被逼无奈。

而逼他的正是跟他有八拜之交的兄弟杜伏威，两人上演的是一幕反目成仇的戏剧。

杜伏威是齐郡临济（今山东章丘西北）人，少时落拓无形，游手好闲，穷得叮当响，为了生计，常干些入室撬窃的勾当，是个典型的无业流氓。都说物以类聚，人以群分，结果赢得了同乡人辅公祐的赏识，两人相见恨晚，很快结为刎颈之交。

辅公祐是个讲义气的人，为了接济穷困潦倒的杜伏威，多次偷拿以牧羊为业的姑姑家的羊给杜伏威解决温饱问题。

而他姑姑也不是省油的灯，眼看羊圈里的羊一天天减少，一时又找不到贼，于是报了官。官府马上就派人来调查，结果吓得辅公祐和杜伏威两人拔腿就跑……这一跑，再也没有回头；这一跑，跑进了草泽地；这一跑，当了个山大王；这一跑，跑出了个未来。

辅公祐和杜伏威很快就不满足于山大王的职业，他们觉得要想成大气候，必须寻求强大的庇护伞，才能出人头地。正在这时，机会不期而降。隋大业九年（公元613年），王薄领导的长白山义军已成欣欣向荣之势，两人一合计，觉得王薄是个值得依靠的人，于是率众前去投靠。

然而，两人的热情很快就被残酷的现实浇灭，他们都没有得到重用，相反被冷藏了。此处不留爷，自有留爷处。杜伏威和辅公祐岂能忍受这股窝囊气，愤而出走。两人率众进入淮南，自成体系，号称将军。这时，杜伏威的才干得到了发挥，大量收编其他零星小盗，很快成了当仁不让的领袖。

杜伏威势力剧增，震动了隋炀帝，他亲派右御卫将军陈棱来讨伐。陈棱来到前线后，因为惧怕杜伏威，来了个避而不战。杜伏威见状，使出一招激将法，学三国诸葛亮激怒司马懿，遣人送去妇人衣服，讥之为"陈姥"。事实证明，陈棱毕竟年轻气盛，沉不住气，被杜伏威一激而怒，一怒而狂，一狂而飙，一飙而战。

两军交战勇者胜。混战中，杜伏威肩上中了对方突施的一暗箭，但杜伏威忍着疼痛，带箭冲入敌阵，指着射箭者一声暴喝："不杀你，我绝不拔箭！"接着如同猛虎下山，所向披靡，斩杀射箭者……

杜伏威部下见主帅如此勇猛，随之奋力向前冲杀，结果陈棱军哪里抵挡得住，很快便乱了阵脚，兵败如山倒，最后陈稜仅带着数十随从逃得性命。

杜伏威乘胜追击，接连攻占了高邮（今江苏高邮）和历阳（今安徽和县），很快成了一方诸侯。

这时的宇文化及刚刚杀了隋炀帝，想多拉拢些好汉，于是把目光停留在杜伏威身上，很快向他抛去橄榄枝——任命他为历阳太守。

杜伏威经过痛苦的思索后，来了个三步走。

第一步，折断了宇文化及的橄榄枝，坚决不和宇文化及这样的大奸臣为伍。

第二步，将自己的革命根据地移到了丹阳（今江苏南京），目的是为了避免宇文化及的打击报复。杜伏威到了这个六朝之都后，马上开始励精图治，又是招募人才，又是改造兵器，又是轻徭薄赋，又是惩治贪官。很快，得到实惠的江淮民众对他打出了这样的标语——江淮欢迎你。

第三步，寻找新的庇护伞。杜伏威拒绝了宇文化及，却马上把橄榄枝传递给了越王杨侗，并且信誓旦旦地表示愿意归顺。面对天上掉馅饼的好事，杨侗没有不答应的道理，马上给了杜伏威两顶官帽：楚王和东道大总管。

正当杜伏威以为找到了自己的"真命天子"时，他的真命天子却如昙花一样，瞬间消失了——很快，王世充废了杨侗，自立为帝。

好女不嫁二夫，忠臣不事二主。杜伏威自然不肯向"二进宫"的王世充低头称臣，于是再次选择了"单飞"。在单飞期间，他的一双慧眼停留在"潜力股"李渊身上。

而这时，李渊也对杜伏威抛来了橄榄枝，于是当李世民率部征讨王世充时，杜伏威自告奋勇请求当先锋，结果被李渊任命为东南道行台尚书令、江淮以南安抚大使，封吴王，赐姓李氏。

有了李渊这棵大树，杜伏威的势力一涨千里。武德四年（公元621年），他在杭州吞并了势力浩大的李子通部队，随后，他又兵进歙州（今安徽歙县），吞并了另一股割据势力汪华。很快，他的领土达到了这种规模：尽有江东、淮南之地，南接于岭南，东至于海。这个面积相当于今天的江苏省、浙江省、上海市、安徽省、江西省东部、福建省、广东省，够大吧！

然而，杜伏威的发展相对于李唐王朝来说，那是一个小巫，一个大巫。这个时候李世民打败了刘黑闼，再朝徐圆朗发动进攻……

天下很快就要平定了。杜伏威坐不住了，他知道如果再不采取措施和办法，将来分封时，他这个地方诸侯肯定会被李渊刷了。若再拖延不去长安朝见李渊，恐怕这名义上的臣服难以遮盖实际上的割据，唐军兵叩丹阳将为时不远了。因此，在武德五年（公元622年），他无奈地赶往了长安，以表达自己对唐朝的"忠心不二"。

杜伏威走前，最放心不下一个人，那就是他的莫逆之交辅公祏。由于辅公祏与杜伏威是好友，又年长，杜伏威常以兄称之，起义军中也呼其为"伯"，对其敬畏程度不下于杜伏威。而辅公祏这时早已不是当年的辅公祏了，他以老资历自居，大有目空一切之势，慢慢地，杜伏威心中便有了介蒂。为了削其威势，杜伏威采取了表面尊崇实际架空的权术，外拜辅公祏为仆射，内里却提拔了他的两个养子：阚棱为左将军，王雄诞为右将军，执掌兵权。

从此，辅公祏与杜伏威之间有了裂痕。

架空辅公祏后，杜伏威走前把军队付与了王雄诞，并且说了这样一句话："我走之后，一定小心再小心，警防辅公祏耍小计谋。"

事实证明，姜还是老的辣，王雄诞虽然拍胸脯表示没问题，但杜伏威走后，问题就来了，他和辅公祏相比，太嫩了点。武德六年（公元623年），辅公祏联合手下一个叫左游仙的谋士，精心谋划，周密部署，一举夺回了逝去的兵权。

胜者为王，败者为寇，对此，悔之晚矣的王雄诞以宁死不屈结束了自己年轻而短暂的生命。

随后，辅公祏一不做，二不休，干脆称了帝，宣布国号大宋。以左游仙为兵部尚书、越州（今浙江绍兴）总管。武德七年（公元624年），他顺利地用军事手段解决了占据毗陵（今江苏常州）的沈法兴。

然而，对付小型割据势力绰绰有余的辅公祏，却在唐军面前一触即溃。武德七年（公元624年）十二月，唐高祖李渊进行了声势浩大的"剿匪"，派赵郡王李孝恭率舟师进抵江州，岭南大使李靖率岭南诸军抵达宣州（今安徽宣城），怀州总管黄君汉自谯州（今河南永城）、亳州（今安徽亳州），齐州（今山东济南）总管李世绩出淮、泗，围剿辅公祏。

辅公祏采取的是水来土掩，兵来将挡的办法。他以舟师三万驻屯博望山（今安徽当涂县西南江畔），以步骑三万驻屯青林山（今当涂县东南），并以铁锁断江路，筑城，结垒以拒唐军。他满以为他精心部署的防线将固若金汤。

然而，事实证明，在强大的唐军面前，他的大军根本不值一提。唐军先是切断了他的粮道，让辅公祏的军心动摇后，然后以偷袭的方式，冲破了辅公祏划分的"三八线"，在最后的大决战中获得大胜，到了穷途末路的辅公祏不得已只好弃城出走，最后逃到武康（今浙江德清县西）时，还是光荣被擒。

丹阳，成了辅公祏的葬身地。这就叫自作孽，不可活，诚为悲也。

至此，江南平定，唐朝完成了统一。

第二十章

绝代双骄大PK

（1）裴寂的眼光

眼前的黑不是黑

你说的白是什么白

人们说的天空蓝

是我记忆中那团白云背后的蓝天

我望向你的脸

却只能看见一片虚无

是不是上帝在我眼前遮住了帘

忘了掀开

你是我的眼　带我领略四季的变换

你是我的眼　带我穿越拥挤的人潮

你是我的眼　带我阅读浩瀚的书海

因为你是我的眼

——《你是我的眼》

唐高祖从举义旗到建立大唐王朝，帐下有难以计数的能人志士，其中事迹最显著的有二人，一个是裴寂，另一个是刘文静。两人并称为"绝代双骄"。

先来说说裴寂。

裴寂，字玄真，蒲州桑泉（今山西临猗东南）人，出生于河东望族裴家中的"西眷裴"，属于不折不扣的"官二代"。

裴寂的祖父裴融，北周时任司木大夫；父亲裴孝瑜，曾任与蒲州比邻的绛州（今山西新绛）刺史。裴寂发迹史和李渊很有"渊源"，裴寂出世后，父亲早逝，家道中落，靠几个哥哥的鞠养才长大成人，开始了长久的"灰太狼"生活。

但也正是家庭的变故，让裴寂在艰难困苦中成长起来。14岁时，靠祖荫补州主簿，走上了仕途的道路。随后相继任左亲卫、齐州司户参军、侍御史……直到年近半百了，在仕途仍然郁郁不得志，仍是六品芝麻官——晋阳宫副监。这对于心高气傲、累世高官显爵、家势显赫的他来说是件极为郁闷的事。

据说有一次，他途经华山时，专门进入华岳庙，上香拜佛，虔诚祷佛，嘴里念念有词："如今天下大乱，我穷困至此，诚心拜谒，请神主宰我的命运。"就在这天夜里，他做了一个梦，一个很奇怪的梦，梦到一个白发老翁对他说了这样一句话："您大器晚成，位极人臣。"

就是这八个字，裴寂开始了新生。

很快，机遇就来敲门了，他遇到了一个人，一个改变自己命运的人——李渊。

这时天下乱成一锅粥，隋大业十三年（公元617年），反隋斗争狼烟四起，隋炀帝远避江都，任命李渊为太原留守，主持北方军事。李渊兼领晋阳宫监，裴寂做他的副手。

这在裴寂看来，真是千载难逢的机会，他因此对李渊极尽曲意奉承之能事。他俩是旧交，裴寂看出这个旧交有令人在当时不敢说出口的前程。因而将他排为社交第一人，做了知心朋友。李渊待他不薄，他对李渊也尽心尽意，常在一起宴饮、下棋、玩博戏，竟然不分白天黑夜。

事实证明，裴寂不单单跟李渊不舍昼夜，而且还追随李渊到天涯海角，一直跟随李渊，为大唐开国立下了四大功勋，被誉为李唐王朝开国第一功臣，被李渊视为自己的"眼"。

裴寂的第一功：全力以赴敦促李渊打响革命第一枪。

裴寂日夜不离地跟随李渊，是因为他胸怀大志，想在乱世中大展宏图。因此，很希望自己的主子李渊能早点揭竿而起。

然而，李渊却像不孕媳妇的肚子，迟迟没有动静。裴寂看在眼里，急在心里。就在他想拉李渊下水时，李渊的儿子李世民却来了个推波助澜。年少有为的李世民眼看世道如此，早已按捺不住，欲想揭竿而起。可是要想"起"，首先李渊得"立"啊。可是他明说直叙和旁敲侧击，李渊都毫无表示。对此，李世民觉得凭自己一人之力，想搞定李渊的难度系数9.9。

一个篱笆三个桩，一个好汉三个帮。李世民想找个帮手，最终把目光停留在裴寂身上。裴寂和父亲李渊形影不离，由他出面，当然是最合适的人选了。

那么，怎么才能让李渊下定决心、坚定信心呢？裴寂经过冥思苦想，终于想出了一个聪明绝顶的办法——栽赃陷害。

裴寂找的"赃"是一个晋阳宫宫女，做法很简单，把这个宫女当三陪女，服服帖帖地伺候了李渊一晚上。

办完这一切，第二天，裴寂跟李渊摊牌了，说了三句话。

第一句话：您昨天晚上"潜"了晋阳宫的宫女。

第二句话：您家二郎已"备"好了革命的兵马。

第三句话：您现在只有"走"革命道路的选择。

总结陈词：请您定夺。

事已至此，李渊已没退路，只得横下心来，大手一挥，高呼：革命。从此李渊迈上了人生的新征程。

裴寂的第二功：倾家荡产支持李渊革命第一人。

李渊独树一帜后，裴寂利用职权之便，奉出宫女五百人、上等米九万斛、各种彩帛五万段、甲胄四十万套，供大军所用。这些物资的支援，解了李渊革命军的燃眉之急，为大唐奠基打下了坚实的基础。

裴寂的第三功：进退有序指引李渊革命第一策。

革命后，李渊兵锋首向河东，力讨蒲州割据者屈突通，因为对方坚壁清野，革命军久攻不下。李渊知道不但伤不起，而且更耗不起，只好移军关中，但又怕屈突通落井下石，乘他退兵时，对他进行偷袭。在这个关键的时刻，裴寂提出了自己的观点：分兵而行。最终李渊采取了他的方法，结果大获成功。裴寂的献计，在关键时刻起到了中流砥柱的作用。

裴寂的第四功：武力逼宫扶正李渊上位第一人。

革命之初，因为政治需要，李渊走的还是"挟天子以令诸侯"的老路。但随着革命的深入，革命局面的好转，革命成果的丰硕，革命形势的明朗，裴寂看在眼里，急在心里，多次力劝李渊要"顺应形势"，叫他倔隋恭帝"主动"逊位。但李渊总是摇摇头，表示不敢当。李渊正在作秀时，手下将士们却发作了，甚至有人公开发表言论，要另择新欢。

眼看再闹下去局面不可收拾，关键时刻，还是裴寂对李渊来了个"逼宫"："夏桀、商纣覆灭时，不曾听说商汤、周武的大臣去相扶。我裴寂的一切都来自唐，如陛下不登大位，那我只有弃官而走了。"李渊这下被"逼"得无路可走了，才"勉强"同意继位。随后，裴寂一手策划了规模宏大的登基大典，在一个黄辰吉日，把皇袍披身的李渊送上了权力的最高殿堂。而裴寂也得到了一个大官职：尚书右仆射。

功名、利禄、地位、财富……当李渊圆梦的时候，裴寂也圆梦了。早年的梦灵验了，充满了梦幻的感觉。因为此时的李渊，对裴寂发出这样的感慨："与你是同路的，我就是幸运的。我幸福走过的，是你搀扶的！"

对此，裴寂柔声回道："你是幸福的，我就是快乐的。为你付出的，再多我也值得。"

事实证明，李渊不仅仅停留在嘴上，而且付诸行动。具体表现在"衣食言行"四个方面。

"衣"：李渊得到了什么宝物，裴寂是首选的赠送对象，赏赐不计其数。

"食"：李渊有什么好吃的东西，不忘让裴寂尝尝。裴寂每日享用御膳。

"言"：李渊从不直呼其名，总用一个老称呼："裴监"，对他言听计从。

"行"：裴寂每次入朝和君主同坐一车，退朝后再到内宫聊聊。

总而言之：满朝的权贵，没有一个及得上他的体面。

（2）熙熙攘攘名与利

隋是唐非

熙熙攘攘，皆为名来，熙熙攘攘，皆为利往。一个人活在世上，如果不争名夺利，反而会失去很多乐趣，只是很多人不明白，你得到一样东西的同时，也许会失去很多东西，当你回头时，恐怕最珍贵的东西已经远去，再也得不到。

获得名和利的裴寂很快就体会到了什么叫飞得越高和跌得越重。

因为得到了李渊"衣食言行"四个方面的特殊恩惠，而裴寂也是个知恩图报的人，因此，很想再立新功，以报答李渊的"厚爱之恩"。机会很快就来了。

武德二年（公元619年），刘武周进犯太原，守将相继败走，唐高祖李渊为此十分担忧。

关键时刻，裴寂主动请缨去平乱。李渊没有不答应的理由，马上任命他为晋州道行军总管，并且给了他"将在外，君命有所不受"的自行处决权。

应该说李渊对裴寂抱有很高的期望值，然而，希望越大失望也越大，裴寂不会料到，就是这一次感恩之旅，却变成了他的人生苦旅。裴寂带领大军行至介休（今山西介休）时，和刘武周的大将宋金刚来了个"真情对对碰"。宋金刚采取的战略是拒不交战，结果使得急于求战的唐军陷入进退两难的尴尬境界。敌军战又不战，而唐军强攻坚城伤亡又很大，无奈之下，只好先扎营索度原（今山西介休东南），做好了长期对抗的准备。

就在这个关键时刻，政治内行、军事外行的裴寂却犯了和三国马谡同样的错误，扎营于高地。他原本以为站得高可以看得远，但他忘了还有"高处不胜寒"这句话。

裴寂选择高地安营扎寨后，两军开始大眼瞪小眼的较量，一切看似很平静。但平静却是暴风雨的前奏，黎明前总是最黑暗的，总是那么艰难。

敌军明里和唐军眉目传情，暗里却派人出击，截断了唐军的水源。行军打仗有两样东西不可或缺：一是粮草，二是水。这两样是赖以生存的宝贝。

敌军切断了水源，裴寂无奈之下，只好下令撤军，退往有水源的地方。然而，裴寂在这关键的时刻，忘记了正在介休城里虎视眈眈的敌军。正当他大张旗鼓、大摇大摆地选择撤离时，敌军开始行动了，猝不及防，唐军大败。裴寂也是充分发挥"跑得快"特长才逃得性命，昼夜兼程逃至平阳（今山西临汾）时，裴寂突然悲哀起来，因为他手下只剩下孤零零的几十个随从了，数万大军一日之间殆亡散尽。这一仗除了损兵折将，而且还"割城丢地"，太原以东的城池全部丢失。

这一刻，裴寂体会到了什么叫欲哭无泪。

于是，我们知道了，站得高、看得远这句话用在军事上不一定是真理。三国时期的马谡，初唐时期的裴寂，以及解放战争时期的张灵甫，都是因为喜欢登高运动而栽了大跟头。

面对这灰头土脸的大败，裴寂在擦干眼泪时，马上上书给唐高祖李渊，写了两层意思：

1.我有罪。

2.我请罚。

对此，唐高祖李渊马上作出如下回复，同样两层意思：

1.没关系，每个人都有马失前蹄的时候。

2.加把劲，哪里跌倒就在哪里爬起来。

重新集结人马后，按理说，裴寂应该知耻而后勇，马上对宋金刚等敌人进行反击才是。然而，事实证明，裴寂是一个很好的谋士，却不是一个刚强的将领。一朝被蛇咬，十年怕井绳，他被战败吓破了胆，哪里敢轻易再去找宋金刚硬碰硬啊。于是便镇守在河东地区，并美其名曰：韬光养晦。他一边守，一边想如何应付敌人的进攻，最后想出了一招绝招：坚壁清野。具体措施是：传檄各郡县，命令所有老百姓都进城自保，除了能带入城的，其余物资必须付之一炬。

这样的结果是，还没有防到来犯敌人，却先伤了老百姓的心。试想想，让他们烧毁自己的家园，去巴掌大的城里过"真空生活"，他们愿意么，他们心甘么？

答案是否定的，从而注定结果也是惊慌失措的。事情一乱，麻烦就来了。果不其然，这个时候夏县人吕崇茂见裴寂不仁，索性来了个不义，杀了县令，投奔宋金刚去了。

这下裴寂不能坐视不管啊，马上派兵进剿，但途中又中了吕崇茂的埋伏，大败而归。

裴寂的窝囊表现让李渊彻底失望了，这一回不等裴寂再下"请罪书"，他直接下了"问罪诏"。把裴寂召回朝后，李渊做了两件事。

一是问罪，把裴寂骂了个狗血淋头。

二是追责，把裴寂交司法部门处理。

当然，事实证明，这只是李渊盛怒之下的冲动之举。过了几天，气消了的李渊马上来了个"回心转意"，大手一挥，把裴寂又从司法部门"保释"出来，待遇一如往日，君臣和好如初，具体体现为"五任"：

一是重任。李渊到外视察，总让裴寂留守首都，可见李渊对他的重视。

二是信任。当时有人告发裴寂谋反，李渊查无实据后，对裴寂安慰说："我有天下，是你所推。然皂白得辨清，不得不推究。"

三是特任。李渊建国后，进行了"货币改革"，李渊唯独给予裴寂特权，赐他一炉自铸货币的权利。

四是亲任。李渊聘娶裴寂的女儿作为他宝贝儿子赵王李元景的妃子，再结为儿女亲家。

五是擢任。武德六年（公元623年），李渊提升裴寂为左仆射。武德九年（公元626年），又拜裴寂为司空。裴寂都拥有一人之下万人之上的绝对权力和地位。

（3）刘文静的心结

> 数声鶗鴂，又报芳菲歇。惜春更选残红折，雨轻风色暴，梅子青时节。永丰柳，无人尽日花飞雪。
>
> 莫把幺弦拨，怨极弦能说。天不老，情难绝。心似双丝网，中有千千结。夜过也，东窗未白孤灯灭。
>
> ——张先《千秋岁》

对裴寂的一枝独秀，有一个人很不服气，这个人便是刘文静。刘文静之所以会有这个想法，是因为他和裴寂一样也有四大功劳。

一是有劝说李渊革命的"首义之功"。

刘文静，字肇仁，自称祖籍彭城（今江苏徐州），后迁居京兆武功（今陕西武功西北）。他出身将门，一副伟丈夫相貌，举止倜傥，加上多韬略，有器局，先天的条件十分好。

可是，刘文静最开始是一名公务员——隋朝晋阳（今山西太原）一个小小的县令，虽说是一方父母官，但相对他远大的抱负而言，实在是微不足道。因职务关系，他和晋阳宫监裴寂成了好友。时天下已大乱，裴寂望着城上的烽火，仰天长叹："我等卑贱之极，家道空衰，又身处离乱，不知如何处世！"刘文静笑着说："世途如此，时事推而可知。只要我们两人携起手来，何愁处于卑贱！"

正在这时，由于受到谋反的亲戚李密的株连，刘文静被关进太原的一所监狱。当时李渊已存谋反之心，派几个儿子四处网罗各方能人志士。原来就与刘文静相熟的李世民，借探监为名与刘文静进行了几天的交流，深深被他的见解所折服。李世民感叹"缘来就是你"，不惜花重金把他保释出狱。而刘文静对年轻的俊杰李世民倾慕已久，再加上这段知遇之恩，从此成为李世民麾下的一个幕僚。

是金子到哪里都会发光，刘文静很快用实际行动证明了自己的才干。因为关系铁，刘文静向李世民建议乘兵荒马乱、隋朝政治腐败时在太原起兵，一举夺取天下，"乘虚入关，号令天下，不过半年，帝业成矣。"（《资治通鉴》）但后来，李世民多次劝解李渊无果，刘文静给李世民献上"曲径通幽"策略，而这条曲径正是裴寂。当时裴寂和李渊的关系好得不能再好了，刘文静的选择显然是对的。很快，裴寂就通过一名宫女搞定了李渊。因此，从某种意义上说，太原起兵的谋划之功要归于刘文静。

二是有说服突厥联盟的"外交之功"。

拉起大旗后，一个以革命为核心的李渊、李世民、裴寂、刘文静集团四人小组成立了，李渊是总司令，李世民是总参谋长，裴寂是总后勤部长（晋阳宫物资丰富而且美女如云，为李渊起兵提供物质基础嘛），刘文静是总政治部主任。

刘文静除了出谋划策外，还提出了"外结突厥以绝后患"的外交方略，并主动请缨出使突厥。他带着金银财宝以向突厥称臣为条件，游说了突厥国王始毕可汗。当时始毕可汗问："唐国公起兵，是想干什么？"刘文静说："先帝废嫡嗣而传位后主，故而天下大乱。唐国公为国家近戚，担心王室毁灭，故起兵想废黜不当即位者。希望与可汗兵马一同进入京师，百姓、土地归于唐国公，财帛和金银归于突厥。"始毕可汗大喜，立即派了两千骑兵随刘文静一同前往太原支援李氏起义，并向李氏政权献马两千匹，既为李渊大战隋军解除了后顾之忧，又壮了革命军的声势。

三是有旗帜鲜明的"招募之功"。

在革命之初，他凭着强大的个人魅力，短短一个月时间招募革命人马数万人，为李渊解了燃眉之急，为革命的发展打下了坚实的基础。

四是有横刀立马的"破敌之功"。

刘文静率兵在潼关与留守长安的隋将屈突通部下桑显和苦战，半日死亡数千人。刘文静估计隋军稍怠之时，暗中派遣奇兵掩袭其后，隋军大败。屈突通的兵马尚有数万，企图逃向东都洛阳，刘文静派兵追击，最后凭着一张三寸不烂之舌降服屈突通，新安县（今河南新安）以西全部平定。

刘文静也因此转任大丞相府司马，进授光禄大夫，封鲁国公。

的确，相对于裴寂的四大功绩，刘文静的四大功绩显然更为突出。说服突厥联盟和击溃隋大将屈突通，为李唐王朝的成功建立立下了汗马功劳，这是裴寂没法比的。

也正因为这样，刘文静一开始就和裴寂"位望略同"，但李渊即皇帝位后，任裴寂为尚书右仆射（国务院总理），刘文静为纳言（相当于国务院副总理兼中纪委书记），均位列宰相行列。然而，刘文静很快也和裴寂犯了一样的错误：急功近利。想再立新功，以图回报，结果适得其反。

武德元年（公元618）七月，薛举进犯泾州（今甘肃泾川县北泾河北岸），李渊以秦王李世民为征西元帅，刘文静为元帅府长史出兵征讨。就在这个节骨眼上，李世民却病了，眼看形势火烧眉头，李世民在生病之际把军事决断权交给刘文静，结果刘文静犯了"孤军深入"之兵家大忌，在浅水原被敌军击败，损失兵马上万人。愤怒之下的李渊马上对刘文静作出重罚：贬为庶人。

但出于人性考虑，李渊并没有彻底把他打入死牢，而是让他戴罪立功。这年十一月，刘文静再次跟随李世民讨伐薛仁杲，一举歼灭了薛仁杲主力。也正是因为这样，刘文静因功恢复了官爵和封邑，任命为吏部尚书、领陕东道行台左仆射。

武德二年（公元619年），随秦王镇守长春宫（今陕西大荔县朝邑镇）。这期间，刘文静修订了《隋开皇律令》。这部修订后的法律，受到李渊的高度赞扬，并成为当时依据的"通法"。这个可以算是刘文静的第五功了。

按理说，像刘文静这样的功臣应该过得很潇洒快活才对，但事实上，刘文静活得很痛苦，很窝囊，他有一点想不明白，他的功劳比裴寂大，地位却比裴寂低，裴寂可以当当朝一品大员的宰相，他却是二品的吏部尚书。他的才略比裴寂高，李渊却独宠裴寂。

于是，刘文静心里极不平衡，具体表现在：

一是看不惯。裴寂的行为，裴寂的作风，裴寂的人品，裴寂的所有一切，在刘文静眼里都是不屑一顾的，都是鄙夷的。因此，两人见面的场景便是"横眉冷对"。

二是争不休。俗话说思想上蔑视对手，战略上重视对手。刘文静如果仅仅从思想上"蔑视"裴寂那倒也罢，关键是，他还从战略上"蔑视"对手。以后朝中出现了这样的情况，每次廷议，凡是裴寂支持的，刘文静连想都不想就会坚决反对；凡是裴寂反对的，刘文静同样想都不想就立即表示拥护。佛争一炷香，人争一口气，刘文静为了争这口气，到了疯狂"变态"的地步。

从看不惯到争不休只一步之遥，从争不休到不归路也只隔着一扇门，等待刘文静的将是怎样的命运呢？

（4）一句粗话引发的血案

自酒出现以后，人类就和酒结下了不解之缘。将士出征，文人写诗作画，家庭喜庆祝贺，师朋之会都离不开酒。直至今天，饮酒仍是人类社会生活的一项重要内容，在各种活动中占有重要地位。我国古代文献及诗歌、小说、戏剧中，留下了相当丰富的关于酒的记载，有不少脍炙人口的诗词歌赋、生动有趣的传说故事，给人留下了美好的回忆。

同时，酒又是一种麻醉品，它可抑制人类某些大脑神经，喝得稍多一点，便容易使人的言谈失去控制，话越说越多，越说越随便，一些久埋在心底的话，此刻也脱口而出。说酒话时，可能语无伦次，但多为真言。即使"多诈"的曹孟德，在与刘备两人青梅煮酒论英雄时，喝着喝着，也终于喝出"今天下英雄，唯使君与操耳"的真言。酒，确能使人言平素之所未言，在醉得可以的时候，慢慢敞开心扉，吐露最隐蔽的心曲，真情毕现。

俗话说："言多必失。"酒喝多了，话说多了，难免酒后失言，冲撞他人，或被视为"犯上作乱。"在封建专制时代，因酒后讲了真话最后惹来祸水的，屡见不鲜。

刘文静就上演了"酒后误事"的悲情一幕。

话说，刘文静心有千千结，却又无处述说，这个结留在心里是非常痛苦的。于是，极度痛苦极度郁闷的刘文静就拉着官职为通直散骑常侍的弟弟刘文起举行了一次夜宴。酒过三巡到浓时，刘文静借酒消愁，在酒精的作用下，愤怒的他拔出宝刀，对着身前的柱子就是一阵狂舞乱砍，嘴里还念有词："以后我一定要斩杀裴寂！"，大有抽刀断水之英雄气概。

刘文静不会料到，就是这样一句酒后粗话，引发了一场血案。

都说隔墙有耳，这话一点都不假。刘文静对刘文起的牢骚和泄愤话，让刘文静不得宠的小妾偷听到，这个小妾也不是省油的灯，马上来了个"胳膊肘儿往外拐"，通过自己兄弟告发刘文静，罪名是：意图谋害大臣。

看来，宁可得罪小人，莫可得罪女人这话一点都不假啊。

接到告发后，李渊很是惊讶，马上就派了裴寂、萧禹审理这个案子。按理说依照避嫌原则，审案应该让裴寂回避才对，然而李渊偏偏派裴寂上场，显然是想通过"快刀斩乱麻"的方式来了结此案，一方面想表达自己对裴寂的信任，另一方面想以此来震慑刘文静。

裴寂很快就来了个公事公办。

"你怎么谋反啊？"裴寂问。

"我没有谋反。"刘文静答。

"你明明反皇帝反大唐，怎么说没造反呢？"裴寂怒了。

"我反的只是你！"刘文静一句话把裴寂给噎住了。

裴寂自讨了没趣，接着轮到萧禹上场了。直到这时，刘文静才打开天窗说亮话了："起兵之初，我任司马，与长史裴寂的地位差不多。现在裴寂为仆射，有豪华的住宅，而我的待遇与赏赐与普通人一个样。我随皇帝东征西讨，家里的老母亲都顾不上，心里确实感到怨愤。这是我喝醉了酒，不能自控而发牢骚，现在我无法为自己开脱。"

刘文静话中表达了两层意思。一是裴寂功劳没我大，封赏却比我高，我不服；二是说我谋反的事子虚乌有，我只是酒后的牢骚话，我不想做过多的辩解。

审案到此告一段落，接着裴寂和萧禹分别把审讯结果提交给李渊。主审官裴寂的结案报告是：刘文静谋反。理由是，他仗着才华谋略，根本不把朝廷放在眼里。建议：从重处罚，以儆效尤。

副主审官萧禹的结案报告是：刘文静没有谋反。理由是，只是酒后失德，没罪但有过失。建议：以人为本，教育为主。

一个说有罪，一个说没罪，这倒让"大法官"李渊为难了。就在他准备来个不了了之的冷处理时，一个人上书为刘文静求情，却把刘文静推向了万劫不复的深渊。

这个人便是李渊的儿子秦王李世民。刘文静为李世民鞍前马后立下了汗马功劳，李世民早已视刘文静为心腹，关键时刻，他怎么会坐视刘文静被诬"谋反"而不管呢？于是，他马上上书为刘文静求情："刘文静在太原首义中，谋划之功在裴寂之上，开国也立有大功。而现在，权势、贫富差距很大，有点怨言是很正常的。不过，刘文静只是发发牢骚而已，我敢以我的人格担保，他是绝对不会谋反的。"

李世民话音刚毕，一人起身反驳道："刘文静的才能谋略确实在众人之上，但生性猜忌阴险，其丑言怪节已经显露。当今天下未定，外有劲敌，今若赦他，必遗后患。"

事实证明，这场辩论赛，最终胜者是裴寂，因为，李渊很快对刘文静案作出终审判决：没收刘文静全部家产，判处刘文静死刑，剥夺政治权利终身。

武德二年（公元619年）九月初六，李唐建国还不到两年，五十二岁的刘文静被送上断头台。直到这时，刘文静才如梦初醒，并且发出了这样的感叹："狡兔死，走狗烹；飞鸟尽，良弓藏。故不虚也。"

值得一提的是，一朝天子一朝臣，李渊在位时，裴寂是幸运的，后来李世民接位，裴寂就变成不幸了。李世民一来对刘文静的死耿耿于怀，二来认为裴寂"公勋不称位，徒以恩泽居第一。"很快以"失职"罪削去裴寂的封邑，让他回到老家去种红薯，接着又把他流放到交州、静州（今四川旺苍县）……最后，满花甲之年的裴寂落得个客死他乡的悲惨下场，远不如刘文静死时那一刀来得痛快。

第二十一章

太子之争

（1）功高震主

话说刘文静临死前，捶胸慨叹：“狡兔死，走狗烹；飞鸟尽，良弓藏”这句著名的“韩氏遗言”并非空穴来风，他是告诫一个人——李世民，千万别走自己的老路。

事实上，刘文静的死不是因为他是“鸟”，而是因为他是“弓”。刘文静本人就是李渊的一张弓，却不是唯一的一张。在李渊看来，不仅仅是外人，家人也同样可以成为弓。

父死子承，但是，这里的“子”指的是嫡长子，也就是说，次子不是作为“君”来对待的，而是“臣”。也就是说，李世民同样也是弓。

如果石头不再是石头，而是有了自己的思想，那么，结果如何？这才应该是李渊担心的问题。从当时的情况来看，是世家出身、没什么实战经验的裴寂和身经百战、声名远播的刘文静不合；但是，从长远来看，这又何尝不是身份尊贵的李建成和战功卓著的李世民之间的矛盾预演呢？斩断朝中新势力萌芽成了李渊的当务之急，削弱这些党羽应该才是他杀害刘文静的主要原因。

飞鸟尽，良弓藏。刘文静用最后的一点力气点醒了自己扶保的秦王，以便其早做准备，韬光养晦，甘心示弱。鸟尽弓藏——不被藏起来的只有猎手本人。

归根结底，问题的症结出在皇位继承权上。

前面已经说过，义宁元年（公元617年）十一月，李渊被隋恭帝封为唐王，五天后，李建成被立为唐世子。武德元年（公元618年）五月，李渊即皇帝位，六月便立李建成为太子。可见，把李建成作为自己的继承人，李渊从来没有犹豫过，也从未想过要立李世民为太子。李建成被立为太子后，"君之嗣嫡，不可以帅师"（《左传·闵公二年》），所以以后各种军事征伐都由李世民主持，李建成逐渐远离战场。

第一牛人李世民利用带兵打仗的机会，大肆发展自己的力量。历史记载李世民每次统兵作战，都把安抚接纳贤才视为第一要务，仅平定薛仁杲，李世民就收编了他的精兵一万余人。武德元年（公元618年）至武德二年（公元619），正是李世民集团势力膨胀最快的时期，其核心集团在此期间已初具规模。

李世民集团势力的膨胀，不仅引起了李渊的高度警惕，也增加了他对自己选定的接班人命运的担心。偏偏在这时，曾经出任过隋万年县（今陕西西安东南郊）法曹的孙伏伽给李渊上了一道奏疏，在这道奏疏中，他写道："臣历窥往古，下观近代，至于子孙不孝，兄弟离间，莫不为左右之乱也。愿陛下妙选贤才，以为皇太子僚友，如此即克隆磐石，永固维城矣。"（《册府元龟》卷五三一）孙伏伽的奏文再次震撼了李渊那原本就已十分脆弱的神经，杨广玩弄阴谋逼杀太子杨勇、弑杨坚而夺帝位的教训，李渊亲眼目睹。李世民此时广泛搜罗才智之士为己所用，暗藏经营四方之志，这势必可能造成兄弟相残的局面。这对李渊来说，是最不愿见到的。

其实，李世民也是不满的。毕竟唐朝建立以后，为统一全国，先后进行了六次大的战役。这六大战役李世民就亲自指挥了四个，全部取得了胜利，为唐王朝立下了赫赫战功。

第一次是对陇东薛举父子集团的战役。唐武德元年（公元618年），薛举率军进攻关中，双方在现陕西长武县发生激战，在这里，李世民打了他一生中唯一的一次大败仗，退回长安。但不久，他便在浅水原之战中彻底打败薛军，消灭了陇东集团。

第二次是对刘武周的战役。当时的刘武周依附突厥，南下进攻唐朝，攻占了晋阳，李世民不畏艰险率军出征，终于击溃了敌人主力，并乘胜追击，两天不吃饭，三天不解甲，彻底消灭了敌军，收复了丢失的土地。

第三次是对王世充和窦建德的战役。这次战役规模为唐统一战争中最大。李世民先将王世充击败，将其围困在洛阳，令其无粮草供应，待其自毙。就在洛阳将下未下之时，河北窦建德率十余万众前来救援王世充，突然出现在唐军背后，李世民力排众议，在虎牢之战中大败窦建德军，生擒窦建德。洛阳王世充也只得投降。

第四次是平定刘黑闼的战役。刘黑闼打着为窦建德复仇的旗号，在河北起兵反唐。李世民指挥了平定其第一次起兵的战役，仅仅两个月就取得了胜利。

李世民自此威望日隆，尤其是在虎牢之战后进入长安时，受到部分军民以皇帝礼仪迎接。武德四年（公元621年）冬十月，他受封为天策上将，领司徒、陕东道大行台尚书令，食邑增至二万户。高祖又下诏特许天策府自置官属，俨然形成一个小政府机构。

李世民在战斗中注重战前侦察，虽屡次遇险，但每次战斗都能做到知己知彼，善于制造战机，当敌强我弱时，他经常用"坚壁挫锐"的战法拖垮敌人，战斗中身先士卒，亲自率领骑兵突击敌阵，胜利后勇追穷寇，不给敌人喘息之机，因此获得了每次战役的胜利。在统一边疆的战争中，他运筹帷幄，决胜千里，明于知将，选拔良才，取得了重大胜利。李世民用他卓越的军事才能，为唐代的建立和发展作出了巨大贡献。

然而，就是这样一个天才，却要被李渊雪藏，李世民能不郁闷么？雪藏倒也罢，还要打压，李世民就更郁闷了。

刘文静事件是李世民与李建成集团之间的冲突由隐性向公开化转变的一个信号，诛杀刘文静在一定程度上削弱了李世民集团的势力，但同时也使矛盾日益尖锐化。

更加惨烈、血腥的内部斗争不久就来临了。

（2）后宫勾股定理

李渊一共生有二十二个儿子，其中正妻窦氏生了四个儿子，分别是长子李建成、次子李世民、三子李元霸、四子李元吉。老三李元霸就是评书《隋唐演义》中那个手执双锤的天下第一条好汉，不过，那是演义，因为现实中的李元霸很小就夭折了。所以唐初这个历史大舞台，注定就看李建成、李世民、李元吉三人来唱三角戏。

李渊在太原起兵时，李建成是左军统帅，李世民是右军统帅，李元吉是中军统帅，留守太原。职务相仿，权力相等，三人可谓并驾齐驱。

武德元年（公元618年）五月，李渊称帝后，册立李建成为太子，又封李世民为秦王、李元吉为齐王。从这一点来看，李渊是有先见之明的，他按长序有别给他们划分了职别和名分，显然是为了避免兄弟相残的局面出现。

定好位后，李渊在统一天下的征战中，给三个儿子进行了明确的分工。太子李建成负责"内"，主要在宫中"谋政事"；秦王李世民和齐王李元吉负责"外"，主要在外面"谋发展"。

为了让李建成熟悉军国大事，为以后从政积累政治经验，李渊每天临朝，都让他坐在自己身边，参加各种问题的讨论，遇到不太重要的问题，就让他自己处理。此外，又命礼部尚书李纲、民部尚书郑善果为太子太保，帮助李建成出谋划策，决断各种问题。两人尽心竭力辅助太子李建成，对李建成的成长起了很大的作用。

李渊的本意是好的，太子是要继承皇位的，留在宫中学习政治业务，管理朝中事务，这对将来继位是有好处的。然而，他百密一疏，没有料到这个安排却适得其反，因为长年在外征战的李世民经过多年的摸爬滚打，居然打出了一片艳阳天。消薛举父子、灭刘武周、平王世充和窦建德、定刘黑闼……当太子李建成整天蜗居在宫中，当李元吉年纪尚小、略显稚嫩，当天下形势需要时，李世民叱咤风云，用实际行动证明了什么叫"数风流人物，还看今朝"。

也正是因为这样，从武德元年（公元618年）到武德七年（公元624年），短短的几年时间里，李世民的名望和声誉与日俱增。到最后，普天之下只认得李世民，而不知李建成为何人。

对此李建成很着急，李渊也很着急。也正是因为这样，在天下形势一片明朗时，为了打压李世民，李渊雪藏了李世民，而后的平定小股动荡，他都有意派太子李建成出场，意图很明显，要让李建成建功立业，要让李建成功成名就。

而李建成也不是一个自甘堕落的人，他领军后，为了证明自己，兢兢业业，居然也是攻无不克，战无不胜。尤其是西渡黄河，攻克长安，使唐军声威大震，仅此一点，军功就与李世民相比毫不逊色。何况后来，他又用魏征之言，平定了河北。在一步一步提高自己对外人气的同时，李建成开始把枪口向内，对准了李世民。

此时的李世民尽管有唐高祖李渊的刻意打压，但多年的功劳明显摆在那里，不是一朝一夕可以淡忘的，不是一句话就能抹杀的。

面临来自李世民的巨大威胁，聪明的李建成很快把目光停留在四弟李元吉身上。

李元吉这个时候才二十出头，是一个典型的愣头青，他虽然也上过战场，但毕竟光环都被李世民遮挡了，如果说李世民是红花，他只不过是不起眼的绿叶。

红花配绿叶是美好的。但李元吉是个有理想有抱负有爱心有责任感的四有青年。他不甘心当绿叶，他也想当红花。可是当时凭他的身份和地位，想当红花无意于痴人说梦。在长序有加的皇家规矩里，年龄小是一个致命的弱点。再加上功劳盖不过两位大哥，李元吉空有理想，却只能枉自蹉跎。

这个时候的李建成和李元吉，一个枉自嗟叹，一个空自牵挂，一个是水中月，一个是镜中花。李建成能深深体会到李元吉这种郁闷，这种痛苦，既然是同病相怜，他很快想到了两个字：联合。

相信大家都记得初中学过的勾股定理吧！如果直角三角形两条直角边分别为a和b，斜边为c，那么$a^2 + b^2 = c^2$。这样一来，很容易理解了，李建成和李元吉好比两条直角边，而李世民就好比那条最长的斜边，李建成和李元吉两人单独一人是很难和李世民抗衡的，只有联合起来，取长补短才能超过李世民。

正是明白宫中勾股定理，李建成才会及时向李元吉抛去橄榄枝。而李元吉也是个聪明人，他知道，凭他现在的实力和势力，凭一己之力是没法实现自己的理想和愿望的。面对李建成的橄榄枝，他不但抓住了，而且一抓就不松手，他知道这条道路已经没有回头路，要一直坚持走下去，不管光明或者黑暗。

和李元吉结成统一战线后，李建成势力大增，实力大增，信心也大增了。武德七年（624年），李建成本着先下手为强的原则，开始主动对李世民发动攻击。这场太子之争也由此拉开了序幕。

（3）先发制人

俗话说：先发制人，后发制于人。李建成在找到李元吉这个帮手后，决定先下手为强，接下来看李建成的招。

第一招：造谣诬陷。

皇帝都有三宫六院七十二妃，张婕妤和尹德妃是李渊继萧皇后之后最宠爱的两个。前面已经说过，李渊是个"妻管严"，但在萧氏逝世后，开始放荡不羁，结果在芳草丛中，娇艳出众的张婕妤和尹德妃成了李渊新的"绝代双骄"。据说这两个人的耳边风胜过十二级台风，可见她们两人的受宠程度。

李建成深知她们两人在皇帝面前的作用，决定拉她们下水，马上使出了撒手铜——金钱攻势。有钱能使鬼推磨这话一点都不假，在糖衣炮弹的攻势下，张婕妤和尹德妃很快就与李建成结成了共同防御体系。

当然，后宫两大超级妃嫔之所以会站在太子一边，一方面是因为李建成所"诱"，另一个原因，就是拜李世民所"逼"。

李世民因为长年在外征战，不但与妃嫔接触少，而且还因为年轻不懂事，曾经得罪过众多妃嫔。洛阳平定之后，李渊派自己的妃嫔前往洛阳查看隋朝后宫，这些妃嫔们见到洛阳后宫珍宝很多，都想索取一些据为己有，有的妃嫔还替家里的兄弟谋求官职，但主管洛阳事务的秦王李世民给她们泼了一盆冷水，断然拒绝道："宝物都应登记上奏，官职应当授予贤才与建立功勋的人，怎么能随便送人呢？"妃嫔们听后，都对他大为怨恨。

得罪了众多妃嫔事小，李世民还特别得罪了"后宫大姐大"张婕妤和尹德妃。

李世民得罪张婕妤是因为一块土地。

李世民任陕东道行台的时候，将管辖区内一块良田赐给了作战有功的李神通。也许这是一块很好的风水宝地，张婕妤的父亲也看中了，于是他通过女儿的关系进行"卡拿索要"。天下都是我的，何惜一块小小的土地呢？很快李渊就顺水推舟下旨将这块田给了张婕妤的父亲。

张婕妤的父亲拿着诏书很高兴，马上去要自己的地，哪知却被李神通泼了盆冷水。李神通说，凡事有个先来后到，秦王李世民早就把这块赐给他了，你老就另打主意吧。

眼看李神通不肯交地，愤怒的张婕妤马上向李渊打了一个小报告，一句话："陛下，您赐给我父亲的那块田地被秦王夺了过去，他赐给李神通了。"

李渊听后大怒，立马把李世民召入宫来，责骂道："我老了，不中用了，说的话不算数啦！"尽管李世民尽力解释，但都无济于事。随后，李渊公然对朝中大臣说："秦王常年在外征战，被他手下那些谋士教坏了，都不像是我的儿子了。"

"土地门"事件后果很严重，李世民得罪了张婕妤。

李世民得罪尹德妃是因为一次打架斗殴事件。

尹妃的父亲仗着女儿的权势，一朝得势，鸡犬升天，在长安城骄横跋扈，目无法纪。有一天，李世民手下的贴身幕僚杜如晦路过其豪宅门口未下马，尹妃的父亲便指使家僮数人将杜如晦拖下马来，二话不说，就是一阵暴打。打完之后发话："你小子吃了熊心豹子胆了，瞎了眼啦，从我家门前过，居然敢不下马行礼？"

事后，尹妃的父亲听说被打之人是秦王李世民的亲信杜如晦后，脸色顿时变得惨白。得罪了杜如晦就等于得罪了李世民，这李世民可是惹不起的人物啊。怎么办啊？思来想去，尹妃的父亲想出的好办法就是派女儿到李渊那里来个恶人先告状。

尹德妃也不是吃素的，她对李渊诬告李世民的部下殴打她年老多病的父亲，李渊听后，又火急火燎把李世民召进宫来，进行了严厉的谴责："上梁不正下梁歪，你的属下怎么这么凶残啊，你平常怎么教化的？"

李世民想要解释，李渊上演拂袖而去。

"路过门"事件后果同样很严重，李世民得罪了尹德妃。

一边有恩，一边有仇，张婕妤和尹德妃选择站在李建成这一边那是理所当然、天经地义的事了。李建成为了巩固自己的地位，走内宫路线，多方讨李渊妃嫔们的欢心。妃嫔们知道他是当然接班人，也愿意与他交好，纷纷在李渊的面前说太子的好话。

事实证明，张婕妤和尹德妃这对后宫"绝代双骄"不是浪得虚名的，她们马上按照李建成的指示，时不时地散布一些对李世民的非议之辞，在李渊面前吹起耳边风来了。今天说李世民这里不好，明天说李世民那里不行，总之，鸡毛蒜皮的事从她们嘴里说出来就变成天大的事了。有事例为证：

有一次，李渊举行家庭宴会，当时气氛很是融洽，大家欢声笑语，就在这样的时候，李世民突然想起母亲窦皇后来，想到窦皇后一生操劳，却不能享受这太平盛世，不由情由心生，伤感起来。如果仅仅是伤感那倒也罢，情到深处，他还忍不住流下泪来。

俗话说，举世皆浊我独清，众人皆醉我独醒。李世民这时候却是举世皆欢我独悲，众人皆喜我独伤。李渊看着流泪的李世民心里十分不高兴，是啊，在这样一个喜庆的日子，李世民的举动太煞风景了。

以张婕妤和尹德妃为首的妃嫔们乘机进言，以"流泪"的方式教会了李渊两个关键词：

第一个关键词：人生得意须尽欢，莫使金樽空对月。

解析：现在天下归一，四海臣服，太平盛世，正是陛下及时行乐的时候，秦王却"泪牛满面"，他显然是对我们不满，在诅咒我们啊。

第二个关键词：人在人情在，人走人情淡。

解析：现在陛下还在，秦王就敢这样对待我们，一旦陛下百年之后，我们这些人哪里还有活路啊，肯定是死无葬身之地了。看来，还是太子好啊，既慈爱又体恤下属，他将来要是继承了陛下的千秋大业，一定是个仁义之主啊。

李渊听了妃嫔们的话，发出了这样的感叹：听君一席话，胜读十年书。结果是，李渊对李世民的态度急转直下，甚至产生了废黜李世民的想法，以确保李建成的太子地位不动摇。好在朝中很多大臣进行了及时劝谏，李渊才悬崖勒马。但不管怎样，李世民的光辉形象在李渊心目中已经打折了。

（4）挖墙脚

李建成使出第一招收到成效后，并没有小富即安，而是再接再厉，乘胜对李世民进行追击。

第二招：人才战略。

李建成知道，要想彻底击溃李世民，仅仅离间李世民和李渊之间的关系还不够，还得下猛药，那就是削弱李世民的军事力量，千方百计让李世民变成一个空头司令。

对此李建成来了个三管齐下，概括起来为：一"遣"二"挖"三"调"。

首先，我们来看李建成的"遣"。

前面已经说过，李世民长年征战，手下云集了一大批文武大将，特别是文学馆开馆后，天下英才几乎尽入他的彀中，可以用文臣如云、武将如林来形容，一手打造了以刘文静、长孙无忌、房玄龄与杜如晦为首的"智囊团四大天王"，以尉迟敬德、段志玄、程咬金、侯君集为首的"虎将团四大天王"。

乱世靠武将，治世靠文臣，李建成最先把目光停留在李世民手下的智囊团身上。此时，刘文静已死，长孙无忌是李世民的妻子的哥哥，想对他下手，比登天还难。思来想去，李建成首先把目光瞄准了李世民"智囊团四大天王"的另两位重量级人物房玄龄和杜如晦。

下面请看房、杜二人的明星档案。

房玄龄，齐州临淄（今山东淄博东北）人，他发迹之路概括起来有六绝。

一是有才华。房玄龄从小就很聪明，精通经书和史书，写得一手好文章，常常能出口成章，被喻为天才少年。

二是有理想。房玄龄少年时代随父亲去京师，当时隋文帝当国，天下宁晏，一片太平景象，但弱冠之年的房玄龄已经对世事有精到的分析，私下对父亲讲："隋帝本无功德，只知诳惑百姓。而且他不为国家长久计，诸子嫡庶不分，竞相淫侈，最终会互相诛夷倾轧。现在国家康平，但灭亡之日翘足可待。"十八岁时，眼光毒辣的房玄龄被本州推举为进士，朝廷给了他一个小小的芝麻官——羽骑尉。

三是有孝心。由于父亲重病常年卧榻，房玄龄的心思全部用在父亲的药物和膳食上，不曾脱衣服睡过一次好觉，孝顺之心可见一斑。

四是有眼光。李世民领兵攻占渭水北边的地盘时，房玄龄来了个"毛遂自荐"，驱马到军门求见。结果两人一见如故，李世民马上给了他一个看似不起眼，但很重要的职务——渭北道行军记室参军。

五是有人缘。房玄龄为了报答李世民对自己的知遇之恩，尽自己的全部力量来回报。每攻灭一方割据势力，军中诸人都全力搜求珍宝异物，唯独房玄龄四处访寻英杰人物，并把他们荐于秦王。因此府中的谋臣猛将，心中都十分感念房玄龄推荐之恩，尽死力报效。在他的努力下，李世民集团在内有了非同寻常的凝聚力，对外有着无坚不摧的战斗力。

六是有本事。房玄龄在李世民王府中十多年，常负责管理文牍，每逢写军书奏章，停马立即可成。文字简约，义理丰厚，一开始就不用草稿。

对此，连唐高祖李渊也赞叹有加："此人深识机宜，可委以重任。每为我儿（世民）陈奏事务，必通人心，千里之外，犹如面谈。"可见，房玄龄是非一般的人物。

杜如晦，字克明，京兆杜陵（今陕西西安东南）人。下面，我们来看看他成长之路的"四步曲"。

一是出身名门。杜如晦出身名士之家，祖上世代为官。曾祖和祖父都在北周当过大官，祖父杜果则官至隋朝工部尚书，父亲杜吒曾为隋朝昌州（今湖北枣阳）长史。

二是少年聪颖。杜如晦从小聪明颖悟，喜欢读书，好谈文史，机敏果断。他去吏部应试，当时以善于识人著称的吏部侍郎高孝基，曾预言他"有应变之才，当为栋梁之用"。

三是怀才不遇。就是这样一个极富才华之人，进入仕途后，却只做了小县城的县尉（负责保安）。他眼见隋朝政局飘摇，又觉得没前途，不久就主动炒了隋政府的鱿鱼，回家"种红薯去了"。

四是柳暗花明。李渊父子在太原起义后，李世民进军长安，杜如晦家离长安很近，马上也参加了革命军。初来乍到，他就受到了李世民的重用，成为秦王府的兵曹参军（人事参谋），后来升为陕州行军总管府长史（相当于三门峡军分区参谋长）。

房玄龄与杜如晦两人处理秦王府的公务，能办的当即就办，从不堆着公文不批，而且办事公允，下属们都心服口服。房玄龄善于出谋划策，杜如晦机敏干练，遇事善断，两人配合得天衣无缝，形成赫赫有名、威力无穷的"房谋杜断"组合。

房玄龄与杜如晦二人成为李世民最得力的左膀右臂，于是李建成在说了句"秦府中最让人畏惧者，当属房玄龄与杜如晦"后，马上找来李元吉，商量如何将房玄龄与杜如晦调离李世民，剪除他的羽翼。

李建成和李元吉在冥思苦想后，想出了一招绝妙之计："釜底抽薪"。具体实施过程是这样的，当时陕州刺史因为人事变动，出现了职位空缺，于是，李建成向李渊提议，让杜如晦去当刺史。

李建成的意图很明显，各个击破：先"遣"走了杜如晦，再来"遣"房玄龄，总之，两人一个都不能少。

太子推荐的人，当然引起了李渊的高度重视，于是乎，李渊不用多想，马上批复两个字：同意。

李世民虽然舍不得杜如晦离开，但皇命已出，只好忍痛割爱了。正在这个关键的时刻，房玄龄站出来说话了，他直言不讳地教会了李世民一个关键词：黄金万两，不如一贤。解析：杜如晦有经天纬地之才，大王若想有所作为，不能没有他的辅佐。

李世民是个纳谏如流的人，经房玄龄点拨，豁然明白，千军易得，一将难求，特别是可以"运筹帷幄之中，决胜千里之外"的奇人异士。思来想去，李世民最终决定不放杜如晦走。于是，他向李渊连上三道奏折，中心思想只有一个：杜如晦有辱君命，不能履新。

理由一：杜如晦身子骨不好，犯有重疾。

理由二：杜如晦一到外地就水土不服，不能远行。

理由三：杜如晦在我这里做点文案工作还可以，却不能胜任掌控一方的行政工作。

眼看李世民的上书接二连三，李渊终于在"罢了，罢了"的叹息声中，收回自己的任命书，另派他人到陕州去当刺史。

值得一提的是，李建成的第一"遣"虽然没有成功，但李建成没有灰心也没有气馁，而是很快重振信心，开始了第二"遣"。这一次李建成更狠，同时对杜如晦和房玄龄两人下手，利用张婕妤和尹德妃这两条后宫的"暗线"，天天在唐高祖李渊枕头边吹耳边风，结果李渊大手一挥，杜如晦和房玄龄最终被"遣"出秦王府，到外府任职，李建成的"遣"大获成功。

其次，我们再来看李建成的"挖"。

要想挖人才，现代企业用的都是高薪高职等物质和权力条件进行"引诱"，李建成可以算得上这方面鼻祖了。李建成对李世民手下智囊团动手后，这一次把目光瞄准了他的猛将。

此时，李世民手下的第一猛士是有着"虎痴"之称的尉迟敬德，枪打出头鸟，李建成自然把"第一挖"瞄准了尉迟敬德。李建成很快写了一封密函给尉迟敬德，信里首先表达自己对他的渴慕之情，八个字：弱水三千，只取一瓢。然后是承诺，同样八个字：执子之手，与子偕老。最后是实惠，两层意思，一是"功名"——许以高官厚禄。二是"利禄"——赠以金银器物一车。

面对这样的高薪挖聘，尉迟敬德第一反应是惊。惊讶啊，李建成看上了他这个五大三粗的汉子，不惊讶不行啊。第二反应是恐。恐惧啊，是福不是祸，是祸躲不过啊。第三反应是静。冷静啊，遇事冷静才能更好地处理突发事件啊。

果然，他冷静下来之后，马上来了个两步走。

第一步是马上向李建成写了一封回信。来而无往非礼也，就算拒绝人家，礼貌还是要的啊。

回信分四层意思，

第一层意思：谢谢您对本人的赏识。

第二层意思：我配不上您。我原本是个最底层的平民。生活潦倒，九死一生，苟活于乱世，不敢奢求不敢高攀也不配进入太子府。

第三层意思：我早已有旧爱。秦王李世民对我有知遇之恩，让我找到了人生奋斗的目标，活着的意义。我只有以死才能报答他的恩情。

第四层意思：无功不受禄，您的心意我领了，请恕我不能接受您的邀请。

尉迟敬德的第二步是向李世民进行了汇报，表明了自己的"忠心"。

李世民听后，发出这样的感慨来："富贵不能淫，贫贱不能移，威武不能屈，您就是孟子所说的真正的大丈夫也。"

尉迟敬德身上，我们可以充分感受到信仰的力量，信仰的光辉。

第一"挖"失败后，李建成马上又来了第二"挖"，用金帛引诱李世民另一员虎将段志玄，段志玄也同样进行了婉拒。

总而言之，这场人才争夺战中，李建成、李元吉通过含沙射影的方式"遣"走了被李世民视为左膀右臂的两大谋士，收获还是不错的。而想靠糖衣炮弹的方式来"挖"李世民的武将们，却没有达到预期效果，只能说是一半欢喜一半忧。但无论如何，还是使李世民的势力遭受了打击。

与此同时，明白枪杆子里面出政权这个道理的李建成，还利用自己拥有太子地位的特殊优势和长期留守关中的"人和"优势，在"调"字上下工夫。一方面调换宫廷的禁卫军，使得包括玄武门在内的禁卫军都在他的掌握之下。另一方面积极扩充东宫实力，以防不测。他从扎根太原的心腹杨文干那里调来精兵强将，又私自招募四方骁勇之士二千余人，充为东宫卫士，号称长林兵。

在皇位争夺战中，军队是关键，特别是宫内禁军在李建成的掌控中，等于把握住了"皇权"禁地。一句话，李建成使用一"遣"二"挖"三"调"之策，很快拥有了"先入为主"的优势。

（5）杀就一个字

连使两招，收到了不错的效果后，李元吉开始劝李建成直接对李世民动手了。因此，太子集团很快排练了第三招：杀死李世民。

1.明杀。

武德七年（公元624年），李元吉对李建成说："我愿意为大哥亲手把秦王杀掉！"说完这句话，李元吉马上就付诸行动了。这天，李世民随父亲李渊来到李元吉的住所叙旧，李元吉认为这是个好机会，派卫士宇文宝埋伏在寝室，伺机刺杀二哥。就当李元吉准备"亮剑"时，李建成却摇身一变，变成了鸿门宴里的项伯，及时阻止了宇文宝对李世民的封喉一剑。对此，李元吉惊问这是为什么，李建成说："当着父皇的面杀二弟，恐怕会生出不测啊。"眼看大好的机会因为李建成的"优柔寡断"白白溜走了，李元吉恼羞成怒地说："我是为大哥着想，对我有什么好处呢！"

2.暗杀。

这一年秋天，李渊选择了一个黄道吉日出城狩猎，把太子李建成、秦王李世民和齐王李元吉三个宝贝儿子都带上了。途中，李渊看到一只非常漂亮的梅花鹿，于是对身边的李世民说："行军打仗是你的看家本领，这里不展示一下给大家看么？"李建成闻言马上按心中早就打好的小算盘行动，找来一匹早就准备好的烈马，李世民立功心切，哪有多想，跳上马就去追梅花鹿。这匹马经过特殊训练，在疾驶中突然趴下，没有防备的人肯定会被甩下马背摔死。但李世民是何等人物，在烈马突然"撒野"时，李世民的反应相当快，及时跳下马背，结果毫发无损。事后，李世民也猜到是李建成作了手脚，说了这样一句话："死生有命，暗算何用？"

李建成听了，便抓住李世民所说的"死生有命"大做文章，通过嫔妃们向李渊告状："秦王太狂妄了，他说天命在他身上，一定要坐天下的人，不会轻易死掉！"李渊大怒，立即召见李世民，责备他说："天子自有天命，不是你耍点手段就能当得上的！我还没死，你为什么这样心急呢！"李世民再三解释，李渊就是不听，拍着桌子大发脾气。李世民没被暗杀死，却差点被气死。

3.毒杀。

眼看除不掉李世民，李建成很着急。就在他愁眉苦脸时，他手下一个人站出来，只说了一句话，就让李建眼两眼发光，发出了"何以解忧，唯有魏征"的感慨。

这个人便是后来提出"水能载舟，亦能覆舟"千古名言的唐初名臣魏征。

魏征自从归顺太子李建成后，看到太子与李世民的冲突日益加深，他也是心急如焚，多次劝李建成要先发制人，及早动手。

最开始，李建成不以为然，只是轻描淡写地说："秦王虽有军功，但父皇不会做出废长立幼的事，所以你不用担心啊。"

魏征说："太子殿下，皇上起兵的时候，您一直不在他的身边，所以秦王才得以建立那么多军功。现在，您被定为太子，可以天天和皇上接触，为什么不利用这些机会，好好地向皇上表现一下您的智慧谋略呢？让他看到您可不比秦王差。只有获得皇上的肯定和信任，您的太子位才能保住。"

他将秦王府在朝廷中的势力进行了仔细的分析后，李建成才开始发现事情的严重性，因为朝中任重要职位的人将近一半居然都是李世民的亲信。魏征说："照这么下去，就算您做了皇帝，也是傀儡皇帝。秦王就算不做皇帝，也是把持朝政的摄政王。"

"那我该怎么办？"李建成问。

"权力斗争的战场是残酷的，是无情的，虽然不见兵刃血迹，其中的暗流却更加波涛汹涌，更加变幻莫测，需要我们为之付出很多斗争。秦王办文学馆，广纳贤才，险恶之心已是昭然若揭，我们不尽快下手，到时只怕会坐以待毙啊。"魏征答。

在魏征的建议和布置下，李建成热情地邀请李世民来自己的府邸饮酒，兄弟二人把酒言欢，倒也其乐融融，犹如回到了少儿时光。

酒过三巡，菜过五味。魏征"亮剑"了，他命人送上了一壶酒，这酒不是一般的酒，是下了慢性毒药的酒。

"府里藏有一坛百年女儿红，今日夜宴，特请二弟一品。"李建成一边说着一边给李世民倒上了酒。随即，李建成自己也倒了一碗。

"来，干。"李建成说着头一仰，一碗酒入了肚子。李世民见状，也只好一口喝干了杯中酒。然而，酒一入肚，李世民就后悔了，因为这酒饮下之后顿觉腹中灼烧。

"不好，酒中有毒。"李世民是灵敏之人，知道自己现在的处境非常危险，随时都可能掉脑袋，关键时刻，急中生智对李建成说自己身体不舒服要去出恭。

李建成见李世民已喝了毒酒，心里正高兴，大手一挥，去吧。李世民来到外院，先是把憋在喉咙中的毒酒抠出来，然后跳上马立即往秦王府飞驰。

魏征发现李世民已经逃出太子东宫，心中大骇，立即教了李建成一个关键词：斩草不除根，后患无穷。解析如下：秦王喝的毒酒并不多，我担心这点酒还不至于致命。我们现在应该马上派人把他斩杀掉，除去这个心腹大患。到时候就说秦王暴毙身亡，这样就算皇上追查下来，也不会怪到太子您头上来的。

应该说魏征还是挺有眼光的，分析很有道理，杀死了李世民，一切都可以尘埃落定。然而，在这个节骨眼上，李建成"优柔寡断"的致命弱点再次表现得淋漓尽致，面对魏征期待的眼神，李建成半晌无语，良久才弱弱地来了一句："我们已经对他下了毒，现在再去追杀，太残忍太无情太不厚道了吧？"

这是什么时候了，还谈厚道，急得魏征像是热锅上的蚂蚁："权力之争，不是你死就是我活，我们投毒之后，已经打草惊蛇了，现在不把他除了，将来秦王会放过我们么？"

然而，此时的李建成头摇得像拨浪鼓，喃喃地道："兄弟如手足，妻子如衣服。衣服破，尚可缝；手足断，安可续？"

"无毒不丈夫，都什么时候了，还谈这些迂腐之理，还存这种妇人之仁，可悲啊，可叹啊，可气啊。"魏征气得摔门而出。

李世民果真是个福大命大之人，拼死逃回秦王府后，正赶上神医孙思邈仙游到长安，及时服了药王的仙丹灵药后，李世民神奇般地来了个大难不死。

大难不死，必有后福。下面，且来看李世民是如何反击的吧。

第二十三章

李世民的反击

（1）当幸福来敲门

李建成为首的太子集团连出三招，招招封喉，杀心已经显露无遗，李世民也不是任人宰割的鱼腩，开始了奋起反击。

事实上，李世民以前之所以按兵不动，不是他胆小怕事，也不是因为他势弱，无力抗衡，而是因为他早就在心里定下了后发制人的夺嫡规划。他觉得时机还不成熟，还需要时日，他是故意"示弱"，而不是"势弱"。

早在武德四年（公元622年），攻打洛阳的李世民在房玄龄的带领下拜访了远知道士，惜口如金的道士对李世民说了这样一句话："你将作太平天子，愿自惜。"意思就是说，你马上就要成为天子了，要多加保重啊。李世民闻言后，心里很激动，到了"眷言风范，无忘寤寐"的地步。

于是乎，李世民在攻下洛阳后，便打着"为国广纳人才"的幌子，上表要求成立"文学馆"，把天下精英都吸纳到自己门下，使本已人才济济的天策府更加锦上添花，名重一时，其中尤以大行台司勋郎中杜如晦，记室、考功郎中房玄龄、于志宁，军咨祭酒苏世长，天策府记室薛收，文学学士褚亮、姚思廉，太学博士陆德明、孔颖达等十八学士盛称于世。

拥有人才就拥有了争夺天下的资本。此时面对太子集团的咄咄逼人，李世民以不变应万变，开始忍让。忍让是为了抓住李建成在出招时露出的"狐狸尾巴"，从而来个后发制人，对太子集团进行致命一击。

都说机会留给有准备的人，很快，李世民就等来了怒剑狂花、反戈一击的机会。

武德七年（公元624年）六月，天气渐热。李渊率领文武官员前往仁智宫（今陕西宜君境内）避暑，令太子李建成留守长安，秦王李世民和齐王李元吉随同前往。

待掌朝政大权的李建成觉得这是一个打造自己势力和实力的绝好机会，于是派东宫郎将尔朱焕、校尉桥公山送一批盔甲给在庆州（今甘肃庆阳）当都督的亲信杨文干，让他好好武装军队，以备紧急之需。

李建成原本以为这是一件神不知鬼不觉的事。但没有料到，李世民早已睁着一双火眼金睛注视着他的一言一行。

李建成私运盔甲的事很快就败露了，原因是尔朱焕和桥公山前脚刚出长安城，后脚就往仁智宫赶，再接着做了一件事，两个字：告密。罪名简单明了，同样两个字：谋反。

大家看到这里就会疑惑了，这个李建成既然派尔朱焕和桥公山干这样的大事，两人肯定是他的心腹了。事实上，在告密之前，李建成也这么认为，毕竟，他觉得自己一直以来没有亏待这两个人。然而，李建成不会料到，就在他挖李世民的墙脚时，李世民也没有闲着，以其人之道还施彼身，暗中也来挖太子集团的墙脚。很不幸，尔朱焕和桥公深便被李世民的糖衣炮弹所俘虏了。

这样一来，尔朱焕和桥公山的角色马上就发生了转变，由李建成的心腹演变成了"无间道"，可悲的是，李建成还蒙在鼓里。

听说太子谋反，李渊这一怒非同小可，马上来了个两步走。第一步：擒贼先擒王。连夜下旨要李建成上仁智宫，理由是有事相商。

接到李渊的召唤令，李建成的脸色顿时煞白如纸，心里暗叫道：糟了，一定是事情败露了。派人一打听，果然是自己偷运盔甲的事被李渊知道了。偷鸡不成反蚀米，李建成知道事情的严重性，这下怎么办，这仁智宫去还是不去呢？

答案是肯定的。去向李渊解释，还有一线生的希望，不去，那就只有死路一条。于是，李建成连夜来到了仁智宫。然而，他一路上精心准备的解说词都没有派上用场，因为李渊没有给他解释的机会。一到仁智宫，李渊对他说了一句话，唯一的一句话，接下来可以恭喜李建成了，他被光荣地"拘留"了。

控制了李建成，李渊原本紧锁的眉头这才舒缓下来，于是马上进行第二步：解铃还需系铃人。派司农卿（相当于农业部部长）宇文颖去庆州召杨文干来见。

李渊的策略很简单明了，只要把"当事人"杨文干找来当面对质，太子谋反是真是假便水落石出了。想法是好的，策略是对的，但事情并没有那么简单。

问题出就出在宇文颖身上。因为宇文颖到庆州非但没有把杨文干请来，还把杨文干逼上了梁山——正式扯大旗公开谋反。

其实，杨文干之所以这么快就选择公然谋反，完全得益于宇文颖的传话，宇文颖只对他说了一句话，一句很致命的话：皇上把李建成打入了死牢，择日问斩。

杨文干是李建成的死党，什么叫死党，就是为了党可以死。此时，李建成在杨文干眼里就是一直追随的忠贞不渝的"党"。原本借他一千个胆，也不敢造反，但此时听说"党"到了最危急的时候了，杨文干要"武干"了，公然起兵，准备和李渊进行鱼死网破的拼死一搏。

杨文干一造反，李建成谋反的事情就变成事实了。消息传来，不说李渊大出意外，连李建成都不相信自己的耳朵。是啊，没有自己的命令，杨文干应该不会做出这样鲁莽的事情来啊。他这一造反，岂不是要我的命么？

其实，这不是杨文干要他的命，而是李世民要他的命。李世民蓄势已久，一出手自然非同小可，他使出的是连环计，欲借偷运盔甲一事致李建成于死地。既然尔朱焕和桥公山他能收买过来，宇文颖自然也能收买过来。宇文颖到庆州后，马上按照李世民的"指示"，说了那样一句煽风点火的话。而事实证明，杨文干果然属于头脑简单、四肢发达的类型，他除了一身蛮力外，根本就没有大脑，宇文颖的激将法一使，他便中计了。

这正是李世民所期待的结果。

李渊听闻杨文干造反后，惊怒之下，马上又来了个两步走：

第一步，立马派李世民率钱九龙、杨师道等将领前往庆州平叛。

第二步，立马把太子李建成打入冷宫。

并且给了前去征讨的李世民两项公然承诺：

第一、平乱凯旋之日，便是立你为太子之日。

第二、到时候把太子李建成贬为蜀王。蜀兵脆弱，他日后倘若能够听从你的话，你就保全他；如若不然，你收拾他易如反掌。

面对这样沉甸甸的承诺，李世民听了喜不自胜，感动得无与伦比，是啊，幸福来得太突然了，这是他多少年来的政治夙愿，能不感动么？

乐颠颠的李世民上路了，当他的大军行到半路时，又一个喜讯传来，杨文干被属下干掉了，这真是又一次幸福来敲门啊。李渊派他来简直不是打仗，而是来官费旅游，收捡战利品的。

载着战利品，李世民凯旋而归，想到临行前老爸对自己的承诺，他的心情好得不能再好，甚至哼起了"嘻唰唰嘻唰唰嘻唰唰嘻唰唰"，是啊，一回去自己就是太子了，而李建成将被贬到一毛不拔的四川去吹冷风了，想不到自己这一击如此的畅快淋漓，如此的犀利如刀！

然而，李世民高兴得太早了，因为他凯旋后，李渊回报他的不是兑现太子的承诺，而是一张空头支票：辛苦了，回府休息吧。随后闭口不谈废立太子之事。

李渊之所以改变了主意，原因有二。

一是，李世民出兵征讨杨文干后，李渊冷静下来，再思考了整个事件的前因后果，越来越觉得其中蹊跷。李建成现在太子当得好好的，没必要造反啊。再说，即便要造反，在他控制李建成后，李建成的死党杨文干应该及时偃旗息鼓才对，没必要再造反啊，这个时候再造反，连傻子都知道，等于把李建成往绝路上逼。看来，这其中必有隐情。李渊隐隐约约察觉到了什么，这是不是李世民精心设下的一个局呢？

二是，李建成被拘留后，李建成的心腹们全面出动来营救他。李元吉一方面联合李渊宠爱的嫔妃们求情，另一方面又重贿中书令封德彝劝说李渊。在嫔妃和重臣的周旋下，本来就觉得李建成造反的事是子虚乌有的李渊改变了主意。

于是，李渊马上改变了决定，把太子放了，命他仍回京师留守，然后各打五十大板，责备太子和秦王"兄弟不睦"，最后从东宫和秦王府找了几只替罪羊，把他们全部流放巂州，他们是太子中允王珪、太子左卫率韦挺，以及天策府兵曹参军杜淹。

武德七年（公元624年）夏天的"李建成谋反案"就这样草草收场了，唐高祖李渊以这种"和稀泥"的处理方式，勉强维系了太子与秦王之间的平衡，然而，太子之争并没有因此而了结，真正的大决斗还在后面。

（2）调虎离山

仁智宫事件以后，眼看李建成和李世民兄弟之间矛盾日深，大有水火不相容之势，李渊不得不站出来表明自己的立场。他权衡再三，还是决定站在李建成一边，原因有三：

一是尊崇"五伦"的需要。父子有亲，君臣有义，夫妇有别，长幼有序，朋友有信。李建成是长子，并且很早就被立为太子，支持李建成，既符合传统，也有利于现实。

二是维护政治的需要。支持李建成，增加其与李世民抗衡的政治力量，可以遏制李世民居功自傲和不可一世。

三是保持大局的需要。支持李建成，不用改立皇储，既可以避免"废长立幼"带来的祸害，还可以使朝中拥嫡派的文武大臣不会受到政治上的冲击，有利于朝中大局的稳定。

在坚定拥护李建成的情况下，李渊对李世民采取了"怀柔"战术，使出的计谋是调虎离山。

既然李世民在长安，和太子李建成的利益冲突就在所难免。在一山难容二虎的情况下，为了缓和他们之间的矛盾和冲突，李渊想出了一个折中的办法：把李世民从长安调到洛阳，并美其名曰：到基层去挂职锻炼。

办这件事时，李渊对李世民说了三句话：

第一句话：我们大唐江山的建立，你是第一功。

第二句话：我本来想立你为嗣，一来你执意推辞；二来建成年龄居长，又为嗣已久，没有什么大的过错，我实在不忍废他。

第三句话：我想让你去镇守国家最为重要的军事重地洛阳，主持东部政务，并准许你建天子旌旗，像汉朝梁孝王那样，成为一方之王。

李世民是何等聪明的人，他知道，自己一旦离开长安这个政治中心，想再夺取太子位置那就比登天还难了。于是，他马上也回了三句话。

第一句话：我的这点小功远远比不上太子李建成的功劳大。

第二句话：知足常乐。我一生能当秦王已知足矣，愿效犬马之劳来辅佐太子。

第三句话：百善孝为先，我还是想在父亲的膝下尽孝啊。

然而，此时的李渊已铁了心要李世民离开长安去洛阳，立即教会了李世民一个关键词：相见不如怀念。解析如下：天下一家亲，洛阳离长安并不远，想念对方了，你可以随时来长安看我，我也可以随时去洛阳看你，用不着担心难过啊。

就这样，李世民调离长安的事几乎已是铁板钉钉的事实了。

然而，就在这个关键时刻，有人帮了李世民一把，这个人不是别人，正是太子李建成。这倒不是李建成突然良心发现，想和李世民和好如初，而是一个阴谋。他在听说李渊要调李世民离开长安去洛阳时，马上和李元吉进行了一次紧急商讨，李元吉说了这样一句话：让李世民去洛阳如同放虎归山。理由，李世民一旦拥有土地和甲兵，成为一方诸侯王之后，想再扳倒他就难于上青天了。而如果让他留在长安，他只不过是拔了毛的凤凰不如鸡，永远都飞不出我们的手掌心。

李建成觉得李元吉的话很有道理，于是很快达成一致：极力阻止李世民去洛阳。

接下来，李建成开始表演他的"柔术"了，在他的策划下，朝中接二连三有人上书李渊，中心思想只有一个：不能放李世民去洛阳。理由：秦王左右听说要去洛阳，个个手舞足蹈，高兴异常，看样子秦王这一去再也不会回到长安了。

一个人这么说，李渊不值一哂。

两个人这么说，李渊不屑一顾。

三个人这么说，李渊不可不查。

结果，就在李渊查的时候，李建成出面了，他只说了一句话，一句很有分量的话：怀念不如相见。解析：以敬孝易，以爱孝难；以爱孝易，以忘亲难；以忘亲易，使亲忘我难；使亲忘我易，兼忘天下难；兼忘天下易，使天下兼忘我难。

就这样，李渊陈权利弊后，终于在李世民将去洛阳赴任的前夕，宣布收回李世民的任命书，让他继续留在长安，父子兄弟一家以享天伦之乐。

就这样，李世民成功逃过了一劫。

（3）短兵相接

在"调离门"发生后，李世民知道自己的处境，留给自己的"自由时间"不多了，再不出击，恐怕就很难实现自己的理想了。为了击溃李建成的太子集团，李世民别的招都不使，马上来了个老调重弹——挖墙脚。

和以前挖朝中重臣或是太子集团重要人物不同，这一次，李世民把目光瞄准在一些小人物身上，比如说宫门守将，比如说东宫和齐王府端茶扫地的下人。这些平常毫不起眼的人物，却成了李世民的最爱。

应该说李世民的眼光是明亮的，是犀利的，是独一无二的。人小作用大，太子之争中，决定最终胜负天平的砝码恰恰在这些小人物身上。

具体来说，李世民用妻子长孙氏在宫中的特殊关系和地位，加紧收买宫门守将，特别是对李建成重点布防的玄武门。李建成知道玄武门的重要性，所以通过自己的关系网和能力，把这里的守军全部换成嫡系人马。李世民却明知山有虎，偏向虎山行，通过长孙氏的"权诱"以及大量糖衣炮弹的"利诱"，很快便有不少人倒进了李世民的怀抱。

与此同时，李世民还用"非一般"的手段，在东宫和齐王府也收买了一些小人物，当自己的"情报员"。

当然，李建成的太子集团也没有闲着，他们对留在长安的李世民进行了"穷追猛打"，招招封喉。

第一招：拿天文地理说事儿。

李世民在洛阳时，得道高僧曾预言他将成为太平天子。这时李建成拿天文来说事儿，大有道高一尺，魔高一丈之意。

天文地理的东西最说不清，像雾像雨又像风。因此，太子集团在明招暗招都不奏效的情况下，亮出了天文地理这一撒手锏，其险恶用心可见一斑。

弱水三千，只取一瓢。李建成也只是拿天文中的一颗小小星——太白金星来做文章。太白金星在古代是一颗令人恐惧的行星，因为当时人信迷信不信科学，那些所谓的"天文学家"便解释说一旦有太白金星出现，便是灾祸降临人间时。

功夫不负有心人，李建成盼望的机会终于来了，武德九年六月一日与三日（公元626年6月29日和7月1日），太白金星两次于白昼出现。

附属于太子集团的太史令傅奕立马把这件事第一时间向李建成进行了汇报。李建成一听大喜，向傅奕使了一个眼色，傅奕又马不停蹄连夜跑入宫中，给唐高祖李渊打了一个小报告，报告内容很简短，只有十一个字：太白见秦分，秦王当有天下。

李渊接到傅奕的报告，怔住了，半晌无语，是啊，历代的皇帝，都要根据天象判断政局，如朝代更迭，战事发展，天灾人祸，内宫作乱，乃至皇室人员及朝廷重臣大将的生死，根据星相都能解读。

这样的密报，在当时属于头等重要的情报，关系到李渊的帝位，的确非同小可。李渊最后说了这样一句话：传李世民进宫。

李世民接到了皇帝突然召他入宫的诏书，知道肯定有什么"变故"，表情非常丰富：第一反应是惊讶，第二反应是恐惧，第三反应是想逃。但最终，他还是选择了进宫。是福不是祸，是祸躲不过，躲是不现实的，只有直面面对才是硬道理。

果然，李世民一到宫中，李渊就对他摊牌，把傅奕的密函交给了他。

李世民见状迅速做出了第一反应：解释。解释没有用，只好再做两件事，一是道歉，二是认罪。在迷信天相与谶言交织的时代，事情发展到这里，解释一般都是没有用的。是啊，如果解释有用，还要警察干吗。

可怜的李世民有口难辩，此时，李渊对他已由"怀柔"到"怀疑"，由"怀疑"到"怀恨"，只差没对他进行最后的"亮剑"了。

第二招：借刀杀人。

李建成借的"刀"是外国人——突厥。当然，这个突厥不是李建成请来的，而是不请自来的。

武德九年（626年）六月，向来不安分的突厥浩浩荡荡举数万之众，来到边境进行"打草谷"。

唐朝岂容他人入侵，李渊自然马上准备发兵去给突厥一点颜色看看。那么，这个出征大元帅选谁呢？

按常理来说，李世民应该是最佳人选，以他多年的征战功绩和经验，打小小突厥那是没有问题的。然而，李建成来了个先发制人，推荐李元吉为帅。

杨文干和太白金星事件早已使得李渊对李世民由深恶痛绝到处处防备，坚定了拥护太子李建成，打压李世民之心，此时李建成的建议，正好符合他打压李世民之心，自然没有不答应的道理。

李元吉很快被确定为这次出征的主帅。

李元吉也不是吃素的，成为主帅后，马上向李渊提了两个请求：

一是请求征调李世民的精锐部队为这次出征的主力军，归他掌管。

二是请求征调李世民的"虎痴团四大天王"尉迟敬德、程知节（程咬金）、段志玄和秦叔宝为"先锋"，归他指挥。

李建成和李元吉这一招釜底抽薪，是想乘着这个机会把士兵和将领调离，达到架空李世民的目的，然后再对李世民下最后的黑手。

因此，当李渊同意他们的请求后，李建成和李元吉感动得热泪盈眶，是啊，对他们来说，这个机会来得太快太突然了。如果说李世民在仁智宫时，体会到了什么叫幸福来敲门，这时的李建成和李元吉知道了幸福在哪里。

幸福到来要抓住，李建成和李元吉为了抓住来之不易的幸福，马上进行了一次秘密的"政治协商会议"。参加会议的，只有李建成和李元吉及太子集团的嫡系骨干成员。会议最终达成如下统一意见：发动"昆明池政变"，杀死李世民。

步骤简介如下：出征——送行——击杀。

具体解析如下：当李元吉出征时，李建成和李世民同去送行，趁其不备之时，将李世民杀死。

原因：李元吉这次出征，李渊让太子李建成和秦王李世民代为饯行，这给了他们绝杀的机会。

这是一次很重要的军事会议，如果李建成和李元吉的计谋成功的话，那么他们将成功除去李世民这个眼中钉，肉中刺，顺利实现自己的理想和人生目标。

然而，事情很快出现了波折，因为保密工作没到家。关键时刻，李世民收买的小人物起作用了。东宫率更丞王晊原本是个小得不能再小的人物，但因为一次出彩的表现，在浩瀚的历史长河中，让后人记住了他的名字。

王晊听到这一重大情报后，立马向李世民进行了汇报。于是，事情出现了峰回路转。

那么，李世民又是怎样反应，怎么应对的呢？

（4）将计就计

李世民听闻这样重大的军事机密后，不敢怠慢，也马上召集心腹骁将们进行了一次会议，商讨应对之策。

会议一开始，李世民的妻兄长孙无忌率先发言："此时不动手，更待何时"？

对此，李世民头摇得像拨浪鼓："骨肉相残，古今大恶。我固然知道祸在旦夕，但还是想等他们发难后，再以正义之师讨伐他们，这样先礼后兵，不是更好吗？"

眼看李世民有犹豫不决之心，耿直的尉迟敬德一听，急得又嚷又叫，马上叫嚷着站出来，说了三个关键词：

一是宁鸣而死，不默而生。解析：什么人情都比不上自己的生命重要！现在杀身之祸已迫在眉睫，切不可因为仁慈而造成不可挽回的结果。您这样不爱惜生命，甘受屠戮，对宗庙社稷又有什么益处？

二是当断不断，必受其乱。众人都誓死追随大王，这真是绝地反击的天赐良机。而大王这般漠然为哪般？

三是：鹧音声声，不如归去。如果大王您不听我的劝告，我只好选择投身山野，以后就不能侍奉您了。

一介武夫能说出这般道理来，看来人在绝境中，爆发出来的能量是无穷的。也正是因为这样，李世民闻言后，陷入了深思，半晌才说了这样一句话："我说的话也不是完全没有道理，你们也要替我考虑考虑啊。"随后吟出一首诗来："煮豆燃豆萁，豆在釜中泣。本是同根生，相煎何太急。"

眼看李世民还在人生的十字路口彷徨犹豫，长孙无忌不失时机地站出来，再加了一个关键词：不爱惜自己生命的人不配谈教育。解析：假如舜在掘井的时候，不在旁边先掘出一条通道，那么就会被他的父亲和弟弟填土掩埋，他就会变成泥浆；如果舜在涂拌仓廪的时候不考虑借斗篷的力飞起来，他的父亲和弟弟在下面放火，他早就化为了灰尘，怎么能恩泽天下的百姓，使法度施行到后代呢？因此，小的责罚可以承受，大的责罚设法避开，才会成为所有成功者共同遵循的原则啊！

紧接着再"将"了李世民一军："大王您如果不听敬德之言，必败无疑。到那时不仅敬德不能再侍奉大王，无忌亦当相随而去，宁愿亡命江湖，也不能这样坐以待毙！"

众人异口同声地道："革命，革命……"

李世民见状，长叹一声："谋事在人，成事在天。生死由命，占卜决断。"站起身来，便来取龟占卜来做决断。

正在这时，来迟了的幕僚张公瑾走了进来，见了李世民的举动，立马来了个以下犯上，对着李世民就是一阵劈头盖脸的教训："现在的局面是箭在弦上，不得不发，还能再犹豫么？占卜有什么用。假如卜而不吉，那又怎么办？难道还能就此罢休吗？"

说着，一把夺过李世民手中的卜龟摔了个稀巴烂。

没有退路了，会议很快达成了一致：斩杀李建成和李元吉。具体部署另议，为什么要另议，原因是有两个人还没有来参加会议，这两个人很重要，李世民的左膀右臂：房玄龄和杜如晦。

前面已经说过，李建成为了打压李世民，想尽一切办法来挖李世民的墙脚，虽然没能把李世民的"虎痴"尉迟敬德等人挖走，却成功调走了李世民智囊团里的两个重要成员房玄龄和杜如晦。

然而，房玄龄和杜如晦虽然离开了秦王府，两人却是身在朝廷，心在秦王府。他们时时关注着朝廷一切，暗中帮助李世民。

此时，面对革命这样最后一击的大事，李世民自然不会忘了两位，因此，马上派长孙无忌去请房杜二人。

结果，长孙无忌兴冲冲而去，却悻悻而归。原因是，房杜二人拒绝了他的邀请。理由是：人在朝廷，身不由己。

李世民一听，又惊又怒，如果连房杜两人都不支持他，那么，他的前途一片迷茫……

李世民没有多想，当机立断再派人去请。这一次出马的是尉迟敬德，临行前，李世民递给尉迟敬德一把剑，说了这样一句话：如果不能把房杜二人请过来，就把他们的头颅提来见我。

这一次，等了好久，才见尉迟敬德回来。但仍是一个人，众人心中一凉，暗叹没戏了。正在这时，忽见两位头戴平顶冠、身穿青布袍的道士联翩而至。众人大惊，要知道他们现在是在密谋，如果有外人闯入，那就一定是泄露了消息，很可能被朝廷一窝端啊……然而，他们很快由惊愕变成惊喜，因为乔装打扮的两位道士不是别人，正是朝思暮盼的房玄龄和杜如晦。

原来，二人最开始只是试探李世民革命的决心，所以婉拒了。当看到尉迟敬德提剑而来时，才确定李世民决心已定，大计已定，于是便不再犹豫，考虑到事情的重要性，为防止暴露目标，二人乔装成道士，潜入秦王府。

该来的人都来了，接下来的事就很简明了，经过一番精心谋划，杀兄夺位的阴谋终于决定下来：将计就计，先下手为强，六月四日，在玄武门诛灭李建成、李元吉二逆凶！

李世民选择在玄武门"革命"的原因有二：

一、敌强我弱。李世民虽兼左、右十二卫大将军，统领南衙禁军，但南衙禁军主要负责皇城及京城的守卫任务。现在又已被李建成的太子集团成功剥夺了兵权，无兵可调，仅有府中私养的八百余名勇士。此时在京城无论政治力量，还是军事力量，都不如东宫、齐王府强大。

二、"尖刀"要插进敌人最薄弱的地方。既然势力比不上太子集团，那么，唯一可行的方法就是出奇制胜，把尖刀插在敌人最薄弱的地方。敌人防守最薄弱的地方在哪呢？就是玄武门。一来玄武门是太子李建成与李元吉面见李渊的必经之地，二来守卫玄武门的将领常何表面上是太子心腹，实质上是李世民的暗线，早已被李世民用糖衣炮弹收服了。

（5）布　局

计谋定下后，李世民来了个"两步走"。

第一步，做好玄武门"革命"的引狼入室工作。

布下局后，如何把李建成和李元吉引入自己的阴谋圈来呢？这个得商量。找谁商量呢？李世民找的这个人非同一般——唐高祖李渊。

商量什么事呢？一件非一般的事——李建成、李元吉淫乱后宫。

"满城尽传太子建成、齐王元吉大逆不道，淫乱后宫，与张婕妤、尹德妃私通已有数载。"李世民道。

"哦，这是真的么？"李渊又惊又怒，谁戴了绿帽子都会气急败坏，更何况是堂堂的一国之君呢。

"父皇如果不信，可分别招来他们身边的太监、婢女详加审讯，便水落石出了。"李世民见李渊还是将信将疑，马上发誓：

一、儿臣从未做过有悖父皇旨意的事。

二、儿臣从未做过对不起兄弟的事。

三、儿臣从未想过要做太子。

接着，李世民又来了一个承诺：儿臣只想替父皇分忧，在父亲晚年时，能在膝下略尽孝心。紧接着，李世民话锋一转，说出了他现在的无奈：

一、太子和齐王却一直视儿臣为眼中钉、肉中刺，想除掉儿臣。

二、太子和齐王除掉儿臣是要替王世充、窦建德等贼首报仇雪恨。

最后，三句话的总结陈词：（注意此时李世民的表情和动作：伏地痛哭）

一、儿臣死不足惧，战场上出生入死不知多少次了。

二、儿臣死不足惜，儿臣不在，父皇还有其他王子尽孝。

三、可儿臣死要足羞啊，被太子、齐王冤死，在九泉之下实在无法忍受去见王世充、窦建德诸贼而受到他们嘲弄啊。

李渊听后，若有所思若有所叹，良久，才说出这样一句话："你所奏之事，关系重大，明日我要亲自审讯，你明天和太子、齐王早点来上朝吧！"

李世民等的就是李渊的这句话，他使出这招引蛇出洞，利用"艳照门"事件，目的就是想利用张婕妤、尹德妃这两个秀色可餐的诱饵，独钓李渊这个"老翁"，引诱李建成和李元吉这两条大鱼上钩。

第二步，做好玄武门"革命"的人员部署等准备工作。

当天夜里，李世民调兵遣将，乘夜率领长孙无忌、尉迟敬德、房玄龄、杜如晦、秦琼、程咬金、侯君集、张公谨、段志玄、张士贵等人，埋伏在玄武门附近，准备革上早朝的太子李建成和齐王李元吉的命。据说连李世民的妻子长孙氏也亲自上阵，史书对这一段的记载是："太宗在玄武门，方引将士入宫授甲，后亲慰勉之，左右莫不感激。"

万事俱备，只欠东风，那么，李建成和李元吉会上钩吗？

第二十三章

玄武门之变

（1）走自己的路，让别人去说吧

> 走自己的路，让别人说去吧。
>
> ——但丁《神曲》

话说李建成和李元吉在接到李渊诏他们明早入宫手谕的同时，后宫李建成的"绯闻女友"张婕妤早已探到内情，速派内侍飞报东宫，告诉了李世民诬告他们淫乱后宫的事。

李建成眼见事关重大，赶紧找李元吉商讨对策。

"明天之事，该怎么应对？"李建成问。

李元吉深思了一会儿，才张口说话，直接说了三个关键词。

第一个关键词：来者不善，善者不来。解析：诬陷之事，必然隐藏着不可告人的阴谋，切不可掉以轻心。

第二个关键词：去无好去，不如不去。解析：既然不知道李世民葫芦里卖的是什么药，不如我们两个都以有病为由，明天不去上朝。

第三个关键词：一颗红心，两手准备。解析：我们要怀着一颗高度重视负责的心，一是将两府兵众聚集一起，二是以不变应万变，静观事变，再做打算。

李建成闻言陷入了沉思，半晌才吭声，直接回了三个关键词。

第一个关键词：人心不足蛇吞象。如果去，肯定是李世民希望的结果，他是个有野心的人，就是想利用桃色事件来搅乱一池水，他醉翁之意不在理，在天子之位也。

第二个关键词：此地无银三百两。如果不去，父皇必然以为我等畏罪潜逃，这样岂不是弄巧成拙，让李世民的阴谋得逞了。

第三个关键词：两害相权取其轻。虽然去不好，不去更不好。两相比较，还是选择去好些。

一来到了父皇身边，就可以察看动静，相机行事；二来宫中我们还有张、尹二妃照应，这样即便是最坏的结果，也可以得到父皇的从轻发落；三来玄武门有自家军队在那里把守，李世民能把我们怎么样？

李建成的分析丝丝入扣，显然感染了李元吉，最终，李元吉放弃了自己的坚持，选择了认同李建成的观点。

只是，如果李元吉知道自己就这样和李建成共同走向一条不归路，他一定会后悔，发出这样的感叹：一定要坚持自己的路，一定要把握自己的人生。

（2）致命一击

长安宫廷建在渭水南岸龙首原高坡之上，位居长安城正北，坐北朝南，风水极佳。整个宫廷共分为太极宫、东宫、掖庭宫三大部分，物辽地广，错落有致。太极宫为其主要部分，是皇帝听政住宿之处。太极宫名为"太极"，其整体布局带有道家风格。太极宫内皇城北面有两道门，玄武门和安礼门，玄武门是正门，正对西内苑，安礼门为侧门，是东宫的正门。

玄武门在太极宫正北端，俯视着整个宫城，居高临下，是进出皇宫的咽喉之地，地理位置尤为重要。玄武门正对的便是摆祭道家始祖神位的玄武殿，东西两边隔着御道，分别是太极宫御花园与玄武坛。隔着广场与玄武殿南北遥遥相对的，便是皇帝接见外任刺史太守州丞县令的紫宸殿了。紫宸殿东侧是玄武坛，西侧是隶属掖庭的浣做监，左右各有一条宽约八步的甬道通往内宫。

此时负责把守玄武门的将领叫常何，常何原是李建成的心腹，但早已被李世民收买。李建成对此却懵然无知，兵法云：知己知彼，方能百战不殆。李建成此时知"彼"，却不知"己"，这也为他的悲惨下场埋下了伏笔。

唐高祖武德九年（公元626年）六月初四日。这原本是一个极为普通的日子，但因为一件重要事件的发生，让这个日子变得非同一般，在中国历史上留下了浓墨重彩的一笔。或许改变了中国历史的进程。

这一天一大早，李建成和李元吉兄弟二人并辔而行，穿过通训门，直朝玄武门方向而去，

不久就来到了距玄武门不远的临湖殿。

李元吉凭着敏锐的嗅觉，突然发现玄武门一带的情况大异往日，这里是那么静，静得有点瘆人。不说连半个玩耍嬉戏的宫女都没看到，甚至连半个巡曳宫城的禁军也未看到，太极宫的宫廷宿卫虽说不比前隋般紧肃，却也不至于松弛到这等地步。因为皇帝的突然召见，李元吉本就惴惴不安，此刻见到如此诡异情景，更是大觉不妙。

"大哥……"李元吉突然勒住了马头，嘴角哆嗦着，千言万语只吐出了这么两个字来。

李建成回过头来看着一脸慌乱的李元吉，问道："怎么啦？"

太极宫内宫本是李建成这个当朝太子常来常往的所在，此刻见到这样一番光景，他原本笃定的心中也不禁疑云大起。此时他表面镇定，内心却产生了波动。一个很严重很现实的问题摆在他面前：向前走还是向后走。

说实话，他此时很想勒转马头便往回走，但虚荣心又促使他不能回头。此时回去，一来违抗李渊的敕书到时会吃不了兜着走，二来连皇宫都不敢进，到时候朝中文武百官一定会嘲笑讥讽他们懦弱，是扶不起的阿斗。

正在李建成陷入沉思时，蓦地，从前边不远处茂密的树林中，传出一两声悠长

的马嘶，隐隐约约似有一些人影在走动，不时还闪烁出一星半点刺眼的光斑……

"不好，林中有伏兵，大哥快撤！"李元吉大喊一声，说完掉转马头就跑。

李建成闻言大惊，当下再不迟疑，拨转马头便要跟着跑。就在这时，空中传来一个天籁之音："太子殿下和齐王哪里去？"

这话如同晴天霹雳，一下震住了原本打算狂逃的李建成和李元吉。两人僵在那里，木然地回头张望。但见林中出现一个银盔银甲、身骑战马的青年将军，定睛细看，却不是李世民又是谁。只见李世民气定神闲，喃喃地道："奉诏早朝，怎么未见父皇，便要出宫，莫不是要谋反吗？"

李世民一现身，李建成便觉得情形不对。今日见驾，他怎么这般装束？难不成他要谋反？李建成心中飞快转动着，还未待他张嘴回复李世民的问话，一旁惊得心胆俱裂的齐王李元吉已经做出了几乎是最本能的反应，他二话不说快速地摘下了挂在马鞍子上的长弓，随手抽了一支箭出来，搭在弦上瞄准李世民"嗖"的一声便射了出去。

然而，关键时刻李元吉心理素质不过硬展露无遗，仓皇之间，他的弓未能拉满，因此，刚射出去便成了强弩之末，直生生地坠落于地。

紧接着，李元吉充分发挥不抛弃不放弃的优秀作风，再发两箭，结果因为心中惊慌，这两箭都没有开弓，只是徒有射箭的动作，却没有射出箭来。

"让你三箭又如何？"李世民嘴角挂着一丝讽刺的微笑，然后很从容地弯弓搭箭，高声喝道："且吃我一箭。"说时迟那时快，随着一声清晰的弓弦响动，一支离弦之箭飞奔而来。说时迟那时快，随着李元吉心胆俱裂的一声呼唤："大哥……"李建成根本来不及做任何反应，中箭而倒。

殷红的鲜血顺着李建成的颈项汩汩流出，他的嘴角嚅动着，却再也发不出声音来。他只能用尽所有力气，仰视着巍峨高大的玄武门，他知道再也没有机会走进这象征最高权力的殿堂了，他此时只想再多看一眼，多一眼此生足矣。他奋斗了这么多年，争斗了这么多年，到最后的奢求居然是这么低……

李元吉这时只有逃跑的份了，然而，就在这时，尉迟敬德带了七十多个骑兵冲杀过来。眼看坐在马上容易被箭射中，李元吉赶紧跳下马来，钻入附近的树林。

李世民自然不会再放李元吉这只"虎"归山的，他策马追去。在林中追逐，就好比大炮打蚊子一样，骑马的人总不如步行的人灵活便捷。但见李元吉左转右绕，忽东忽西，李世民被他忽悠得够呛。追逐中，李世民被一根横斜而出的粗壮树枝挂住摔下马来，疼痛难当，一时爬不起来。

李元吉见状，立即转过身来，夺下李世民的弓箭，想将他扼死。李世民被摔得半死，哪里还有还手之力。

就在这千钧一发之际，忽然身后晴天霹雳似的一声大吼："鼠辈安敢！看你往哪里走。"

李元吉抬头一看，只见尉迟敬德狂啸着拍马赶来。

他自知不是这个"虎痴"的对手，当下顾不得再和李世民拼命，拔腿便跑，尉迟敬德没有再追，而是张弓拉弦一气呵成，朝李元吉一箭射去。

李世民只一箭便让太子李建成命丧黄泉，尉迟敬德这一箭同样也让李元吉走上了奈何桥。

李建成的随从见主子已死，逃出了玄武门，作鸟兽散。李世民不去追这群乌合之众，而是对尉迟敬德说了这样一句话："你赶紧带人去给皇上护驾。"

尉迟敬德会意，马上率众冲入内宫。这正是：青山依旧在，几度夕阳红。是非燃烽火，成败何去从？

（3）尘埃落定

李建成三兄弟火拼的时候，李渊正带着大臣、妃子在海池中乘船游玩，忽然见一个全身戎装的将军闯进来，且身上血迹斑斑，不由大惊，忙问道："来者何人？"

"臣尉迟敬德前来护驾。"将军道。

"擅闯皇宫，该当何罪。"李渊怒道。

"太子、齐王意图谋反，已被秦王诛杀，唯恐惊扰了陛下，臣特前来护驾！"

尉迟敬德道。"啊。"在场的人闻言全都呆若木鸡，以为是自己听错了。

"太子和齐王都死了？"过了好一会儿，李渊像是喃喃自语般问道。

"是。"尉迟敬德斩钉截铁地道。

"本是同根生，相煎何太急？"李渊突然流下两行热泪来。

"太子余党还在负隅顽抗，请陛下定夺。"尉迟敬德厉声道。

"今日之事，你们说应当如何处置啊？"李渊见尉迟敬德如此逼宫，只好来个移花接木。

这时众人都识时务地选择了沉默，此时沉默是金。

气氛越来越尴尬，众人还在沉默，侍从在侧的大臣萧瑀、陈叔达对视一眼，异口同声地道："建成、元吉本来没有参与夺取天下的战争，又没有平定天下的功劳，还是小心眼，妒忌秦王功高望重，共同勾结，以成奸谋。今天秦王已经将他们诛灭。秦王功盖宇宙，威扬四海，天下归心。陛下如果能够立他为天子，就不再有事了，陛下尽可安享太平。"

李渊是个明白人，他明白"顺我者昌逆我者亡"这句话的意思，他知道秦王不但杀了李建成、李元吉，还控制了大局，现在自己也是瓮中之鳖。事情已经到了无法挽回的地步，与其继续鸡蛋碰石头，不如放下屠刀，立地成佛。不能不顺水推舟了，否则自己也在劫难逃。想到这里，他马上来了个三步走：

第一步是说了一句话。李渊强颜欢笑道："善哉，善哉，今日之事，正好了却朕的夙愿啊。"

第二步是下了一道圣旨。李渊说完违心话后，马上下了一道违心的诏令：元凶太子李建成、齐王李元吉已毙，二府中其余人等，各司其职，静候发落。若轻举妄动，谋乱潜逃，格杀勿论，株连三族！

第三步是叫来一个人。此时生米已煮成熟饭，李渊只好无奈地宣李世民上殿。

事实证明，李渊果然是识时务的。第一步，一句话，李渊保全了自己的性命，最终得享天年。第二步，一道圣旨，让李世民彻底走向光明，东宫、齐王府的军心动摇了，他们放弃了负隅顽抗，作鸟兽散了。第三步，这一见面，李渊和李世民之间来了个"相逢一笑泯恩仇"的真实版。具体过程如下：

首先是李世民作秀。李世民见了李渊，来了个一跪（长跪不起），二抱（抱着李渊的脚），三哭（号啕大哭），四诉（儿臣有罪，儿臣该死，儿臣不孝）。

其次是李渊反作秀。李渊见状，来了个一走（上前一步），二摸（抚摸着李世民的头），三慰（是父皇不对，是父皇不好，是父皇眼睛被灰垢蒙蔽住了，近些日子来，被许多谣言所惑。你才是我最值得信任的儿子啊）。

作秀完毕，很快，李世民再度露出狰狞面目，将李建成的五个儿子、李元吉的五个儿子全部杀死。

值得一提的是太子东宫僚属魏征。玄武门之变后，东宫和齐王府的文武官员纷纷逃离京城，唯独魏征不肯走，他一个人怔怔地站在偌大的太子府，仿佛遗世独立一般，只有眼角滚滚而落的泪水代表着他无尽的悲伤。

很快，士兵们把魏征押到李世民面前。

"魏征，你知罪吗？"李世民道。

"身为臣子，为主担忧，何罪之有？如果太子肯听我的话，就不会有这样的结局了，可惜，可怜，可悲，可叹啊。"魏征昂然道。

"死到临头，还敢嘴硬，是活腻歪了吧……"秦王府骁将程咬金怒吼道。

"事已至此，只求一死，别无所愿。"魏征毫无惧色。

"过去的事就让它过去吧。"李世民一边说着，一边给魏征松了绑。

"你这是干吗？"

"大唐王朝需要你这样的人才。我拜你为朝廷的谏议大夫，你以后就跟在我的身边吧。"

"只宽宥臣一人是没有用的，太子和齐王的部下多着呢，他们是不会轻易屈服的。"魏征被李世民的真诚所感动，含着泪道。

"我现在就任命你为特使，去宣布朝廷的旨意。"李世民一字一句地道，"既往不咎，全部赦免。"

"如此天下大幸，苍生大幸，我大唐大幸啊。"魏征泣拜道。

果然，李世民的赦免令一出，流亡在外的太子集团残余部下便彻底瓦解了。

魏征从此成为李世民最为倚重的大臣，一心一意辅佐李世民完成了中国历史上最重要的"贞观之治"，被后世誉为"天下第一名臣"！

武德九年（公元626年）八月八日，"伤不起"的李渊下诏传位于李世民，李世民作秀，两个字：辞让。李渊反作秀，两个字：不许。

八月九日，李世民即位于东宫显德殿，尊李渊为太上皇。

第二年农历正月初一，李世民正式改元，称"贞观元年"。随后，李世民进行了大刀阔斧的政治改革，知人善任，严格执法，轻徭薄赋，锐意经史，发展学校，完善科举，开创了中国历史上一个崭新的时代———贞观之治，使中国政治经济、社会文化的发展达到了一个前所未有的高度，政治生活公平开明，人民生活安乐富足，涌现了长安这样的特大级国际都市。

预知后事如何，请继续关注本社出版的飘雪楼主的历史系列作品。

最后，我们用白居易的《开成大行皇帝挽歌词四首奉敕撰进》，纪念隋末唐初那个风云纷起的动乱年月，结束本书。

御宇恢皇化，传家叶至公。

华夷臣妾内，尧舜弟兄中。

制度移民俗，文章变国风。

开成与贞观，实录事多同。

图书在版编目（CIP）数据

隋是唐非 / 陈立勇著. –– 南昌：百花洲文艺出版社，2016.7
ISBN 978-7-5500-1797-9

Ⅰ.①隋… Ⅱ.①陈… Ⅲ.①长篇历史小说 – 中国 –
当代 Ⅳ.①I247.5

中国版本图书馆CIP数据核字(2016)第134510号

隋是唐非

飘雪楼主　著

出 版 人	姚雪雪
特约编辑	孙　亮
责任编辑	余　茳
美术编辑	彭　威
制　　作	周璐敏
出版发行	百花洲文艺出版社
社　　址	南昌市红谷滩新区世贸路898号博能中心一期A座20楼
邮　　编	330038
经　　销	全国新华书店
印　　刷	江西金瑞彩印有限公司
开　　本	889mm×1194mm　1/16　印张　21.75
版　　次	2016年9月第1版第1次印刷
字　　数	350千字
书　　号	ISBN 978-7-5500-1797-9
定　　价	36.00元

赣版权登字　05-2016-183
版权所有，侵权必究

邮购联系　0791-86895108
网　　址　http://www.bhzwy.com
图书若有印装错误，影响阅读，可向承印厂联系调换。